국가이성이라는 분수에 넘치는 거대 담론을

구상하고 또 제안하는 길 위에서

나의 마지막 생각은 헤르만 헤세를 향해 달려가고 있다.

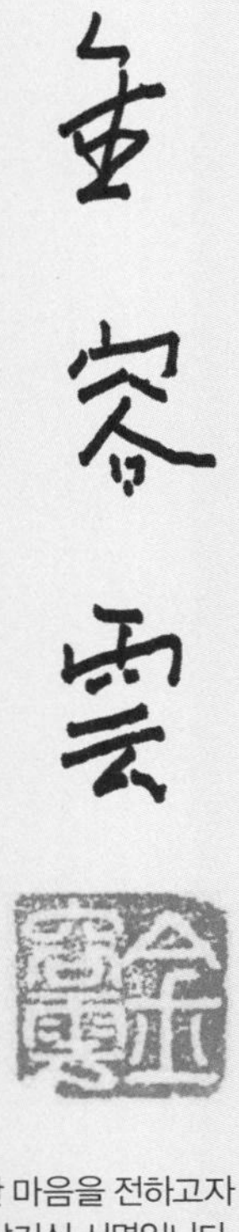

*타계 5일 전, 독자들에게 감사한 마음을 전하고자
저자가 마지막 힘을 쏟아 남기신 서명입니다.

개인의 이성이 어떻게 국가를 바꾸는가

REASON OF STATE

개인의 이성이 어떻게 국가를 바꾸는가

REASON OF STATE

김용운 지음

맥스media

집필을 시작하며

'국가이성'은 국가의 이익을 극대화하기 위한 지도자의 대외 노선으로 이는 해당 집단의 집단무의식 즉, 원형을 반영한다.

약 7만 년 전에 인지혁명을 일으킨 지적 인간이 '수와 자, 컴퍼스'를 발명하기까지는 동양과 서양의 이성이 같았다. 그러나 그리스·로마 이래 유럽은 로고스 사상이 지배하였고, 르네상스 이후 근대 과학과 이성철학의 시대가 열리며 국가이성과 이성철학이 쌍두마차가 되어 스스로의 운명을 이끌었다. 이성주의의 흐름은 실존주의와 구조주의, 후기 구조주의로 이어지며 다시 새로운 시야를 모색하고 있다.

우리는 그동안 이성의 역사보다는 도깨비 꿈에 홀린 듯 샤먼적인 경험을 원형에 내재시켜 왔다. 한국사에 되풀이해 나타나는 위기의 핵심은 단군신화로 함축된다. 천손의 강림은 외환(外患)을, 곰과 호랑이의 갈등은 내우(內憂) 즉, 분열을 상징한다. 반복되어 온 곰과 호랑이의 분열을 바꾸는 길은 정치에 있지 않다. 이성에 여과된 원형의 승화에 있다. 이성을 무시하고 정치로만 대처하면 분열의 역사는 계속 되풀이될 것이다.

지금 한반도에는 비한국적인 한국인들이 나타나 IT와 AI가 지배하는 세상에서 날기 위해 줄탁동기(啐啄同機)를 하고 있다. H. 헤세가 AD 2400년에 이뤄질 것이라고 꿈꾸었던 '유리알 유희'가 한반도

인에게 바짝 다가와 있는 것이다. 다시 말해 과학과 인문학의 융합교육으로 한국인의 국가이성을 높여야 할 때라는 얘기다.

본서는 대한민국의 내일을 위한 선택지가 '이성'에 있음을 제시하며, 한반도 주변국들과 유럽 그리고 유대인의 국가이성을 분석한다. 아울러 한민족에게 연이어 닥치는 좌절의 역사도 함께 생각해 본다. 단군신화는 한반도 위기가 '내우외환(內憂外患)'이 될 것을 경고하면서도 극복의 길로 '홍익인간'을 제시하고 있다. '홍익인간'다운 해결책이라면 바로 '한반도 영세 중립화 선언'이다. 인류의 존속과 직결되는 '이성에 의한 국가 보전책'이기도 하다. 얼핏 우회하는 것처럼 보이지만 가장 효과적인 선택이 될 것이다.

내용에서 수학, 철학, 인류학, 언어학, 원형사관 등 다양한 분야를 한정된 지면에서 아우르다 보니 간혹 어려운 술어가 나오는 것은 피할 수 없다. 그러나 충분히 이해할 수 있도록 각 시대 지성들의 해석을 평이하게 기술하고자 노력했다. 개인의 이성이 국가이성으로 승화되는 여행길을 함께 나서 보자.

2020년 5월 김용운

: 차례 :

제3부 / 서양을 이끌어온 이성철학의 뿌리는 무엇인가?

PART 2
이성의 본질은 지역, 인종에 따라 다를까?

제6부 / 인간을 제대로 해석하는 길은 무엇일까?

PART3
국가이성은 어떻게 강한 국가를 만드나?

제7부 / 한국인의 원형은 어떤 모습일까?

제8부 / 무엇이 국가이성(理性)이고 무엇이 국가우성(愚性)일까?

제9부 / 국가이성은 강한 국가로 나아가게 한다

비한국적인 한국인을 바라보며

영국의 역사가 I. 도이처(I. Deutscher, 1907~1967)는 저서 『The Non-Jewish Jew: And Other Essays』에서 스피노자, 하이네, 마르크스, 프로이트 등 유대인이면서 그 한계를 넘어 보편적 인간을 지향했던 인물들의 지적 경향에 대해 "'비유대적 유대인'을 추구했지만 유대교적 사고는 내면에 그대로 존재해 있었다'라고 설명했다.

마르크스는 종교를 아편으로 여긴 무신론자였지만, 그의 이론인 '원시 공산주의에서 공산 유토피아까지의 과정'은 『성경(The Holy Bible)』의 '에덴동산부터 천국까지의 길'과 평행을 이루었다. 스피노자의 이성주의 또한 신일원론인 유대교와는 다르지만 신중심론이라는 맥락에서는 같다.

'속도는 위치에 따라 달라진다'는 아인슈타인의 '상대성 이론'도 '유대교의 신은 누구에게나 같은 태양빛을 비춘다'는 신념을 반영하고 있다. 이는 신이 특별한 인간에게만 시간을 측정할 권리를 준 것이 아니며, 인간이면 누구든 어디에 있든 같은 기회를 부여받았음을 의미한다. 시간은 지상의 사람에게나 우주 공간을 광속으로 나는 사람에게나 동일하게 흐르지만, 각자 있는 위치에서 측정하기 때문에 상대적이 될 뿐이다.

도이처의 유대인 분석을 뒤집으면 비유대적 유대인 학자들은 근본적으로는 유대적 세계관을 가졌지만 보편적 이성을 지향했고, 그 보편적 이성이 그들을 세계적인 지성으로 성숙하게 했다고 볼 수 있다. 이스라엘 민족은 비록 디아스포라(離散, diaspora)[1]로 수천 년 동안 흩어져 살았지만, 항상 신과 함께 있었고 이성에 대한 신념 또한 잃지 않았다.

여기서 말하는 이성이란 공동체의 이성 즉, 민족의 이성을 뜻한다. 그들은 국가이성(國家理性) 하나로 생존해 왔다. 그 결과 미국 금융계의 심장부를 장악했고, 미국 정부의 절대적 후원도 받아 왔다. 심지어 트럼프 미국 대통령은 미국 대사관을 텔아비브에서 예루살렘으로 이전하며 이스라엘에 대한 절대적 지지를 세계에 알리기까지 했다.

지정학의 비극일까, 지적 용기의 부족일까?

광화문 광장에는 이슈만 생기면 지지파와 반대파들이 군집하여 서

---

1) 흩어진 사람들이라는 의미로, 팔레스타인을 떠나 전 세계에 흩어져 살면서 유대교의 규범과 생활 관습을 유지하는 유대인을 이르는 말.

로를 향해 주먹을 들이댄다. 하지만 이는 단순히 보수와 진보의 대립 때문만이 아니다. 본질적으로는 사림파와 훈구파가 대립했던 조선 시대의 정파 싸움과도 같다. 필자는 이 같은 현상이 한국인이 가진 집단무의식의 문제에서 발생했다는 의견을 여러 저서에서 밝혀왔다.

중국인은 황허강이 맑아지는 날은 평생 기다려도 오지 않는다는 뜻으로 '백년하청(百年河淸)'이라는 말을 자주 한다. 백 년은 인간 수명의 한계이고, 황허강의 탁류 원인은 서역 지방의 지질학적 요인 때문이니, 평생 살아도 황허강의 강물은 탁할 수밖에 없다. 중국인의 변하지 않는 부정적인 무의식을 두고 한탄한 말이다.

이렇듯 민족마다 고질적인 병폐가 있다. '한국인의 광장집회병(病)'도 우리 역사에서 스스로 만들어 온 병이다. 오랜 세월 반복되다 보니 고질병이 된 것이다. '민족의 의지와 이성의 힘'이 아니면 벗어나기 어려울 것이다.

필자는 한국사를 관통해 온 갈등이 백제와 신라가 벌인 백강전투에 기인한다고 강조해 왔다. 신라가 당(唐)을 불러들이자 백제는 왜(倭)와 손잡고 꺼져 가는 촛불 같던 백제의 운명을 건 채 최후의 격돌을 벌인 전투가 백강전투였다. 당과 왜가 동시에 개입한 전쟁이란 점에서 민족 분열을 일으킨 최초의 국제전이었다. 백강전투 이후 한반도는 중국에 줄곧 사대를 해야 했고, 우리 역사에서 복수의 이민족이 동시에 개입한 전쟁들이 이어졌다. 임진왜란(명과 왜)을 비롯해 병자호란(청과 명), 청일전쟁(청과 일본) 그리고 6·25전쟁(미국을 포함한 UN 16개국과 소련, 중국) 등이다.

지금도 우리는 매우 유사한 상황 아래 놓여 있다. 북은 핵과 미사일 개발에 여념이 없고, 일본과는 무역전쟁 중이며, 중국은 남한을 무시하고 있다. 또한 한미 군사동맹은 파열음이 계속되고, 미국과 중국과 러시아는 한반도를 중심에 두고 대립하고 있다. 이런 비극은 한반도라는 지정학적 조건 즉, 대륙과 해양의 중간 지대이면서 반도라는 숙명에 기인하지만, 한민족 자체의 국제관과 외교 방법도 상황을 악화시켜 왔다.

문제는 분열이다. 조선 왕조의 몰락을 기점으로 우리는 계속 분열해 왔다. 일제 식민지 통치로 인해 민족은 항일과 친일로 갈라졌고, 해방 후에는 국토와 민족이 둘로 갈렸다. 분단은 필연적으로 민족상잔으로 이어지는 것이었지만, 당시 우리는 '해방'이라는 말에 도취되어 성찰 없이 날뛰기만 했다. 반일과 친일이 가로축이 되고 민주주의와 공산주의가 세로축이 되어 결국 조선 시대의 사색당파가 재등장한 꼴이 되었다.

6·25전쟁으로 인해 민족 분열은 더욱 심해졌다. 큰소리치는 자가 애국자인 세상으로 변했고, 국가관과 민족의 목표도 정권의 입맛대로 바뀌었다. '통일'은 알맹이 없이 소리만 요란했고 남북 간의 '동상이몽'은 코미디인지 망상인지 구분하기 힘들 정도가 되었다.

정권은 목표가 분명해야 한다. 지적 용기 부족으로 우물쭈물 속을 감추고 '구렁이 담 넘어가듯' 정치 쇼만 벌이면 위기가 올 수밖에 없다. 우리 근현대사의 불행은 국가의 목표가 애매한 가운데, 짧은 주기로 반복되어 온 '역사의 되풀이 구조'에 있다. 되풀이 구조 속에는 대통령들의 불행도 포함된다.

미국은 45명의 대통령들 가운데 닉슨만 워터게이트 사건으로 불명예 퇴진을 했을 뿐이다. 그러나 한국 대통령들은 김대중 전 대통령과 IMF의 오점을 남긴 김영삼 전 대통령을 제외하고는 모두 결말이 불행했다. 불행은 이승만 전 대통령의 4·19혁명으로 인한 하야와 망명에서 시작되어 박근혜 전 대통령의 좌절로까지 이어졌다.

현재 문재인 정권도 박근혜 정권과 닮은 구석이 있다면 필자의 오해일까. 박근혜 정권은 우파로 친미적이었고 일본에 대해서는 위안부 동상 문제를 두고 간헐적으로 공격했다. 또한 중국에도 가까이 접근해 당시 J. 바이든(J. Biden, 1942~) 미국 부통령으로부터 "미국이냐, 중국이냐 태도를 분명히 하라"는 핀잔까지 들었다. 문재인 정권은 내치에 있어서는 180도로 방향을 틀어 운동권 엘리트들을 측근으로 임명하고, 친중 정책은 더욱 뚜렷이 했다. 일본과의 외교는 박근혜 정권이 겨우 원상 복구한 것을 다시 역방향으로 틀어 지소미아 파기로까지 비약했다. 우파, 좌파의 차이만 있을 뿐 두 정권이 참모나 실세들의 월권과 특권 의식으로 인해 타격을 입은 점에서 같고, 일본과 불필요한 외교 마찰을 일으키고 미국의 불신을 산 점에서도 비슷하다.

이런 결과는 한국인의 충동성과 국가이성의 부재에서 기인되었다고 생각한다. 다시 말해 누가 대통령이 되어도, 진보든 보수든 어느 쪽이 정권을 잡아도 충동성과 국가이성의 부재라는 문제를 해결하지 않으면 불행은 다시 반복될 것이다. 필자는 역사를 해석하는 관점인 원형사관을 통해 역사의 수원(水源)에서 되풀이해 온 불행의 근원을 짚으며 왜 '민족의 이성 수립'이 시급한지, 그리고 왜 한반도 영세중립 선언이 중요한지 밝히고자 한다.

3천 년 동안 나라 없는 백성이었지만 이성 하나로 생존하다

우리 조상들은 전쟁이나 어쩔 수 없는 일로 고향을 등져야 할 때면 '아리랑'을 부르며 고개를 넘어갔다. '눈물 젖은 아리랑 고개'란 고향 땅에 꼭 다시 돌아오겠다는 약속의 노래였다. 유대인들도 유대 땅을 떠나 뿔뿔이 흩어질 때면 통곡을 했다. 다른 점은 통곡의 대상이 고향 땅이 아니라 파괴된 예루살렘 성전이었다.

유대인들은 우리보다 몇 배 더 비참한 역사를 반복적으로 겪은 민족이다. 1948년, 이스라엘이 건국하기까지 3천 년 동안 그들은 아시리아와 바빌로니아, 그리스, 로마에 정복당했고 결국은 전 세계로 뿔뿔이 흩어져 나라 없는 민족으로 살아야 했다. 그러나 유대 민족을 정복했던 국가들이 멸망하고 그 땅에 살던 원주민들이 완전히 변질되거나 사라진 후에도 유대인들은 굳건히 살아남았다. 인구로 따진다면 유대인은 이집트나 바빌로니아, 페르시아, 페니키아 등 대제국에 한 주먹거리도 되지 않았다. 대제국이 무너지면 함께 흔적도 없이 사라질 인구였다. 하지만 유대인은 어떤 위기에서도 다시 솟아 올랐다.

그 원동력이 무엇이었을까? 필자는 감히 '이성의 힘' 덕분이었다고 단언한다. 그리스·로마 시대에 대부분의 속국들이 그리스화했지만, 유대인들은 비록 노예의 신분이기는 해도 민족의 정체성만은 잃지 않았다. 그들은 BC 6세기에 유대 땅에서 추방되어 이산의 비통함을 안은 채 모래알처럼 뿔뿔이 흩어져 이교도들의 틈에서 살면서도 유대교 경전인『탈무드(Talmud)』만은 손에서 놓지 않았다.

그 결과 히틀러의 유대인 대학살의 참극이 벌어지는 가운데서도 국제적인 자본가들과 출중한 학자, 사상가 심지어 거주국의 지도자

유대교 신앙과 전통을 집대성한『탈무드』, 3천 년간 이산의 삶을 지켜 준 등불이 되었다.

까지 배출했다. 전 세계 인구의 0.2퍼센트밖에 되지 않지만 노벨상 수상자의 30퍼센트 가량이 유대인이다.

그들은 역사에서 '자민족 생존 제일주의'와 '민족 이성'을 잃은 적이 없다. 나라 없이 살다 보니 언어가 달라지고 심지어 피부색까지 변해 버린 사람들도 많았다. 그래도 유대인으로 살아 남았다면 모두 동족으로 여기고 유대교 신자면 누구든 유대인으로 받아들인다. W. 셰익스피어(W. Shakespeare, 1564~1616)가 『베니스의 상인(The Merchant of Venice)』에서 유대인을 모두 욕심 많고 인정 없는 고리대금업자 샤일록 같은 인간으로 치부해 버렸으나, 이는 편견에 불과하다.

누구의 도움도 기대할 수 없는 처지에서 돈에 집착하는 것은 유대인뿐 아니라 어느 민족에게나 해당될 이치다. 나라 없이 타민족들 틈에서 살아가기 위해 돈에 의존하는 것은 당연하다.

고향을 말하는 유대인은 없다

유대인과 한국인의 공통점은 거의 없다. 굳이 찾는다면 한국의 오이소박이가 유대식 오이 절임인 코셔피클과 비슷하다는 정도이다. 한국인은 땅에 집착하지만 유대인에게는 그런 감정이 전혀 없다. 우리는 고향을 그리워하는 민족이다. 오죽하면 '고향 까마귀'라는 말이 있을까! '고향 까마귀'란 타향에서 고향 쪽으로 날아가는 까마귀에게라도 정을 실어 보내고픈 마음을 담은 말이다. 이처럼 고향은 우리에게 생명과 같은 곳이다. 고향은 항상 아름다운데 거기에 그리움까지 겹치면 더욱 절실하다.

그에 비해 유대인들은 고향을 찾지 않는다. 땅에 집착하지도 않는다. 필자는 고향을 말하는 유대인을 만난 적이 없다. 그들이 집착하는 것은 기술이나 보편적 지혜, 특히 '이성'이다. 학계와 예술계, 정치계에 걸출한 인물들을 많이 배출한 것도 이런 바탕에서였다. 추방과 모진 압박의 역사가 이들로 하여금 무형의 자산인 이성에 뿌리를 두게 만들었다.

필자는 유학 시절인 1950년대 말에 기숙사에서 유대인 친구를 사귀면서 이를 계기로 유대인의 역사와 원형에 흥미를 가졌다. 1990년에는 이스라엘 대사관의 주선으로 뉴욕의 유대인 집단 거주지와 유대교 학교인 예시바대학에서 생활할 기회도 있었다. 짧은 기간이었지만 유대인을 이해할 수 있는 좋은 기회였다. 다만 이스라엘의 집단 농장 키부츠(kibbutz)를 방문할 기회를 놓친 것이 지금도 무척 아쉽다.

유대인에 대해 분명히 기억하는 한 가지는 거주지나 풍토의 영향을 거의 받지 않는다는 사실이다. 미국에서 만난 유대인 친구가 했던 말이 아직도 귓전에 맴돈다.

> "유대인들이 그들이 속한 공동체로부터 배척당해 왔다고 생각하는데 그것은 사실이 아니다. 유대인은 어디에 살아도 회당(synagogue, 유대인 교회)을 중심으로 뭉치기 때문에 비유대인들과는 거리를 두고 살게 된다."

한민족과 유대 민족 비교

	한민족	유대 민족
땅과 국토관	• 생활의 중심이 땅 • 국토 유지 중시	• 국토 없이 3천 년간 이산 • 신앙으로 결집
현실	• 분단	• 주변국 모두와 적대 관계
생활 목표	• 세속적 출세 즉, '돈, 감투, 명예'의 삼위일체 중시	• 직종에 관계없이 자립 능력 중시
국가 목표	• 박정희의 '잘 살아보세' • 북한 김씨 왕조의 백두혈통	• 흩어진 모든 유대인의 안전 • 유대교 중심 모국 건설
국가이성	• 동맹관계 과소평가(지소미아 파기, 한미관계 약화 등)	• 강대국과의 동맹 중시 (영국의 절대적 후원 아래 이스라엘 건국, 미국과 밀접한 관계로 안보 유지)
이성의 형태	• 원리주의(정통파 중심의 단순한 이성) • 분열	• 비유대적 유대인에 대한 존중 (이성의 다양성)

그들의 구심점은 회당이고 유대교 공동체이다. 오랜 세월 세계 곳곳에서 흩어져 살아왔지만 거주 지역의 풍토와 문화에 무관할 수 있었던 것도 이런 배경에서였다.

뉴욕의 유대인 공동체를 친절하게 안내해 주던 카프란 교수와 뉴욕을 떠나기 전날 함께 식사를 하게 되었다. 그는 유대인에 대해 가장 궁금한 것이 무엇이냐고 물었다. 필자는 "유대인은 왕권, 정치, 제도의 관계가 아주 애매한데 그 이유가 무엇인가?"라고 물었다. 카프란 교수는 종교에 대한 강한 애착 때문이라는 상식적인 답변 대신 "원래 이스라엘 땅에는 비가 매우 적게 온다"라고 답했다. 동문서답 같지만 나는 그의 답변에 강한 인상을 받았다. 공동체가 수리 시설을 설치하는 과정에서 발생하는 권력 즉, 수리권을 형성할 기회가 없었다는 뜻이었다. 유대교 회당을 중심으로 다져진 '민족이성'이 절대 권력의 개입을 차단했고, 이런 환경에서 '국가이성'이 발달하게 된 것이다.

안타깝게도 한국사에는 '민족이성' 또는 '국가이성'에 대한 개념을 찾아보기 어렵다. 이성에 대한 학문적 관심도 적었다. 유교사(儒教史)는 중국의 영향으로 확립되었지만, 한국 고유의 철학사는 정립하지 못했다. 고난에 맞서는 철학이 자리할 사상적 토양이 없었다. 사대의 올가미에 얽매여 있었기 때문이다. 이성은 철학에서 다듬어지고, 철학의 핵심에는 수학적(연역), 인문적(직관적) 사고 능력이 자리해야 한다.

집단이성이 국가이성을 이끈다

로마의 계관 시인 호라티우스(Horatius, BC 65~BC 8)는 "이성(知)을 갖기 위해 용기를 가져라"라고 부르짖었다. 용기의 근원이 이성이다. 이성은 미신이나 편견을 버리고 스스로의 생각으로 앞일을 생각하고 또다시 내습할 폭풍우에 대비하는 것이다. 역사에서 겪은 고난과 좌절을 딛고 폭풍에 맞서는 지혜를 배우는 일이다. 이런 측면에서 이성은 학문의 대상일 뿐 아니라 미래를 위한 길잡이기도 하다.

필자는 정치나 외교와는 거리가 먼 수학도지만 한국 근현대사를 겪으면서 유대인 출신 외교관이었던 H. 키신저(H. A. Kissinger, 1923~)로부터 가장 큰 감명을 받았다. 그는 무엇보다 국가이성을 강조했던 인물로 저서 『Diplomacy』의 서두에 이런 헌사(獻辭)를 썼다.

> 미국 국무성에서 일하는 모든 사람에게 이 책을 바치고 싶다. 그들의 직업의식과 헌신이 이 책을 쓰게 했다. 그들이 미국의 외교를 뒷받침하고 있다.

키신저 자신의 화려한 외교 행보 뒤에는 국무성 직원의 지성이 있었기에 가능했음을 강조한 말이었다. 국가이성을 무엇보다 중시한 키신저를 수천 명의 국무성 엘리트 집단의 이성이 보필했던 것이다.

실제 국가이성을 행사하는 사람은 왕이나 대통령 또는 각료들이지만, 그 뒤에서 국가 노선을 구상하고 제공하는 사람들은 전문직 공무원들이다. 그들의 이성이 국가의 이성을 주도한다. 그렇기 때문에 그 역할은 매우 크고 중요하다. 키신저의 외교적 노선을 완성하기 위해 국무성 직원들은 국민을 납득시킬 수 있는 논리를 만들었고, 그 논리는 국가이성과 직결되었다.

국가이성의 수준은 국민의 이성에 대한 관심과 국격이 어우러져서 결정되는 것이다.

PART 1

이성은 어떤 과정으로 정립되어 왔나?

제1부

이성이란 무엇일까?

동서양의 이성은 왜 다르게 발달했나?

이성을 처음 의식한 그리스인들은 이성에 로고스(logos)라는 독특한 말을 붙였다. 로고스는 논리, 언어, 사고 등을 뜻한다. 『성경』의 「요한복음」도 '처음 로고스(말씀)가 있었다'로 천지창조를 설명한다. 문화도 로고스에서 발생했다. Y. 하라리(Y. N. Harari, 1976~)는 명저 『사피엔스(Sapiens)』에서 약 7만 년 전에 발생한 '인지혁명'이 인류가 겪은 최초, 최대의 이성혁명이었다고 규정했다. 인지혁명은 유연하게 이루어져 사물에 대한 정보 전달뿐 아니라, 존재하지도 않는 것에 대한 정보까지 알게 해 주었다.

추상화로 이성의 싹을 틔우다

중국의 고대 신화에 나오는 문화 영웅인 복희(伏羲)와 여와(女媧)는

아스타나(阿斯塔那) 고분 묘실 천장의 「복희여와도(伏羲女媧圖)」. 천지창조의 표현으로 오른쪽은 남신(男神) 복희가 왼손에 자를 들고 있고, 왼쪽의 여신 여와는 오른손에 컴퍼스를 들고 있다. 둘은 같은 치마를 입고 하반신은 뱀의 형태로 서로를 휘감고 있다.

각각 자와 컴퍼스를 손에 들고 있다. 자는 측량에 쓰이는 ㄱ자형의 곡자(曲尺)이다. 그리스의 유클리드도 컴퍼스로 기하의 초석을 놓았다. 이런 상징들은 무엇을 의미하는가? 두 문명이 지리적으로는 멀리 떨어져 있지만, 모두 기하학을 중심으로 문명을 이루었음을 뜻한다. 원시의 인간은 주변 사물의 크기 '차이'나 '같음'과 '다름' 등을 통해 도형에 관한 지식을 얻었고, 이를 활용해 사물의 추상화를 시작했다. 뉴턴도 하나님이 자와 컴퍼스로 천지창조를 한 것으로 여겨, 컴퍼스를 사용하면 창조주의 발자취를 찾을 수 있을 것으로 믿었다.

자연에는 직선이 없다. 반듯한 직선처럼 보이지만 자세히 보면 조금씩은 비뚤어져 있다. 직선은 모두 인간의 흔적이다. 도형에 대한 관심은 '두 점을 연결하는 직선의 길이가 곧 최소의 길이'라는 사실을 발견하면서 시작되었다. 모든 도형은 직선과 원으로 귀착된다는 것을 알아차리면서 인간은 문명의 출발선에 섰다. 컴퍼스 즉, 수학(기하학)이 문명을 시작하게 만든 것이다.

직선이 곧 인간의 흔적이었듯이 점도 처음에는 막대기로 흙을 찍은 것에 불과했다. 그러나 그 점이 작을수록 일반성이 있다는 사실을 깨우치면서 점의 추상화로 이어졌고, 점의 가치를 만들어 냈다. 추상화를 통해 천문학자는 별을 점으로 인식했고 비행기 조종사에게는 도시가 점으로 인식되었다. 중학생에게는 연필 끝이 점일 수도 있다. 결국 '점이란 무엇인가?'라는 질문이 나오자 철학자는 '위치만 있고 크기가 없는 것'이라는 답을 내렸다. 이런 방식으로 추상화는 지성혁명을 가능하게 했다.

수학적 개념과 인문학적 사상은 같은 뿌리에서 나왔다. 과학자가 자신의 전문 영역에서 추상적 개념을 만들어 내면, 인문·사회학적 해석이 요청되었고, 그것은 다시 수학을 비약적으로 발전시키는 계기로 작용했다. 수학과 인문학은 되먹임을 하면서 추상화로 향했다. 하라리가 『사피엔스』에서 말하는 인지혁명의 3번째 요소인 '존재하지도 않는 것에 대한 정보 전달'이 이에 속한다. 추상화로 인해 인문·

사회학과 수학은 더불어 풍요로워졌고, 플라톤(Platon, BC 428?~BC 347?)은 이를 '이데아'의 출발점으로 삼았다.

이성은 증명의 정신이다

이성은 적음과 많음, 즉 1과 2를 구별하고 비교하는 데서 시작되었다. 대소 구별의 기준은 숫자와 컴퍼스였다. 셈과 도형의 추상화로 문명의 발전이 시작되었고 인문학도 같은 방법으로 가능했다. 원시적인 지식 기반에서 상식이 나오고 상식이 체계를 갖추면서 문화가 형성되었다. 가령 '원은 모두 닮은꼴이다' '원주각은 직각이다' 등은 직관적으로 충분히 알 수 있는 것이지만, 증명을 함으로써 수학(기하) 정신이 문명사회에서 시민권을 얻는 단계로 도약하게 되는 것이다. 이성이 곧 증명의 정신이기 때문이다.

증명은 권력이나 권위를 무시하고 모든 사람이 똑같이 납득할 수 있는 것이어야 한다. 따라서 민주주의적이 될 수밖에 없다. 유클리드기하와 민주주의가 모두 그리스에서 태어난 것은 결코 우연이 아니다. 유클리드기하는 도형에 관한 여러 지식을 연역의 고리로 체계화함으로써 문명사적으로 큰 의미를 얻었다. 철학적으로 연역의 고리를 이어가지 못하면 직감의 단계에 머물고 만다.

세계 최초의 철학자로 알려진 탈레스(Thales, BC ?~BC ?)가 모든 것은 '물'이라고 했을 때, 그의 지식은 구름이 비가 되어 바다로 가

바티칸의 시스티나 성당에 있는 라파엘로의 「아테네 학당」, 1520~1512년경.

고대 그리스 철학자들이 모여 이성과 진리를 추구하고 있다. 중앙의 두 철인이 플라톤과 아리스토텔레스이다.
우측 하단에 컴퍼스를 들고 제자들과 토론을 벌이고 있는 인물은 기하학자 유클리드이다.

서 다시 수증기로 올라가 구름이 되는 것을 유추, 또는 직관하는 단계였다. 물과 금 또는 불 등의 관계까지는 설명하지 못했다. 증명 없는 직관의 발동이었기 때문이다. 하지만 탈레스가 철학 세계를 연 인물이 된 것은 '물' 하나로 세계의 해석을 시도했다는 점에서다. 철학(philosophy)은 '지(知)'를 사랑하는 것(phileo(사랑하다)+sophia(지혜))에서 출발한다. 증명하지 못할 깊이에 이르기까지 질문을 계속하여 '앎'에 대한 의욕으로 나아갈 때, 그 마지막 단계에서 인문학적 정신이 발휘되어 증명 없는 확신 즉, 제1원리에 도달하게 된다.

수학(mathematics)을 그리스어로 마테마타(mathemata)라고 하는데, 이는 '학과'라는 뜻이다. 수학이 음악과 천문학, 산술, 기하, 자연학 등 모든 학문을 포괄했기 때문이다. 기하학의 정신과 인문학의 정신은 공존하고 있었다. 이들을 분할하지 않고 통합적으로 공부하는 것이 마테마타였다. 고대의 철학자들이 대부분 수학자였던 것은 만능 천재여서가 아니라 학문의 성격이 수학과 자연학, 인문학(철학)이 혼합된 상태였기 때문이다. 모든 과목을 두루 섭렵한 현자는 자기도 모르게 각 과목에 있는 수학적 요소를 감지해 결국 수학자로 탄생하게 된다.

수학이 독립된 과목이 된 것은 플라톤 말년쯤이었다. 플라톤이 아카데미아(academia, 학술 기관)를 설립하고 '기하학을 모르는 자 들어오지 마라'는 현판을 걸 무렵, 수학 즉 기하학은 이미 모든 학문의 기초 학문으로 완성되어 있었다. 기하학은 논리의 연쇄(連鎖)이다. 간단한 보기로, 수학에서 'A면 B다'라고 할 때 A와 B 사이에는 연역적 관계가 있어야 한다. 하지만 인문학에서는 반드시 그런 증명이 필요하지 않다. 플라톤 시대의 기하는 지식이라기보다 모든 학문을 위한 사고법이자 논리 전개 방법이었다. 그로부터 50년 후, 플라톤의 이데아 철학과 아리스토텔레스(Aristoteles, BC 384~BC 322)의 논리학에 대한 저서 『Organon』의 영향을 받아 유클리드(Euclid, BC 330~BC 275)의 『기하학 원론(Stoicheia)』이 완성되었다.

한 사회의 지적 분위기가 곧 문명이다

십진법은 인간이 10개의 손가락을 갖고 있어서 생겨난 것이다. 만일 인간의 손가락이 4개인 ET였다면 8진법이 되었을 수도 있다. 인간은 가까이 있는 것을 이용해 사고의 틀을 구성한다.

인간은 처음에는 수를 몰랐다. 하지만 수를 표현하는 보편적인 방법은 알고 있었다. 손가락 하나면 1마리, 2개면 2마리, 손바닥에 손가락을 하나 더하면 6마리였다. 양손은 10을 표시한다. 10을 한 묶음으로 10, 100, 1000으로 단위를 올리는 10진법은 거의 모든 인간 집단의 일반적인 수 형식이다. 물론 컴퓨터의 체계인 2진법, 시계의 12진법도 있으나 10진법이 가장 보편적이다.

좀 더 형식적으로 말하자면 '수는 손가락과 일대일 대응'으로 결정되었다. 양손은 신체의 일부이므로 잃어버릴 염려가 없고 오늘날의 휴대폰 이상으로 편리했다. 현재의 10진법은 모두 이런 식으로 인간의 신체에 대응해 발생했다. 1, 2, 3 정도의 수 지식에서 10진법으로의 비약은 '뉴턴역학'에서 '상대성 원리'로의 비약만큼 대단한 지적 작업이었다.

R. 와일더(R. L. Wilder, 1896~1982)는 저서 『Evolution of Mathematical Concepts』에서 미국의 인류학자 R. 린튼(R. Linton, 1893~1953)의 말을 인용해 '만일 아인슈타인이 1, 2, 3 정도의 수밖에 모르는 미개 사회에 태어났더라면 10진법 이상의 수학을 발명하지 못했을 것'이라고 가정했다. 이 말을 일반화하면 '아인슈타인 같은 천재들이 지금도 미개 부족에 존재하겠지만, 그들이 아무리 출중하다 한들 초등 수학도 제대로 못하는 수준에 그치고 말 것'이라는 논리가 된다. 레비스

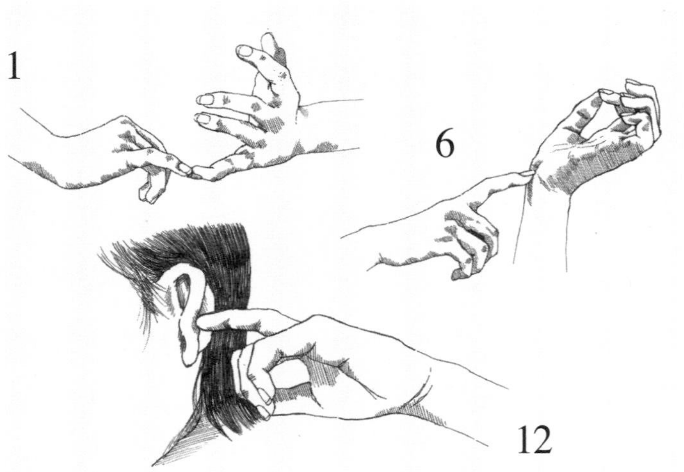

수는 손가락과 인체에 대응해 결정되었다. 문화와 부족에 따라 차이는 있지만 손가락 하나면 1, 손바닥에 손가락을 더하면 6이었고, 왼쪽 귀는 12, 왼쪽 눈은 13, 코는 14를 표현했다.

트로스가 증명한 '인류의 종에는 지적 우열이 없다'는 사상을 전제로 한 추론이다.

이성관의 차이가 동서양 문명의 차이를 만들다

진리 추구의 의욕은 동서양 모두에 있었다. 10진법의 수 체계와 자, 컴퍼스로 상징되는 기하는 여러 문명권에서 거의 동시에 발생해 이성의 싹이 되고 인류의 지적 보배가 되었다. 이성의 출발점이 같았다는 사실은 이성의 보편성을 의미한다. 그러나 근대 과학은 아쉽게도 동양이 아닌 서양, 정확히 말해 데카르트의 철학에서 비롯되었다. '직선과 원' 그리고 간단한 '손가락 셈' 등 문명의 시작에서는 동서양이 같았으나 동양의 수학은 산수 수준에 그쳤고 자동차, 비행기 등 대부분의 중요한 발명들은 서양에서 나왔다.

17세기 과학혁명과 18세기 계몽 시대도 서양이 앞서 열었다. 그러자 서양은 과학 능력이 동양보다 앞선다는 우월감을 갖게 되었다. 이런 편견이 식민사관과 결합하여 스페인의 남미 대륙 정복과 원주민 살육, 그리고 19세기 중엽까지 자행된 미국 서부 원주민 대량 살육인 콩키스타도르(conquistador)를 발생시켰다. 재빨리 서구화를 이룩한 일본도 그렇지 못한 조선의 후진성을 열등성으로 규정했다. 일본이 조선을 개화시켜 준다는 교만한 논리를 내세워 떠들던 것이 아직도 필자의 기억에 생생하다.

문화인류학이 인류사에 끼친 가장 큰 공헌은 '이성은 보편적이고 문화의 본질은 같다'는 문화상대론적 가치관이다. 필자는 이를 '야만적인 식민 사관에 대한 이성의 승리'라고 본다. 민족우월주의의 불합리성을 구조주의 인류학자인 레비스트로스가 '인류학의 차원'에서 불식시킨 것이다. 이는 필자의 '원형사관의 관점'과도 맥을 같이한다.

『중국의 과학과 문명(Science and Civilization in China)』을 집필하고 중국 과학사를 집대성한 J. 니덤(J. Needham, 1900~1995)도 레비스트로스와 같은 견해를 보였고, 필자 또한 『한국수학사』를 집필하며 각 문명권의 과학 수준은 사회적 필요에 대응해 왔을 뿐, 우열은 없다는 결론에 도달했다.

그럼 동서양의 문명이 왜 다르게 발달했을까? 이 엄청난 질문에 대한 답은 의외로 간단하다. '이성(理性)관'의 차이이다. 지적 욕구의 방향이 달랐기 때문이다. 수학이나 과학의 수준은 해당 사회의 문화적 요청에 의해 결정된다. 능력의 문제가 아니라 사회적 가치와 제도에 따른 결과다.

서양이 동양을 앞지른 직접적인 계기는 '화약, 나침반, 인쇄술'을 보다 실질적으로 활용한 결과였다. 발명은 동양이 먼저 했지만 화약은 불꽃놀이에, 나침판은 풍수지리에만 썼다. 한국인은 주로 불교 서적이나 유교 경전(주자학) 등을 찍어 내는 데만 인쇄술을 이용했다. 한국의 금속 활자 인쇄술이 구텐베르크보다 앞섰고 『직지심체요절(直指心體要節)』도 세계 최초였지만, 이에 대한 문화적 요청이 따라 주지 않았다. 조선 말기에 이르러 『토정비결(土亭秘訣)』이 베스트셀러일

정도였으니 말이다.

우리가 샤머니즘에 빠져 있을 때 서양은 화약을 무기화하여 전쟁에 이용했고, 나침판으로 대항해 시대를 열었다. 인쇄술로는 『성경』을 찍어 기독교의 대중화를 촉진했고, 종교 개혁을 이루었으며, 계몽 시대를 유발했다. 또 하나의 베스트셀러인 유클리드의 『기하학 원론』도 출판했다. 특히 『기하학 원론』의 보급은 과학혁명의 밑뿌리 역할을 했다. 『구텐베르크 은하계(The Gutenberg Galaxy)』의 저자 H. 맥루한(H. M. McLuhan, 1911~1980)은 인쇄술의 발달이야말로 인류 최대의 문화혁명이었다고 규정했다.

전혀 과장이 아니다. 동서양의 과학 능력에는 차이가 없었으나 사회적인 가치관과 철학의 차이가 과학 발달을 전혀 다른 방향으로 갈라 놓은 것이다. 그러나 인간이 이 사실을 인지한 것은 불과 백 년 전이다. 만 4천 년이나 되는 호모 사피엔스의 긴 역사를 비추어 보면 바로 어제 알게 된 사실과도 같다. 20세기에 들어 문명사, 과학사, 수학사의 발달, 특히 구조주의 인류학의 발달에 의해 비로소 민족 간의 우열이 없다는 것이 밝혀졌다.

문명의 단계는 그 사회의 지적 분위기의 수준과 연결되어 결정되고 한 나라의 수학 수준도 해당 인종의 소질보다는 해당 사회의 요청과 문화적 요인과의 관계에 의해 결정된다. 사회학적 내지는 인류학적인 카테고리이다. 현대 수학도 비록 고유한 체계를 가진 독립된 과학이지만, 비약적으로 발전하기 위해서는 예술을 포함한 인문학적인 발상이 함께 가야 한다.

이성은 학문의 융합에서 형성되고 발달한다

손가락으로 1, 2를 셈하고 막대기로 땅에 원과 직선을 그렸던 인간은 대상을 추상화하고 연역의 고리로 묶어 가면서 이성의 옷자락을 잡아 그 사고법을 인문학에도 적용시켰다.

이성은 생각이다

이성은 간단히 '생각'이라 할 수 있다. 생각은 언어가 주도한다. '언어와 이성'은 인간만이 가진 능력이다. 좀 더 형식적으로 표현한다면 충동이나 감각적 욕구에 따르지 않고 사색의 결과에 기초해 스스로의 행위를 규정하는 능력이다. 논증적이며 직관적이고 통합적인 사유를 하는 능력을 포함한다. 요컨대 불가분의 대상도 위치를 바꾸어 관찰해 보고, 알고 있는 사실도 전체와의 관계에서 조망해 보는 능력이다. 대상을 여러 요인으로 분석하고 이들의 상호 관계를 부호로 설명하는 능력이다. 이때 부호는 단순하고 보편적이어야 한다.

논증적 이성은 대상에 대한 즉물(卽物)적 인식을 피한다. 편견을 피하고 본질적 요소를 확인하여 이들 관계에 대해 가능한 데까지 설명할 수 있어야 한다. 직관적 이성은 개별적이 아닌 통합적 시각으로 전체를 파악하는 것으로, 기존의 개념에 의존하지 않는다. 이는 이성적인 방법론을 논한 데카르트의 『방법서설(方法敍說, Discours de la Methode)』을 통해 뒤에서 더 자세히 이야기할 것이다. 그의 이성주의적 사고는 '분석과 종합' 중심으로 이루어져 근대 이성사의 막을 열었다. 수학과 철학에서 다듬어진 지혜였다. 수학은 비교, 분석과 종합을 수단으로 하고 철학은 그 내용의 진위를 검토하는 학문이다.

요즘 정치 현장에 이성이 있을까 의심될 때가 많지만, 그리스 이래 인간은 정치적 동물로 인식되어 왔다. 인간을 동물로 표현하는 것부터가 정치는 이성적이 아님을 암시하는 것 같다. 그러나 아무리 좌절해도 인간이 공동체로 살아가야 하는 이상 정치 없이 살기란 불가능하다.

W. 처칠(W. Churchill, 1874~1965) 전 영국 수상이 "민주주의는 최악의 제도이나 인간은 아직까지 그보다 더 나은 제도를 발견하지 못했다"라고 한 것도 민주주의가 구성원의 이성에 대한 믿음에서 출발하지 않으면 최악의 제도가 되고 만다는 뜻을 함축하고 있다고 본다. 집단이성이 민주주의를 발달시키는 것이다. 그러나 현대 학문은 집

단이성에 학문적 성찰의 결과를 반영할 기회를 거의 갖지 못했다.

한국이 당면한 정치·외교적 위기는 근원적으로 공동체(정부, 국가) 구성원의 '이성 결핍'에 있다. 조선 5백 년을 주자학 하나로 유지했지만 결말은 국제 정세를 읽지 못한 식민지 국가로 마감했고, 해방 이후는 일본식 철학의 토대에 미국식을 가미했을 뿐이다. 한국적 이성 철학 형성에 대한 고민은 거의 없었다. 철학이 없으니 성찰할 방법도 없었다.

그러니 정치가 툭하면 삭발 경쟁이 되고 진보, 보수가 데모 참가자 수를 과시하며 이를 근거로 정책을 결정하는 광장정치로 달음질치고 있는 것이다. 한국은 정치적으로는 치유할 수 없는 병을 앓고 있다. 대한민국은 민주주의(democracy) 국가이지만, '데모'로 정권이 바뀌는 '데모cracy'가 되고 말았다. 군중 심리에 좌우되는 중우정치(衆愚政治, mobocracy)에 휩쓸리면 이성 대신 어리석음 즉, 우성(愚性)이 앞선다. 그 때문에 이런 중우정치의 현실을 이제 이성사의 관점에서 분석적으로 바라봐야 한다. 동시에, 지도자의 이성 형성 과정도 주목해 볼 필요가 있다. 플라톤이 이성적인 정치 지도자를 '철인왕'으로 여긴 것도 통치 권력은 철학적 이성을 갖춰야 함을 강조한 것이다.

수학과 문명사, 역사를 연구하면서 필자는 공동체 문화가 각각 '자기 닮음' 즉, 일정한 패턴을 갖고 되풀이되어 온 것임을 감지했다. 그 패턴은 공동체의 집합적 무의식 속에서 형성되어 민족의 원형을 이루었다. 어느 개인도 똑같을 수 없는 것처럼, 같은 원형과 문화를 가진 두 공동체는 없다.

이분법적 사고와 이과와 문과의 구별은 어떤 연관성이 있나

이성은 학문으로 다듬어진다. 필자는 수학과 철학의 세계를 넘나들면서 건실한 교육의 중요성을 통감해 왔다. 한국 교육 정책의 최대 약점은 국가의 미래를 포괄하지 않은 진로(출세) 교육과 시험 제도에 있다. 이상적인 한국인상(像)을 형성하기 위해서는 정권의 부침(浮沈)과 관계없이 일관된 방향을 전제하는 교육이 요구된다. 하지만 우리의 교육은 더 나은 사회·경제적 지위를 확보하기 위한 교육, 경쟁적 우위에 서기 위한 교육이다. 이는 조선 시대의 양반적 가치관과 다르지 않다. 이성 교육의 결여는 충동성과 원리주의로 되돌아가게 하고, 한때 세계적이었던 교육열과 학업 성적마저 운동권 교육의 영향 탓에 바닥으로 추락하고 있다. 식민지 역사 교육도 일부 정치인들이 반일 정서에 이용함으로써 너무 과장되거나 비이성적으로 치달았다.

이성적인 사고 능력은 자연 과학과 인문학을 통합적으로 바라보는 교육에서 형성되고 발달한다. 두 영역뿐만 아니라 예술까지도 하나의 대상으로 바라봐야 하는 것이다. 유전적 천재에 관한 연구로 유명한 우생학자로, 『Hereditary Genius』를 쓴 F. 골턴(F. Galton, 1822~1911)은 C. 다윈(C. Darwin, 1809~1882)의 사촌이다. 그는 다윈에게 자극을 받아 통계학 분야에서 큰 업적을 냈는데, 방대한 자료를 통계로 처리하는 아주 유용한 법칙을 발명했다. 그가 폭넓게 활용한 자료는 케임브리지 대학의 랭글러(Wrangler) 제도였다. 랭글러 제도란 졸업 예정자를 대상으로 치르는 수학과 고전학(인문학) 능력 평가 시험으로, 그 결과는 두 분야의 능력의 상관관계를 분석하는 중요한 자료가 되어 왔다.

랭글러 시험에서 1, 2등을 차지하는 것은 대단한 명예이다. 학자로서 탄탄대로를 걸을 수 있는 출발점이 되기 때문이다. 반면에 성적이 좋지 못한 학생은 '나무 수저(wooden spoon)'로 지목되어 학계에 진출하기가 쉽지 않다. 지금까지 두 과목 다 수석을 한 인재는 없었지만 – 골턴은 그 이유를 '시험 준비 시간 부족'으로 돌렸다 – 일반적으로 수학에서 우수한 성적을 거둔 학생은 고전학에서도 성적이 우수했다. 이 결과를 넓게 해석하면 수학과 인문학의 소질은 독립적이 아니라 상호보완적이란 사실이다.

건전한 이성은 이 두 분야의 능력이 합해질 때 발휘된다. 랭글러가 제도적으로 정착된 것도 학문이 국력에 기여한다는 믿음에서였다. 오대양을 누빈 대영제국의 영광의 뿌리에는 수학과 인문학을 바탕으로 한 이성의 정립이 있었다. 정치인들 또한 이 전통을 이어받아 건전한 국가이성으로 나라를 이끌어 왔다.

한국은 입시에만 얽매여 온 결과, 교육을 통한 진정한 이성을 함양하지 못했다. 필자가 강단에 있을 때 철학적 소질을 가진 수학 전공 학생은 거의 만나지 못했던 것 같다. 문과와 이과로 나뉘어 있는 우리의 교육 시스템 때문이다. 극히 소수의 학생이 기억에 남기는 하지만, 안타깝게도 전혀 다른 방향에서 사회적 성공을 지향한 탓에 제대로 능력을 발휘하지 못했다.

문과와 이과의 분리는 사실 소질보다 수학과 영어 성적에 의해 결정된다. 수학 성적 또한 중학 수학에 대한 흥미 여부에 따라 좌우되니, 일시적인 흥미나 성적이란 작은 차이가 통합적으로 대상을 바라보는 창의적 능력을 차단하는 결과를 낳게 되는 것이다. '대학 수학 능력 시험'도 문제의 난이도보다는 누가 실수를 적게 하느냐에 달렸으니, 이런 균일적인 제도 아래에서는 수학과 고전학(인문학)을 두루 익히며 이성을 기를 기회란 없다.

10여 년 전에 J. 가아더(J. Gaarder, 1952~)의 『소피의 세계(Sofies Verden)』를 접하고 북유럽의 높은 철학 교육 수준에 놀란 적이 있다. 적어도 대학에서는 전공과 관계없이 수학, 역사, 철학, 정보 과학 등을 필수 과목으로 익히게 해야 한다. 특히 단순한 이분법적 사고를 강요하는 한국인에게 수학과 인문학적 수련은 지적 시야를 넓히는 중요한 수단이 될 것이다.

제2부

이성은 왜 명징해야 하나?

그리스 정신은 왜 증명을 요구할까?

민족의 이성에 대한 탐색은 지력과 지적 용기 즉, 지적 정직성의 성찰에서 시작되어야 한다. 한국인의 지력(머리)을 부정하는 사람은 아마 없을 것이다. 그러나 아이로니컬하게도 우리는 지적 판단에 충실하지 못한 역사, 지적 용기가 부족한 위선의 역사를 오랜 기간 겪어왔다. 그 원인이 어디에 있을까?

로고스(logos)를 존중하다

고대 그리스인에게는 한국인과 다른 특별한 것이 있었다. 그들은 지, 덕, 진리 등 추상적 개념을 화제로 토론을 즐겼다. 소크라테스(Socrates, BC 470?~BC 399)는 길거리에서 사람들을 붙잡고 종일 자연과 인간 본성에 대해 논했고, 시민들은 큰 굿판을 보듯 그 모습을 즐겼다. 그리스인이 가장 존중한 것이 로고스(logos)였다. 로고스란 말에 정확히 대응하는 한국어는 없다. 이성, 증명, 논리, 지적 핵심 등이 될까. 소크라테스가 '악법도 법'이라고 말한 것은 '권력으로 인해 불리한 결과가 나타나더라도 로고스를 따른다'는 뜻이다. 그의 정신을 이은 제자가 지성의 상징인 플라톤이다. 플라톤도 "설령 지옥에 빠지는 일이 있어도 로고스를 따른다"고 선언했다. 로고스보다 믿을 것은 없다는 뜻이었다. 소크라테스의 로고스는 이성의 또 다른 표현인 '지적 정직성'이었다. '지적 정직성'은 국가이성과 연결된다.

지식과 진리는 다르다. 가령 어떤 목수가 경험으로 삼각형의 각 변이 3, 4, 5의 비율이 된다는 사실을 알았다고 하자. 하지만 안다고 모든 사람들을 믿게 만들 수 있는 것은 아니다. 증명이 없다면 아무리 실용적이고 현실에 유용한 것이라 해도 진리가 되지 못한다. 그리스인은 증명된 명제만 진리로 받아들였다. 그들이 로고스를 존중한 것도 진리를 사랑했기 때문이다.

진리에 대한 관심은 그리스인에게만 있던 것은 아니었다. 진리를 알고자 하는 욕구는 인간의 지적 의지와도 같아, 진리에 대한 깨우침을 생의 보람으로 생각한 것은 동서양이 서로 같았다. 다만 그리스인은 로고스적(증명될 수 있는 것)이어야 했고, 공자(孔子, BC 551~BC 479)의 도는 주관적이어서 증명 없이도 모두를 납득시킬 수 있는 것이었다. '아침에 도를 깨우치면 저녁에 죽어도 좋다(『논어』)'는 것이 공자의 도(道)였다.

공자에게 삶은 구도(求道)였고, '도(道)'는 최고의 지혜, 곧 중국적

인간 혼의 진리였고, 인간의 한계를 다르게 표현한 것이었다. 그러나 증명을 요구하지는 않았다. 논리적으로 증명하는 기하학적 진리는 더더욱 아니었다. 만일 기하학적(연역적) 진리를 '도'로 여기는 문명이었다면, 공자는 여러 번 죽어야 했을 것이다. 공자를 포함한 중국의 현자(賢者)들에게 있어서 도(진리)의 길이란 알 수 없고 길잡이도 없는 것이었다. 결국 인간관계를 중심으로 한 윤리적, 철학적 내용에 그쳤다. 따라서 진리 탐구로는 방법적 한계를 지니고 있었다.

서양인들에게 진리란 다음 2가지뿐이다. 첫째는 하나님의 가르침인 『성경』의 계시(啓示)로, 이는 절대 진리다. 신은 전지전능(全知全能)하며, 믿음으로만 천국에서 만날 수 있다. 유대교로부터 기독교와 이슬람교까지 믿는 하나님은 인격을 가진 유일한 존재로 천지창조를 하신 후에 하늘 높은 보좌에 앉아 계신다. 독생자인 예수 그리스도를 지상에 보내 인간을 구원하고, 『성경』의 말씀과 성령을 통해 그 뜻을 감지할 수 있게 했다.

두 번째 진리는 로고스 정신이다. 이성은 정확한 논리와 같은 것이다. 진리는 이성으로 전부를 검증할 수 있어야 한다. 이 진리에는 신이 개입하지 않는다. 신도 로고스를 따라야 하고, 로고스만으로 납득할 수 있어야 한다.

우리 민족의 사고는 그리스인의 이성보다 공자의 불가지론적인 지혜에 가깝다. '법 없이도 살아가는 것'이 이상적인 사회였다. 법 없이 살 수 있는 사회는 진리의 기준이 없는 불가지론의 세계다. 그러니 그리스의 이성을 이어받은 유럽인들의 국가이성과 같을 수 없다.

참과 진리도 공공의 것이다

동양이든 서양이든 이성의 시작은 같았다. 소크라테스가 "아무것도 모른다는 것을 안다"라고 한 뒤 그래서 "성찰을 한다"는 말을 덧붙였듯이, 공자의 제자 증자(曾子, BC 506~BC 436)도 『논어(論語)』에서 '하루 3번 자신의 행동을 반성한다'며 '오일삼성오신(吾日三省吾身)'이라고 했다. 그러나 증자가 반성한 것은 '충실, 신의, 학문'이라는 3가지 삶의 핵심 문제였지 앎(지식)의 문제는 아니었다.

그리스인들이 토론한 것은 앎의 문제였다. 로고스 정신을 일반화하고 증명 정신도 형성했다. 기하학 또한 폴리스(도시 국가) 구성원들이 함께 생각하고 자유롭게 토론하면서 확립되었다. 소크라테스가 아테네에서 가장 지혜로운 사람으로 지목된 것은 '자신이 아무 것도 모른다'고 말할 수 있는 지적 용기 때문이다. 그는 증명되지 않은 것은 모른다며 무엇이든지 의심했다. 그것이 훗날 유럽의 이성주의와 합리주의 전통으로 이어졌다.

고대 그리스는 농업 국가인 이집트와 바빌로니아 등 오리엔트에서 지식을 받아들였으나, 무역이 중심인 도시 국가였다. 수학 또한 왕이 독점하는 학문이 아니라, 시민 모두가 공유해야 할 보편적 지식이었다. 아리스토텔레스는 『정치학(Politika)』에서 이집트인과 아시리아인을 그리스인과 비교하며 바르바로이(야만인)라고 폄하했다.

이집트인은 기력(기백)은 있어도 지력(이성)이 없고, 아시리아인은 지력은 있으나 기력이 부족하여 둘 다 폴리스를 형성할 수 없다. 지력에 기력이 더해져야 논리를 따를 수 있다. 그리스인들은 야만인들이 못 가진 지력과 기력을 모두 가짐으로써 폴리스를 형성할 수 있었다.

이집트인들에게 지력이 없다고 한 것은 절대 왕권과 연관이 깊다. 절대 왕권 아래에서는 측량술 등의 수학적 지식은 조세를 걷기 위한 절대 권력자의 비밀스런 지식이자 권력의 원천이었다. 나일강의 제방 수리 공사에 이용된 기술이었기 때문이다. 이로 인해 천문, 수학, 작력(作曆)은 왕의 고유 권한으로 분류되어 전문가인 관리와 서기관만 담당할 수 있었다.

중국도 이와 유사했다. 천문학은 황제가 계절을 관찰해 백성에게 곡식의 씨를 뿌리는 시기를 알리는 관상수시(觀象授時)로, 황제 고유의 권한이자 왕의 운명을 알리는 점성술(占星術)과도 관련되었다. 조선도 마찬가지여서 개인이 달력을 만들면 왕좌를 노리는 역모 행위로 간주되어 사형에 처해졌다는 기록이 있다.

고대의 과학과 인문학, 특히 역사에 관한 것은 왕권과 직결되었다. 왕국과 시민 국가의 차이는 앎의 문제, 그 가운데 특히 수학을 대하는 관점에서 드러났다.

그리스 수학은 황제의 전유물이 아닌 공공의 것이었다. 따라서 모두가 납득할 수 있는 '증명'을 요구했다. 가령 '3평방의 정리(피타고라스의 정리)'는 막대를 땅에 직각으로 세우고 동서남북의 방향, 계절의 변화를 알아내기 위한 필수 지식으로 중국이나 오리엔트 어느 나라에도 있었다. 그러나 그것을 증명한 곳은 오로지 그리스뿐이었다.

증명을 하면 공정성을 인정받아 지식은 더 이상 개인의 것이 아니라 모든 사람의 것이 된다. 증명이란 모두에게 보여 '진리'임을 인정받는 것이다. 이것이 바로 수학의 공적 성격이다.

그리스는 좁은 영토에 수백 개의 시민 국가로 분할되어 있어 '참'과 '진리'까지도 공적인 성격을 지녀야 시민들에게 받아들여졌다. 그리스 이외의 다른 농업 문명권에서 발달한 도형 지식, 특히 기하는 백성의 불평을 막기 위한 공평성의 차원에서 필요한 것이었을 뿐이다. 토지 분배와 세금 징수에 관해 국민에게 일일이 증명하여 설명해 줄 필요는 없었다. 오로지 엄격한 증명을 요구한 그리스에서만 기하학적 명제는 증명에 여과되었고, 증명이 되면 '만인이 인정하는 진리'로 수용되었다.

이성은 단순한 지혜가 아니라 '옳다'고 믿는 것을 실행하는 '지적 정직성'이다. 진리로 입증되면 실행해야 한다. 지력이 없는 기력은 만용이 되고, 기력이 없는 지력은 알고도 실천할 용기가 없는 것이다. 발휘할 수 없는 이성은 무의미하다.

아리스토텔레스가 말한 폴리스적 인간이란 스스로 최고이자 최선이라는 자부심의 표현이었다. 폴리스적 인간의 기본은 '로고스'를 믿는 것이었고, 국력의 기본은 민족의 이성에 있었다. 2천 5백 년 전 인물이지만 아직까지는 그가 모든 학문의 시조로 추앙받는 이유가 여기에 있다. 우리의 미래도 '이성'에 달려 있다. 이성은 아리스토텔레스가 말한 '지적 정직성'에 바탕을 둔다.

한 치의 타협도 없이 끈질기게 추구하다

수학에서 미해결 문제란 달리 표현하면 산의 정상은 보이는데, 정상에 닿을 등산로를 찾지 못하고 헤매는 상태와 같다. 그래서 미해결 문제가 나타나면 수학자들은 끊임없이 도전하고, 그 도전은 E. 헤밍웨이(E. Hemingway, 1899~1961)의 『킬리만자로의 눈(The Snows of Kilimanjaro)』에 등장하는 검은 표범에 비유된다. 첫 등반에 오른 알피니스트는 아무리 정상이 눈에 보여도 오르는 길이 없으면 하산할 수밖에 없다. 그 후로도 정상에 도달하지 못하면 정상에 오르지 못하느니 차라리 서쪽 봉우리에서 얼어 죽은 검은 표범이 되고 싶어 한다. 수학자들 역시 같은 심정이었다. 이것이 바로 대수학자들이 가진 고귀한 도전 정신이다. 정상에서 얼어 죽은 표범이 가졌던 정신은 어쩌면 우리가 국가이성을 추구하며 견지해야 할 정신이기도 하다. 한 치의 타협도 없이 끈질기게 추구해 가야 하는 것이다.

수학자로서 평생을 산 필자이기에 수학에서 적절한 예를 찾아 설명하는 것을 이해해 주기 바란다. 그러나 최대한 누구나 이해할 수 있는 쉬운 사례를 들도록 하겠다.

수학사에서 킬리만자로의 검은 표범은 페르마의 정리나 정수론, 골드바하의 미해결 문제 같은 것들이다. 수백 년 동안 전 세계 대수학자들의 머리를 아프게 했던 '페르마의 대정리(Fermat's last theorem)'는 '$n>3$일 때 $a^n+b^n=c^n$을 만족하는 정수 a, b, c는 없다'는 것으로, 1994년에 이르러 영국의 수학자 A. 와일즈(A. Wiles, 1953~)에 의해 근 350년 만에 증명되었다. 수백 년에 걸친 노력 끝에 와일즈가 드디어 정상에 오른 것이다. 일반적으로 대수학이나 해석학의 문제 형식은 기호부터가 생소하게 나열되어 있으나, 이 문제는 매우 간단하여 많은 수학자들의 관심의 대상이 되었다.

또 한 명의 검은 표범은 피타고라스(Pythagoras, BC 580~BC 500)다. 숫자의 내부 구조는 매우 깊다. 1, 2, 3, 4 정도는 초등학생도 아는 수이지만 사실 그 속에는 엄청난 비밀이 숨어 있다. '열 길 물속은 알아도 한 길 사람 속은 모른다'는 속담처럼, 수도 표면에 나타난 형식은 간단하지만 내부 구조는 알 수 없다.

피타고라스는 모든 수는 정수 또는 정수의 비례(분수) 즉, 유리수뿐이라고 생각했다. 특유의 미의식 때문이다. '모든 것은 수'라고 믿은 피타고라스에게 수는 분수여야 했다. 그의 음악 이론의 기본도 비례였다.

그러나 수는 피타고라스가 생각한 것처럼 단순하지 않았다. 길이가 1인 정사각형의 대각선의 $\sqrt{2}$는 분수가 아니었다. '모든 수는 유리수'임을 신봉해 온 그에게 $\sqrt{2}$는 스스로 믿은 '수는 신(神)'인 자신의 종교를 무너뜨리게 했다. 분수로 표시할 수 없는 무리수의 존재는 수에 관한 그의 미학과 크게 배치되었다. 한 점의 흠도 티도 없이 부드럽고 매끈한 표면을 희구하는 조각가가 실수로 표면에 상처를 입힌 것 같은 심정이었다. 피타고라스에게 $\sqrt{2}$는 이상하고 불안해 보였고, 그의 미학에도 거슬렸다. 그것이 $\sqrt{2}$는 수(유리수)가 아니라는 것을 발견하게 해 준 계기가 되었고, 유리수의 불완전성을 입증하게 했다.

또한 무리수는 유리수보다 많아 오히려 수학을 비약적으로 발전시키는 요인으로 작용했다.

수학이 쉽게 풀리는 문제였다면 오늘날과 같은 거대한 금자탑을 세울 수 없었을 것이다. 수학자는 항상 짖궂은 미해결 문제를 생각하고 고민하면서 즐긴다. 지금 필자에게 미해결 문제란 국가이성이다.

◆◆◆ 짧은 지식, 더 깊은 이해 ◆◆◆

무리수 구멍들

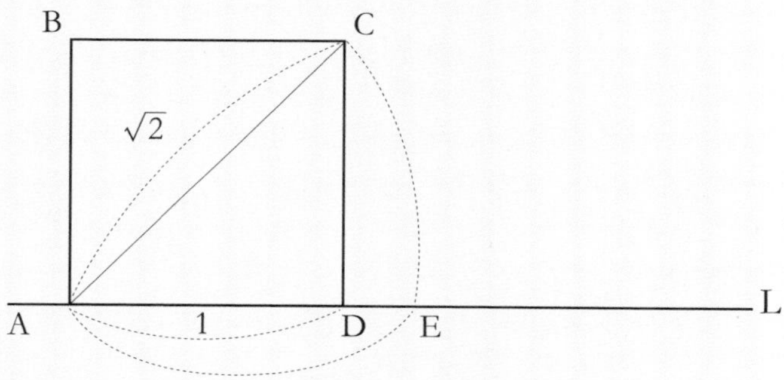

다음과 같이 작도해 보면 수직선 L에 $\sqrt{2}$가 있음을 쉽게 알 수 있다.

① 직선에 변의 길이가 1인 정사각형을 작도하면 $\overline{AC}$의 길이는 $\sqrt{2}$다.

② $\overline{AC}$를 반지름으로 하는 원과 직선 L이 만나는 점을 E라고 하면, $\overline{AE}$의 길이는 $\sqrt{2}$다.

$\sqrt{2}$는 1.4, 1.41, 1.414…… 1.41421356…… 등 끝이 없는 무한소수다. 직선은 유리수만으로는 꽉 채워지지 않고, $\sqrt{2}$와 같은 무리수의 구멍들이 있다.

정확히 아는 것과 적당히 아는 것

고대 그리스인은 지중해의 햇빛 같은 '밝음'과 'Yes, No'가 분명한 명징성을 좋아했다. 무한이나 부정(不定)은 명백하게 정할 수 없는 애매한 것들이었다. 그들은 손에 넣을 수 없는 애매한 무한은 싫어했다. 심지어 신들조차 인간과 그리 멀지 않은 올림포스(Olympus)산에 살게 하여 미인을 유혹하고 질투하는 형상으로 묘사하고 또 그럴 것이라고 믿었다.

'좋은 게 좋다'는 것은 정확함보다 우물쭈물 넘어가도 좋다는 뜻이다. 그런데 그리스인은 좋은 일마저 옳은지 그른지 논리적으로 따져봐야 했다. 타협하지 않고 끈질기게 추구해 기어코 완성된 것이 아름다운 것이라 믿었다. 모순으로 오염된 문제는 반드시 해결해야 했고 설령 얼어 죽는 한이 있더라도 산의 정상(이상)을 향해 가겠다는 마음에는 변함이 없어야 했다. 그러한 논리적 엄격성과 결백성이 학문을 발전시켰다.

고대 그리스와 한국의 차이를 알기 쉽게 말하면 '정확히 하는 것'과 '적당히 하는 것'의 차이이다. 예를 들어 '아무리 가까이 다가가도 끝내 도달할 수 없다'는 무한은 '제논의 역설(Zeno's paradox)'이다. 제논의 역설의 등장으로 한때 수학 세계는 위기를 맞았다. 역설이란 처음의 추론과 반대되는 결론이 도출되는 것이어서 완결성 추구라는 수학적 미학에 반하기 때문이었다. 직선은 유리수만으로는 완전히 채울 수 없었다.

가령 발이 빠른 아킬레스라는 군사가 느림보 거북이와 달리기 경주를 했다고 하자. 그는 거북이보다 백 미터 뒤에서 거북이의 10배 속도로 거북이와 동시에 출발했다. 현실에서는 그 정도 핸디캡은 문제도 되지 않는다. 그는 금방 거북이를 추월할 것이다. 그러나 제논은 아킬레스가 아무리 쫓아가도 거북이를 따라잡을 수 없다는 것을 논리적으로 밝혔다.

••• 짧은 지식, 더 깊은 이해 •••

제논의 역설

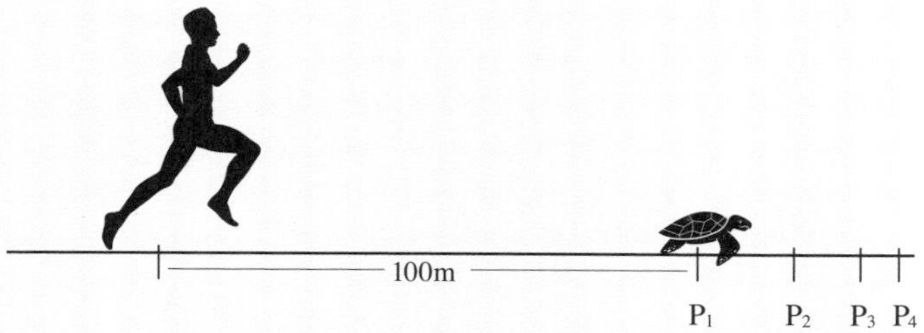

① 아킬레스가 백 미터를 달려 거북이의 자리 P_1에 도달했을 때 거북이는 $(100\times\frac{1}{10})$미터만큼 앞으로 전진하여 P_2에 이른다.

② 아킬레스가 또다시 P_2에 도착했을 때 거북이는 $(100\times\frac{1}{10}\times\frac{1}{10})$미터 앞으로 전진하여 P_3에 있다.

이런 식으로 거북이는 출발점에서 $100(\frac{1}{10}+\frac{1}{100}+\cdots\cdots\frac{1}{10^n})$자리에 도달해도 아킬레스보다 항상 $100\times\frac{1}{10^{n+1}}$미터 앞선다. 결국 한없이 뒤쫓아도 따라잡을 수 없는 것이다.

제논은 이 같은 요지의 역설을 제출했다. 운동과 무한소에 관한 문제에 귀착되는 것으로, 그리스의 유한의 논리로는 해결할 수 없는 것이었다. 그리스 예술품이 완결성, 대칭, 유한, 균형, 완성도의 극치인 것처럼 수학 또한 앞뒤가 분명한 유한성을 만족시키는 것이어야 했다. 요컨대 유한성을 가진 예술과 수학의 미학은 같아야 하는 것이었다. 그리스적 사고에서 모순이나 미해결 문제, 역설은 반드시 극복해야 할 대상이었다.

그리스 수학자의 위기의식도 유한의 수학 체계에 무한을 공존시키려는 미의식의 요청에서 나온 것이었다. 수학에서 미의식의 기반은 다른 수학적 요소와 보완적 관련성을 갖게 하는 정합성(整合性)에 있다. 유한의 요소가 무한을 설명하고 무한이 유한을 설명해야 한다. 1과 무한수열 0.9, 0.99, 0.999, 0.9999 …… 를 같이 볼 수 있는 눈을 가져야 하는 것이다. 결국 무한수열이 기존의 수학에 수용됨으로써 근대정신의 소산인 미적분학이 탄생했다. 자와 컴퍼스, 10진법이라는 동일한 조건에서 출발한 수학이건만 '무리수와 무한'은 왜 서양 수학에만 나오고 다른 문화권에는 없었을까?

증명은 논리에, 논리는 이성에 있다

철학은 모든 지식의 본질을 찾아 뿌리를 밝히는 일이다. 그리스는 그런 철학적 전통을 존중했다. 외국에서 수입한 경험수학마저도 마찬가지 방법으로 엄격한 정의와 증명의 체에 여과해 일반화시켰다.

그리스 학문의 바이블은 유클리드의 『기하학 원론』이다. 그는 도형에서 점, 직선 등에 관한 공리적 요소를 직감하여 연역 체계를 수립했다. 『기하학 원론』의 중요성은 정의, 공리에서 정리를 유도하는 연역적, 체계적 형식에 있다. 『기하학 원론』의 형식은 뉴턴역학을 비롯해 스피노자의 『에티카(Ethica)』, 다윈의 『종의 기원(On the Origin of Species)』 등의 저술 양식에 직접적인 영향을 주었고, 러셀의 수학 원리에 관한 저서 『Principia Mathematica』에도 막대한 영향을 끼쳤다. 『기하학 원론』은 수학이라기보다 논리와 체계로 조화로움과 완성미를 보여 주어, 감성을 중시하는 미술과도 공통 요소가 있다.

유클리드의 연역 체계를 간략히 소개하면, 유클리드는 공준(기하학적 내용을 갖는 공리)을 기본으로 학문의 형식을 구축했다. 공리주의란 여러 개의 공리로 기본 체계를 세우는 것이다. 마치 철근 콘크리트 건물을 세우는 작업과도 같다. 토대, 기둥 등 골격을 차례로 세워 가는 과정에서 공리군은 건축물의 철근 역할을 한다. 『기하학 원론』은 공리주의 수학의 시작이자 전형이며 그 핵심은 공리 선택의 자유에 있다.

유클리드기하학은 다음 5개의 공리로 구성되었다.

1) 어떤 두 점으로 1개의 선분을 그을 수 있다.

2) 선분은 얼마든지 연장할 수 있다.

3) 임의의 점을 중심으로 임의의 반지름으로 원을 그릴 수 있다.

그리스 수학자 유클리드. 그의 『기하학 원론』은 조화와 완성미를 갖춘 기하학의 경전이었다.

4) 직각은 모두 같다.
5) 직선 밖의 한 점을 지나 그 직선에 평행하는 직선은 오직 1개만 그릴 수 있다.

그러나 몇 개의 공리 기반 위에 기하학 이론을 구축하기 위해서는 이들 사이의 독립성이 보장되어야 한다. '독립성이란 어떤 공리도 다른 공리에서 유도할 수 없다'는 것이다. 그런데 독립성을 해치는 것, 하나의 공리에서 유도된 명제가 또 다른 별개의 공리에서도 유도된다면 왜 나쁜 것인가? 논리적 질서가 없으며 체계가 간결하지 못하다. '모로 가도 서울로만 가면 된다'거나 '타협의 무대'라며 반칙을 미화하는 따위는 논리의 세계에서 통하지 않는다.

유클리드는 한 치의 군더더기도 없는 일관된 논리의 줄기에서 예술적인 완성을 지향했다. 중국의 역사가이자 진(秦)의 세력자였던 여불위(呂不韋, ?~BC 235)가 『여씨춘추(呂氏春秋)』의 편집을 끝내고 "만일 이 책의 문장에서 불필요한 부분이나 모자란 부분을 발견하는 사람이 있다면 한 글자에 천금을 주겠다"라고 문장의 완성도를 장담했듯이, 『기하학 원론』 또한 그와 같은 미적 욕구에서 완성되었다.

이는 그리스의 기하의 3대 난문제인 원의 넓이와 같은 정사각형의 변의 길이를 구하는 것과 임의의 각을 3등분하는 것, 정육면체 부피의 2배가 되는 정육면체의 변의 길이를 구하는 과정을 끝까지 자와 컴퍼스만 가지고 작도하려고 고집했던 미의식과도 같다. 그들의 미학은 로고스 존중과 동일 선상에 있었다.

증명에 관해 그리스와 한국은 대조적인 관점을 가지고 있다. 조선 시대도 그리스와 마찬가지로 양반은 노동을 천시하고 학문을 중시했다. 근본은 같다. 그러나 문제는 학문의 내용에 있다. 조선 시대의 학문은 주로 중국 고전을 외우는 것이었다. 마을 안에 '하늘 천, 따 지' 하며 글 읽는 소리가 끊이지 않으면 양반 마을로 여겼다. 남의 것만 외우는 '성현의 말씀에 의하면' 식 고전 공부는 사실 창조와는 거리가 멀다. 스스로 독창적인 견해를 키울 수 없다. 만일 창조적으로 해석하면 '옳게 읽어야 할 글을 다르게 해석한다'며 사문난적(斯文亂賊)으로 치부되었다.

하지만 그리스는 도시마다 시민들이 광장에 모여 철학과 수학 문제를 토론하고 사색을 즐겼다. 아무리 권위 있는 사람의 말이라 해도 증명할 수 없으면 무시했다. 증명은 삼단 논법의 기본인 논리를 따라야 하고 논리는 이성에 근거해야 했다. 인간에게만 이성이 있으며 그 길을 따라야 한다는 것이 그리스인의 신념이었다.

아리스토텔레스는 이를 체계화하고 삼단 논법을 정확하게 정리해 『Organon』을 저술했다. 근대 수리(기호)논리학이 등장하기 백여 년 전까지 긴 세월 동안 아리스토텔레스의 논리학이 학문의 기틀이 되어 왔으니 가히 '학문의 아버지'로 불릴 만하다. 그는 논리학을 혼자서 완성했을 뿐 아니라 삼단 논법의 진행 방법을 몇 개의 계통으로 분류해, 정확한 경우와 틀린 경우를 일일이 분석했다. 그리고 이를 일람표로 만들어 제시했다. 누구나 자신의 주장을 이 일람표에 비추어 보면 자신의 주장이 옳은지 그른지 판단할 수 있었다.

아리스토텔레스의 『Organon』이 유클리드의 『기하학 원론』에도 영향을 준 흔적이 역력하다. 아리스토텔레스가 BC 384년생이고 유클리드가 BC 300년생이니 약 80년의 차이가 있고, 유클리드의 『기하학 원론』에 한 치의 논리적 흐트러짐도 없는 걸 보면 아리스토텔레스의 『Organon』으로부터 영향을 받은 것이 분명하다. 『기하학 원론』은 도형을 대상으로 삼은 또 하나의 '논리학'이라고 볼 수 있다.

그러나 이성의 상징이며 서구 지성의 중심이었던 『Organon』과 『기하학 원론』도 그 절대적 권위가 무너지는 사건이 발생한다. 19세기, 비유클리드기하학과 기호논리학의 등장으로 인해서였다.

로고스는 전제 조건을 끝까지 지킨다

로고스는 논리와 같아 전제 조건을 끝까지 준수한다. 토론을 할 때 일단 기준을 설정하면 바꿀 수 없다. 운명도 정해지면 고수된다는 것이 비극의 정신이다. 그래서 로고스의 정신은 비극의 정신이다.

비극의 본질에 관해 B. 러셀(B. Russell, 1872~1970)의 스승이었던 수학자 A. 화이트헤드(A. N. Whitehead, 1861~1947)는 '주어진 운명을 알 수 없는 가엾은 인간이 이리저리 피하려고 노력하다가 결국 정해진 운명 앞에 좌절하는 것'이라고 규정했다. 일단 정해진 조건은 기하학의 공리처럼 바꿀 수 없다. 이 운명의 불변성에에서 기하학과 인문학이 만났다.

'기하의 공리군의 독립성'에 관한 문제가 비유클리드기하를 낳았고 리만기하학으로 완성되어 아인슈타인의 상대성 원리로 이어졌다. 상대성 원리의 발견은 다시 핵분열 이론으로 연결되면서 연역의 논리는 비극으로 이어졌다. 결국 핵무기는 인류를 멸망시킬 수 있는 비극의 씨앗이 되었다. 이것은 과연 운명인가? 우리는 극복할 수 있을까? 이는 본서의 마지막에서 논하는 중요한 주제이다.

'기하학의 정신 → 공리는 바꿀 수 없다 → 공리의 독립성 → 리만기하의 탄생 → 상대성 원리 → 핵무기 생산'으로 이어지는 발전 과정에는 인문적인 미적 요소와 비극의 수학 정신이 교차했다. '기하학의 정신 → 운명 → 도전 → 비극의 정신'의 순환 논리가 로고스 정신에 근거하고 있음을 감지하며 필자는 섬뜩한 미래를 상상하게 된다.

무리수 이론이 피타고라스를 죽음으로 몰아갔고, 아인슈타인은 무리수와 죽음을 명상하면서 핵을 발명했다. 이와 반대로 H. 헤세(H. Hesse, 1877~1962)는 핵폭탄의 탄생을 바라보며 『유리알 유희(Das Glasperlenspiel)』를 써 내려갔다.

기하학이 이성을 이끌다

현실에서 이성을 구체적으로 사용하는 학문이 수학이다. 문명 초기의 이성혁명은 손가락셈의 발명이었고, 과학혁명도 그 중심에는 수학(미적분)이 있었다. 수학의 대상이 변하면 신의 자리도 우주와 함께 움직였다. 인간과 신의 관계, 신앙과 정치 형태도 변했다. 수학은 실제 과학 문명을 이끌었고 정치적으로는 평등과 민주주의를 일반화하는 데 기여했다.

대부분의 수학자는 수학을 문명과의 관계로 인식하지 않고, 수학의 체계 안에서만 이해하려는 경향이 있다. 수학 개념을 수학 체계로만 추구하면 인문학적 요소를 놓친다. 예를 들어 나눗셈은 곱셈을 전제로 발견되었고, 곱셈은 더하기로 설명하는 것이 이해하기가 쉽다. 수학의 발전은 뉴턴이 말한 것처럼 항상 '선인(先人)의 어깨' 위에서 비약해 왔다. 그런데 그 비약의 동기에는 항상 수학 이외의 문화·사회적 요청이 있었다.

이성은 다양한 방향으로 뻗어 왔다

‘기하학이 이성을 이끌었다’고 한 이유는 인간이 맨 처음 생각한 것이 자신을 둘러싸고 있는 공간이었고, ‘공간에 대한 생각이 곧 이성’이었기 때문이다. 인간은 환경에 따라 생각의 방향을 다양하게 펼친다. 그리스인은 ‘하늘과 땅’을 끝없는 유클리드 공간처럼 상상했으며, 땅을 바다처럼 직선으로 무한히 뻗어 있는 것으로 인식했다. 중국인은 좀 더 자연적이었다. 네모난 땅을 하늘이 구형으로 덮고 있는 것으로 상상했다.

환경에 대한 인식이 이처럼 다르듯이 수학에서 가장 기본적이면서 중요한 요소들도 모두 서로 다른 지역에서 발생했다. 중국과 인도, 그리스, 중동에는 각기 고유한 대종교와 수학 사상이 존재했다. 수학의 이상한 실체(queer entity)인 ‘0, −, 이데아적인 점, 무한’ 또한 놀랍게도 이들 문명에서 발견되었다. 문명의 요청이 이상한 실체의 발견으로 이어졌던 것이다.

〈5에 ‘−3’을 더하라는 중국〉

중국의 경우, 기후가 고르지 못하고 황허강을 비롯한 큰 강의 범람을 수시로 겪었다. 그 과정에서 그들은 하늘을 인격화하기보다는 천재지변을 일으키는 변덕스러운 존재로 인식했다. 초월자의 실체는 알 수 없는 것이었다. 공자도 ‘신(天)은 있는지 없는지 모르지만 혹 있을지도 모르니 멀리 떨어져 조심스럽게 대하라(『논어』)'고 당부했다. 경원(敬遠)하라는 경고였다. 성인으로 존경받는 공자의 말씀이기는 하나 어찌 보면 꼭 보험 영업자의 말투 같다. 사고는 없겠으나 혹 알 수 없으니 보험에 들어 놓으라는 식의 생각이다. 중국인들에게 '하늘은 너무 높아서 인간에겐 별 관심이 없는 존재'라는 게 불가지론의 현실적인 해석이었다.

그들은 변덕스러운 자연에 대응해 사는 과정 속에서 변화의 철학인 역(易)과 음양론을 고안했다. 모든 실체는 음과 양의 얽힘 속에서 나타난다고 믿었다. 음양을 '검정(黑)과 빨강(赤)'으로 표현하고 세계 수학 사상 처음으로 마이너스(−)를 수학의 실체로 취급했다(『구장산술』).

'+' 개념은 다른 문명권에도 있었다. 그런데 유독 중국만 한 단계 더 나아가 '+'의 대립된 개념으로 '−'를 떠올렸다. 일반적으로 수는 물건의 개수를 셀 때 사용하는 것이어서 -2개의 물건은 어느 시장에도 없다. 그러나 중국인들은 '+'가 있다면 그 반대의 '−'가 있을 것이라고 자연스럽게 생각했다. 양수만을 생각한 다른 문화권에서는 '5−3'을 5에서 양수 3을 빼라는 뜻으로 여겼으나 중국인은 5에 '−3'을 더하라고 생각했다.

그뿐만 아니라 중국인들은 60진법도 사용했다. 60갑자의 주기성을 중시해, 사주팔자론에도 60진법을 썼다. 60진법은 고대 바빌로니아인의 셈법이기도 했다. 지금도 우리는 한 시간이 60분, 1분이 60초 등 60진법의 세상에 살고 있으니 고대 중국인이나 바빌로니아 사람들과 같은 방식으로 생각하고 있는 것이다.

천체는 원운동을 하고 원은 반지름으로 6등분된다. 바빌로니아인들은 10진법과는 다른 60진법을 또 하나의 중요한 수 체계로 삼았다. 60은 6과 10의 공통 배수이다. 10은 사람의 손가락 수, 6은 원의 반지름으로 원의 둘레를 6등분할 수 있는 중요한 수이다. 10과 원은 완전, 완결성의 상징이다.

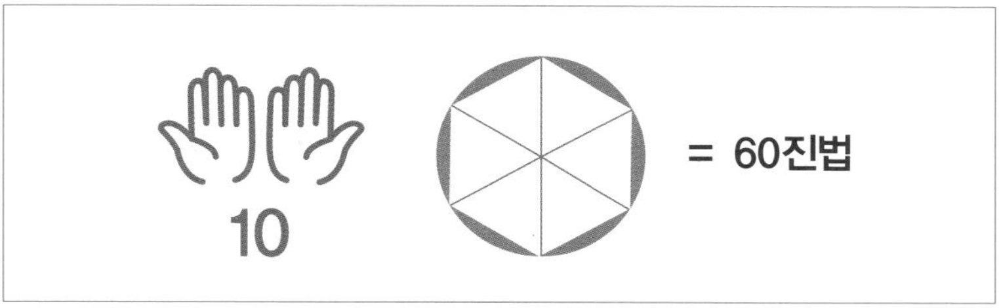

그런데 왜 지리적으로 멀리 떨어진 중국과 바빌로니아에서 거의 비슷한 시기에 60진법이 탄생했을까. 이들 중 어느 쪽이 먼저 발명했을까? 독립적인 발명인가, 어느 한쪽이 다른 쪽에 영향을 준 것인가? 이 질문은 과학사의 중요한 과제인데, 필자는 그 해답을 풍토에서 찾았다. 이들 두 지역이 천문학과 천체 운동인 원운동에 유별나게 관심이 있었던 것은 넓은 평원이 흔했기 때문이다. 넓은 평원은 일상적으로 천체 운동을 잘 관찰할 수 있는 조건이었다. 또한 농업 제국인 관계로 그들은 달력 만들기에도 관심이 많았다. 60진법은 천체 운동의 원과 10개 손가락이 결합한 결과임이 분명하다.

〈0개의 물건도 존재하는 인도〉

인도의 풍토는 식물이 무성하고 생물의 번식력이 강해 일상적으로 생명체의 윤회전생(輪回轉生, 전생의 업에 따라 다른 생물로 태어남)을 실감케 하는 땅이다. 윤회전생의 관점에서는 모든 생명을 존중할 수밖에 없다. 가령 새가 알을 깨고 나와 성장하여 날개를 펴고 날아간다고 하자. 그럼 새의 본체는 알일까, 아기 새일까? 새를 무시한 알은 없고 알을 무시한 새도 없다. 이 논리를 전생과 후생으로까지 확대하면 인간과 동물이 번갈아 나타나게 된다. 눈앞의 것은 일시적인 모습일 뿐, 업에 따라 형태가 달라진다. 형태가 달라지니 실체가 없다. 아무리 하찮은 벌레도 다음 세상에서는 인간이 될 수 있다. 인도의 자이나교도들이 땅에 묻힌 벌레를 다치게 할 것을 두려워하며 땅을 갈아엎어야 하는 농사를 포기하고 상업에 전념했던 것도 윤회전생 때문이었다.

윤회전생의 철학은 인간을 압도하여 현실을 있는 그대로 받아들이는 수용적 인간성을 형성했다. 인간은 주어진 순간을 살 뿐이고, 다음 순간에는 다른 것으로 변하기에 역사는 무의미하다. 실체는 없으며 오직 인(因)에 따라 업(業)이 나타난다. 실체가 공(空)이니, 눈에 안 보이는 공의 세계도 현실처럼 존재하는 것이다.

일반적으로 개수로서 0개의 물건이란 없다. 계산의 대상이 될 수 없어서다. 그러나 인도인은 '없는 것'이 '있다'고 믿었고, 이를 실상(實相)으로 여겼다. 공을 중시해 수학에 처음으로 0을 실체(實体)로 수용한 것이다.

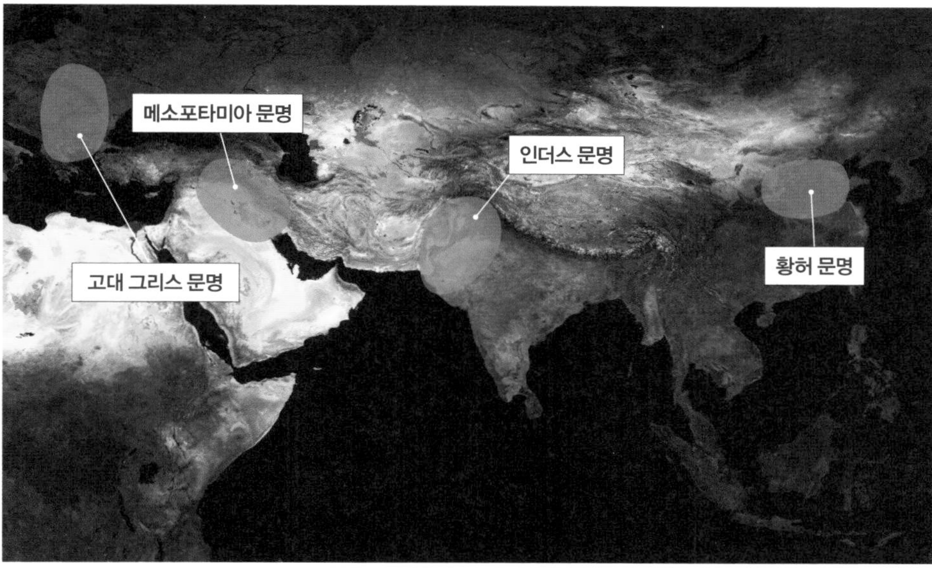

이 4지역에서 수학의 이상한 실체들(−, 0, 이데아의 점, 무한)이 탄생했다.

〈위치만 있고 크기가 없는 점을 생각한 그리스인〉

그리스는 한낮에 그림자가 없을 정도로 밝고 투명하다. 그 밝음이 그리스인에게 의지만 있으면 아무리 작은 것이라도 볼 수 있다는 믿음을 갖게 만들었다. 시각을 중시하는 문화를 낳은 것이다. 플라톤도 '철저히 관찰하면 실체가 보일 것'이라는 신념으로 이상적 실체의 존재를 믿었다. 이데아(idea) 사상이다. 본질적인 존재가 있다고 믿은 이데아론은 그리스 풍토가 낳은 특성이다.

도형에서도 그리스인은 위치만 있고 크기가 없는 이데아의 점을 생각했다. 실제 우주선에 오른 우주 비행사의 눈에 달은 하나의 점으로 인식된다. 위치만 있고 크기가 없는 유클리드의 점이다. 보이지 않는 무한(apeiron)을 거부한 그리스의 기하는 '점은 위치만 있고 크기가 없는 것'으로 정의했다. 그리스 이외의 문화권에는 그런 발상이 없었다. 유클리드는 이상적인 이데아의 점과 폭이 없는 선의 실체를 믿고 이를 기하학의 출발점으로 삼았다.

〈중동 사막의 하늘은 무한의 세계를 알게 했다〉

중동 지역의 사막에는 녹색이 없다. 나무 한 그루, 풀 한 포기 없다. 생명이 없는 돌과 모래만 무한히 전개되고 죽음을 상징하듯 온통 잿빛이다. 산은 음산한 바윗덩어리들로 이루어져 있다. 사막에서 인간은 무력함을 느낄 수밖에 없다. 땅 위에 믿을 것이 없으니 시선은 멀리 지평선 너머의 무한을 바라보며 신을 상상한다. 절대자인 신과 나 사이에는 아무것도 없다. 이렇듯 사막의 하늘은 인간에게 무한을 가르치고 그것을 다스리는 분은 유일한 전능자이자 인격적인 신인 여호와임을 믿게 했다.

일신교의 절대자 개념이 종교에서 수학으로 방향을 돌려 '무한 개념'을 낳고 무한의 수학을 등장시켰다. 수학에서 무한론은 G. 칸토어(G. Cantor, 1845~1918)에 의해 19세기 말에 창시되었다. 기독교 문화권 출신인 H. 바일(H. Weyl, 1885~1955)도 수학은 무한의 과학이라며 '유한한 인간에게 기호를 통해 무한을 이해시키는 데 그 목적이 있다'고 규정했다.

인간 정신은 그 풍토에 맞는 특별한 수학적 개념을 만들어 냈다

	중국	인도	중동	그리스
종교(철학)	음양론	윤회, 공(空)	일신교	이데아론
이상한 수학 (queer entity)	+, −	0	무한	크기가 없는 점
풍토의 특성	일기 불순	생물의 번식력이 강한 열대	드넓은 잿빛 사막	밝은 햇빛

철학적 사고력 결핍은 창의력의 결핍으로 이어진다

지금은 음수, 0, 무한, 크기가 없는 이데아의 점 등이 수학의 중요한 실체이지만, 고대 수학에서 이들은 현실에 없는 이상한 실체였다. 현실의 계산에서는 마이너스의 개수나 0개의 사물은 존재할 수 없다. 무한이나 크기가 없는 실체 또한 존재하지 않는다.

이런 비현실적 개념을 수학적 실체로 인식하기 위해서는 2단계를 거쳐야 한다. 첫째는 그에 관한 철학적 사유가 있어야 하고, 둘째는 이런 개념을 필요로 하는 수학적 요청이 있어야 한다. 철학적 의지는 형이상학적 사고 또는 종교적 감성까지 아우른다. 종교적 감성도 중요한 인문학적 대상인 까닭이다. 철학적 의지와 수학의 요청이 일치될 때 '이상한 실체'가 수학 세계의 실체가 되는 것이다. 수학과 인문학이 얼마나 깊은 관계인지 실감할 수 있는 부분이다.

그렇다면 고대에는 활력이 넘쳤던 그리스의 수학이나 중국의 수학이 왜 해당 문명의 말기에 쇠퇴하게 되었는가? 왜 수학이 생명력을 잃었던 걸까? 그 해답은 인문학과의 상호 영향력에 있었다. 수학이 인문학적 뿌리를 무시하면 철학적 사고가 결핍되어 결국 창의력의 결핍으로 이어진다. 가치가 하락하는 것이다.

수학의 생명은 이성이다. 위대한 수학적 영감은 대예술가의 창조성과 전혀 다르지 않다. 근대 수학의 대가인 L. 크로네커(L. Kronecker, 1823~1891)도 "고도의 예술성은 수학에 있다"라고 했다. 많은 수학자들 역시 수학을 시 또는 예술에 비유하며 그 동질성에 깊이 공감한다. 수학자의 창조적 작업은 조화와 아름다움을 높이려는 음악이나 미술과 조금도 다르지 않다.

안타까운 것은 우리나라의 현실에서 학생들은 '수학에서 창조의 즐거움'을 느끼기 어렵다는 것이다. 수학에 내포된 인문적 요소(신비성, 비극적 요소) 또는 완전성(수학 체계의 완결성)의 이미지는커녕 '수학의 미적 요소'라는 말조차 당장 풀어야 할 문제에 가려 보이지도 않는다. 수학의 아름다움이나 이성을 의식할 만한 여유가 없다. 예컨대 미적분에는 그리스 이래 철학과 과학, 심지어 인류 문명의 미래까지 생각하는 문제가 깔려 있다. 그런데 이것들을 맛보지 않으면 수학 공부는 마치 물 없는 수영장에서 수영을 배우는 것처럼 무미건조해진다. 여러 번 물을 들이켜도 수영은 물속에서 익혀야 하듯이 수학의 인문적 요소를 먼저 알아야 수학이 즐거워진다.

이성으로만 정확한 인식에 도달한다

그리스인은 산술을 싫어하고 천시했다. 기계적인 계산은 낮은 신분의 관리나 상공인들이 하는 천한 기술로 여겼다. 계산은 노예가 하는 일이어서 철학의 대상에서 제외시켰다. 도형과 결부해 생각을 요구하는 것만을 철학자다운 일로 여겼다. 피타고라스가 그 전형이었다. 이성을 중시하고 사유를 즐긴 나머지 그들은 연역적으로, 주로 삼단 논법으로 생각하기를 즐겨하고 기하학을 중시했다. 지금의 수학은 기하, 대수를 함께 다루지만 당시에는 계산이 포함되면 하찮은 것이 되었다.

한 나라의 국력은 수학 수준에 비례한다

그리스인의 수학적 지식과 정신문화는 좁은 지역에 머물지 않고

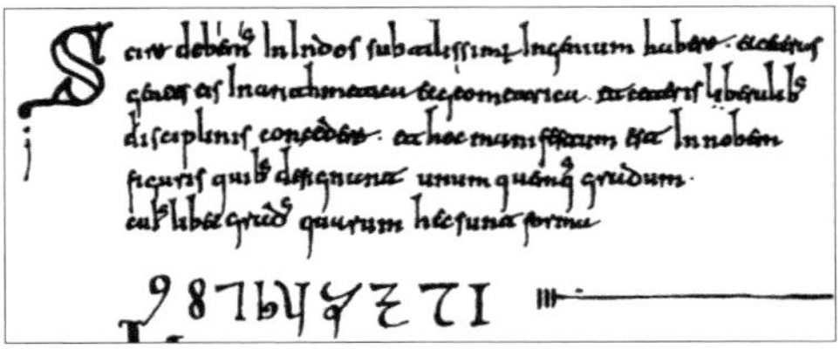

《코덱스 비질라누스》에 실린 아라비아 숫자. 이는 서양에서 처음으로 쓰인 아라비아 숫자다.

다행히 아라비아 상인들에 의해 보호되어 유럽으로 전해졌다. 상인들에게는 계산이 가장 중요했기 때문에 대수(아랍어로 algebra)를 발전시켰고, 인도에서 발명한 0까지 함께 유럽에 전했다. 요컨대 아라비아인은 그리스의 기하학뿐 아니라 편리한 아라비아 숫자와 덤으로 0까지 고스란히 유럽에 전달했다. 이로 인해 세계 문화사는 크게 신장되었다. 전달받은 기호를 이용하여 유럽인들은 적극적으로 대수학을 발전시켰다.

17세기 들어 R. 데카르트(R. Descartes, 1596~1650)가 대수학과 기하학을 융합해 해석기하학을 창출했다. 그는 허약하여 침대에 누워 곧잘 늦잠을 잤다고 한다. 그러던 어느 날, 천장을 보다가 놀라운 생각을 하게 된다. 직교하는 두 직선을 x, y축으로 보고 그 속에 평면기하학을 집어넣어 해석기하학을 만든 것이다. 원추곡선을 x, y에 관한 2차 방정식에 대응시켰다. 곡선상의 한 점을 x, y로 분석하고 원추

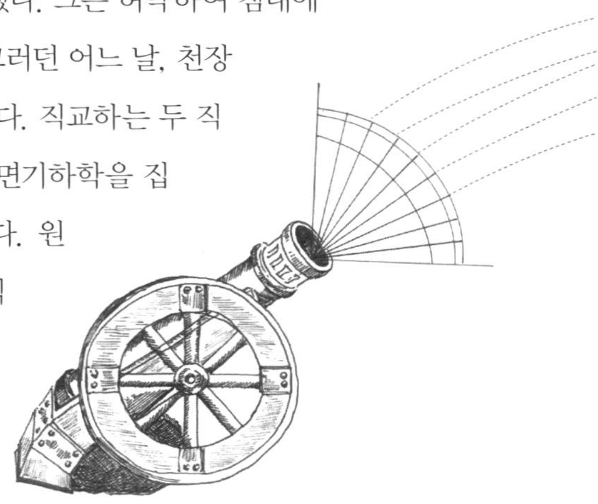

곡선의 조건에 대수식을 유도한 것이다. 결과적으로 유클리드기하학이 원추곡선을 곁들인 대수학이 되었다.

행성은 타원을 그리고, 지상의 높은 곳에서 던진 돌이나 대포의 탄환은 포물선을 그린다. 지상에서 던져 올린 물체의 운동이 포물선이 되고, 하늘에서의 천체 운동이 타원이 되는 것은 각각 G. 갈릴레이(G. Galilei, 1564~1642)와 J. 케플러(J. Kepler, 1571~1630)가 발견했는데, 해석기하가 그 궤적을 간단히 계산할 수 있게 했다. 나폴레옹이 "한 나라의 국력은 수학 수준에 비례한다"고 말한 것은 결코 과장이 아니었다. 해석기하의 발명으로 대포의 명중률이 한층 더 높아졌다. 나폴레옹은 탄환의 궤적을 계산하고 병사들의 기동력을 수치로 환원하는 등 군사력을 수치화했다.

더 이상 수학은 철학자가 혼자 조용히 명상하는 학문이 아니었다. 기술자와 군인들이 적극적으로 계산해 현실에 활용하는 학문으로 바

미적분의 발명은 대포의 각도와 날아가는 거리의 관계를 정확히 계산할 수 있게 했다.

뀌었다. 그리스의 기하가 철학자의 사유에 자극을 주었다면, 해석기하는 기술자와 군인이 운동체에 관한 계산을 하는 데 도움을 주었다.

이처럼 근대 수학은 하늘과 땅을 하나로 묶어 연구 영역으로 삼았다. 갈릴레이와 케플러가 발견한 공중의 기하학적 궤적을 데카르트가 대수적으로 표시했고, 뉴턴은 이들을 동역학에 하나로 묶어 만유인력으로 설명했다.

이성도 정(靜)에서 동(動)의 세계로 가다

I. 뉴턴(I. Newton, 1642~1727년)에 관한 전설은 많다. 과수원을 지나가다가 나무에서 떨어진 사과에 머리를 맞았다. 그는 왜 사과가 떨어지는 것일까 자문하고, 지구 중력(인력) 때문이라는 답을 얻었다는 이야기가 대표적이다. 그는 사과나무가 어떤 위치에 있더라도 사과는 아래로 떨어지고, 그보다 훨씬 더 높은 공중에서도 아래로 떨어지는 이유를 밝혀 그 지식을 중학생도 알 수 있게 설명했다.

뉴턴은 여기서 한 걸음 더 나아갔다. '달이나 사과나 같은 물질인데 왜 달은 안 떨어지는 것일까?'라는 질문을 화두로 데카르트의 해석기하와 자신이 구상한 만유인력의 법칙을 이용해서 사과의 무게와 달의 무게를 계산했다. 그로 인해 갈릴레이의 낙하 법칙은 물론, 케플러의 행성의 궤도에 관한 법칙까지 모두 하나의 식에서 유도되는 것을 알아냈다.

블레이크의 「뉴턴」, 1795.

미지의 검은 우주를 배경으로 화려한 색의 이끼와 풀로 덮힌 바위에 걸터앉은 뉴턴이 컴퍼스를 잡고 하나님이 창조하신 대우주의 실체를 밝히려 하고 있다.

행성이나 사과의 낙하 법칙을 만유인력의 법칙 하나로 완성한 것이다. 천체 운동과 지상의 물질 운동이 하나의 식으로 설명되었고, 그동안 신비롭게 여겨 왔던 천체 현상의 운동 원리가 상당 부분 밝혀졌다. 기가 막힌 일이다!

화가이자 시인이었던 W. 블레이크(W. Blake, 1757~1827)는 뉴턴의 손에 신의 전유물인 컴퍼스를 들려 그림으로 그렸다. 시인 A. 포프(A. Pope, 1688~1744)도 뉴턴의 탄생은 신의 뜻이라고 노래했다. 포프는 뉴턴의 묘비에 이렇게 썼다.

> 자연과 자연의 법칙이 밤의 어둠 속에 감춰져 있었다. 신께서 말씀하시길 '뉴턴이여 있으라!' 하시니 어둠이 모든 빛이 되었다.

데카르트의 해석기하학을 이용한 뉴턴역학의 놀라운 결실을 본 당시의 과학자들은 그 업적에 크게 자극을 받아 자신들도 그럴싸한 천체 문제를 발견하고 싶어 안달이었다.

과학은 세계사를 움직이는 엔진이 되었고 이성 또한 수학, 과학과 더불어 '정(靜)에서 동(動)'의 세계로 발전해 갔다. '모든 운동의 결과는 미리 결정되어 있다' 즉, 운동체의 도착점은 '처음 출발할 때의 조건으로 정해진다'는 뉴턴역학의 원칙에 따라 일식과 월식도 10년 아니 백 년 후 언제, 어디서 발생하는지 예측할 수 있게 되었다.

이런 변화는 결정론 철학과 함께 진행되었다. 인간 행위를 포함한 세상의 모든 현상들은 초기 조건에 의해 결정된다는 결정론 철학이 뉴턴의 동역학과 더불어 철학적 사고를 형성한 것이다. 이렇듯 수학과 과학, 철학은 서로 되먹임하며 한 시대의 흐름을 만든다.

미미한 오차가 파탄이 되기 전에 등장한 아인슈타인

운동이란 시간에 따라 자리가 변하는 것이다. 뉴턴은 동역학을 완성하기에 앞서 운동 개념을 분명하게 설명할 수 있는 토대를 구축하기 위해 먼저 시간과 공간 개념을 정립했다. 데카르트가 설치한 좌표공간 x, y, z 좌표축에 시간 요소를 더해 모두 3개의 직선이 서로 원

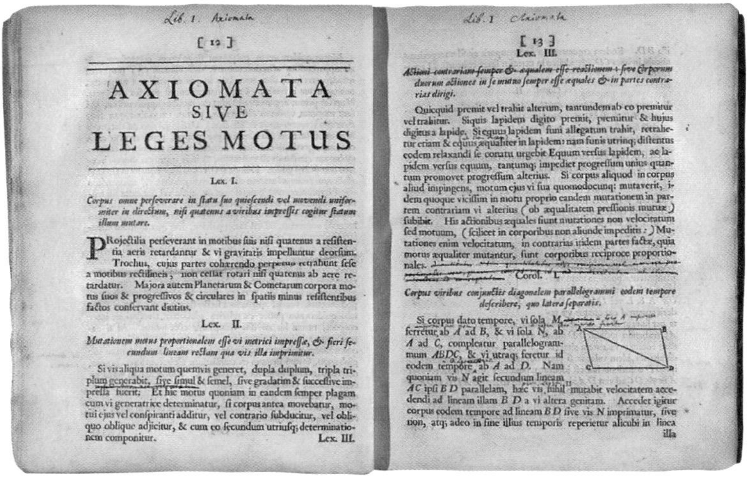

뉴턴의 명저 『자연철학의 수학적 원리』, 1687년. 만유인력의 법칙과 뉴턴의 운동 법칙이 실렸다.

점에서 직각으로 만나는 3차원의 유클리드 공간을 설정하고, 시간이 그 속을 직선으로 지나가는 것으로 생각했다. 데카르트가 생각한 좌표 공간에 시간축이 지나가는 것이다.

데카르트의 해석기하학을 이용한 대수식은 동역학의 수학인 미적분을 만들어 운동체의 위치, 속도, 가속도 등의 계산을 가능케 했다. 이런 성과를 내기까지는 유클리드 공간이 유효했다. 그러므로 유클리드기하의 절대 공간(等質)과 절대 시간(等速)에 대한 신뢰는 특히 과학자들에게 거의 신앙에 가까울 정도였다.

유클리드가 공리에서 출발했다면, 뉴턴은 동역학의 현실성을 중시하고 '같은 모양의 공간에 시간은 같은 속도로 흐른다'는 등질·등속의 개념을 정립했다. 인류사 최초의 과학혁명이었다.

뉴턴의 업적에 자극을 받아 새로운 과학적인 성과들이 속속 나오면서, 천재들의 창의적 생각들이 17세기를 영광스럽게 만들었다. 그러나 뉴턴의 이론은 모순을 품고 있었다. 사과와 행성이 하나의 운동 법칙 즉 '만유인력의 법칙'에 따른다고 했지만, 지상에서 던진 돌의 운동은 지구가 멈춰 있는 것을 전제로 가정한 것이었다. 행성 운동을 생각할 때는 태양이 정지해 있는 것으로, 태양계를 생각할 때는 은하계가 정지해 있는 것으로 가정했다. 단, 우주 공간만은 고정된 것으로 여겼다. 실제 계산에서도 '정지와 운동'에 관한 물리적 모순은 지구와 사과, 태양과 지구, 은하계와 태양의 크기 비례에 비하면 무시할 수 있을 정도로 미미했다. 뉴턴은 그 미미한 오차를 무시했다.

그러나 이론적 모순은 대상이 확대되면 언젠가는 현실적인 문제로 나타난다. 한계에 부딪혀 파탄으로 돌아오게 되어 있다. 인간이 대상으로 삼은 공간의 범위가 주로 태양계에 머물러 있었기 때문에 이론적 모순이 있었음에도 뉴턴역학은 과학계에 설득력 있게 군림했다. 하지만 과학은 그 모순을 방치할 수 없을 만큼 발전하게 된다. 인간의 시야가 태양계를 벗어나 대우주를 대상으로 삼기 시작했던 것이다. 이때 등장한 천재가 A. 아인슈타인(A. Einstein, 1879~1955)이었다. 그의 상대성 원리는 뉴턴 이론의 애매한 모순을 깨끗이 해결해 주었다

이성이 학문의 새로운 공간을 창조하다

역사적으로 신과 이성의 영역은 반비례해 왔다. 수학(이성)이 신의 창조성에 도전해 영역을 넓히면, 정연한 유클리드 공간에 엄숙하게 자리했던 신의 입지는 좁아졌다.

신이 아닌 인간의 눈으로 보기 시작하다

중세의 종교화는 관념적이고 가치 중심적이어서 공간 배치가 비현실적이었다. 하나님과 천사는 높은 곳에 크게 그렸고, 인간은 아래쪽에, 악마는 맨 아래 귀퉁이에 배치했다. 현실보다는 가치 기준의 순서에 따라 결정된 구도였다. 르네상스 시대에 접어들면서 그림이 인간 중심으로 바뀌었다. 원근법도 사용되었다. 원근법으로 그려진 대표적인 그림이 L. 다빈치(L. da Vinci, 1452~1519)의 「최후의 만찬」이다.

다빈치의 「최후의 만찬」, 1495~1497. 천정의 평행선과 식탁의 평행선이 예수 그리스도 머리 뒤의 소실점에서 만나도록 했다.

뒤러의 「원근법 연습」, 1525.

원근법은 보는 각도에 따라 발생하는 대상의 변화를 그리는 것이다. 그러기 위해서는 바라보는 시점(視點)과 대상 사이의 중간 막에 나타나는 도형의 변화를 연구해야 한다. 수학자는 그것을 '사영 변환에 따른 사영 단면의 변화하는 도형'이라고 정의한다.

'독일 르네상스 회화의 완성자'로 평가받는 화가 A. 뒤러(A. Dürer, 1471~1528)는 원근법에 따라 그리는 화가의 모습을 그림에서 잘 보여주고 있다. 화가의 위치를 고정하고 대상과 화가 사이에는 투명한 모눈의 막이 쳐져 있다. 모눈의 막과 모눈의 캔버스를 이용해 대상과 막의 모눈, 캔버스의 모눈에 일대일 대응점을 그려간다. 사진술과 같은 구도로 시점과 대상이 한 직선상에 있도록 한 것이다. 화가는 이 구도를 활용, 자기중심으로 세상을 관찰했다. 이전의 세상은 신이 인간을 지배했으나, 원근법의 등장으로 인간이 주체가 되었고 인간의 자리에서 세계를 관찰할 수 있음을 자각했다.

중세에는 하나님이 인간과 함께 하는 것이 아니라 창조 사업을 끝낸 후 하늘 먼 곳으로 떠나신 것으로 여겼다. 지상에 남은 인간은 신의 창조 업적을 살피기 위해 미미한 생물이나 물질에서부터 광대한 우주 공간에 이르기까지 현미경과 망원경을 사용해 관찰하고 규명해야 할 사명이 있다고 생각했다. 원근법의 세계관도 '인간이 주체가 되어 세계를 관찰하라'는 신의 명령에 따른 결과였다. 근대의 과학 중심 세계관도 이러한 미술 세계의 변화에 자극을 받아 나타났다.

뒤러는 투시법을 발명하기까지 수학적으로 엄밀하게 연구했다. 그는 '모든 회화의 기초는 기하학'이라는 신념을 가진 화가였다. 컴퍼

뒤러의 「멜랑콜리아」, 1514. 그림 속에 4차 마방진을 표현했다.

벽에 4차 마방진이 걸려 있고 신비주의적(피타고라스적 세계) 분위기를 보이고 있다.

스와 자를 사용한 측정 방법에 관한 『Underweysung der Messung mit dem Zirckel und Richtscheyt in Linien ebnen und gantzen Corporen』과 인체 비례에 관한 책 『Vier Bücher von menschlicher Proportion』을 저술했고, 기하학적으로 불가능한 정칠각형, 정구각형, 정십일각형 등 정다각형을 그리는 방법을 자신이 고안한 '눈금자 작도법(근사작도법)'을 사용해 예술가들과 수공업자들에게 보여 주었다. 그는 예술가이자 수학자였다. 뒤러의 뒤를 이어 G. 데자르그(Desargue, 1591~1662)도 투시법 연구를 통해 이전의 화법으로는 접근조차 할 수 없었던 일을 해냈고, G. 몽주(Monge, 1746~1818)는 이를 건축에 필요한 화법기하학으로 발전시켰다.

관점에 따라 시야가 달라지다

사영기하는 놀랍게도 나폴레옹 보나파르트 군대가 러시아 원정을 갈 때 공병으로 참전한 공학자 J. 퐁슬레(J. P. Poncelet, 1788~1867)에 의해 발명되었다. 에콜 폴리테크니크 출신의 인재였던 그는 러시아군에 생포되어 1812~1814년 동안 수용소 생활을 하던 중 사영기하를 떠올린다. 원래의 발상은 원근법이었으나, 그는 이를 기하학적으로 체계화했다. 논문「도형의 사영적 성질에 대한 논술」도 이때 완성했다.

하나의 사실이 관점에 따라 서로 다른 의미를 갖는 것처럼 사영기하도 보는 자리에 따라 도형의 모양이 바뀌는 것이다.

◆◆◆ 짧은 지식, 더 깊은 이해 ◆◆◆

퐁슬레의 사영기하

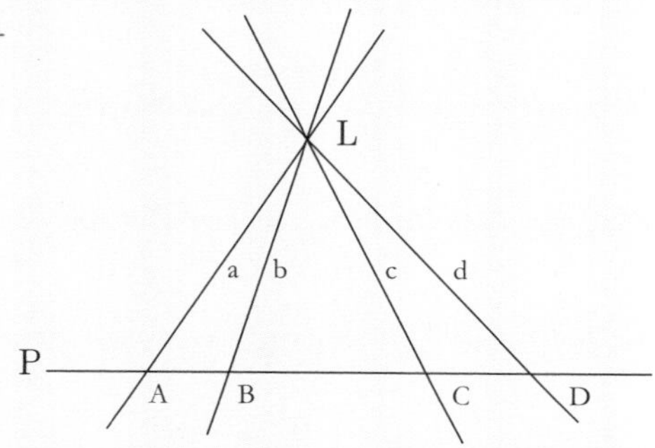

- 사영기하에서는 직선 P의 한 점 A, B, C, D …… 를 '점렬'이라 하여 P(A, B, C, D)로 표시한다.
- 점 L을 지나는 직선 a, b, c, d는 L(a, b, c, d)로 나타내 '선다발'이라 한다.
- 점 L에서 점열(A, B, C, D)에 사영, 직선 P에서 선다발L(a, b, c, d)을 절단(切斷)하고 사영과 절단을 여러 번 실시해서 얻은 도형을 서로 사영적이라고 한다.
- 사영기하는 이들 사영 변환에 의해서 발생하는 기하학적 성질을 연구하는 것이다.

수학자들은 갖가지 모양의 공간을 창조해 냈다. 유클리드의 정삼각형의 경우 완전히 겹치는 두 삼각형을 합동이라고 하지만, 사영기하학에서는 각도에 따라 직각 삼각형이 둔각 삼각형 또는 예각 삼각형도 되고 일반적인 사각형도 될 수 있으므로 합동의 개념이 바뀐다. 따라서 사영기하는 원래 주어진 도형을 그대로 연구하지 않고 도형이 나타내는 모양(사영 단면)을 연구한다. 따라서 유클리드기하의 합동에서는 각의 크기, 변의 길이가 불변이나, 사영기하에서는 변의 길이와 각도의 크기가 시점에 따라 바뀌는 것이기에 양적 문제가 무시된다.

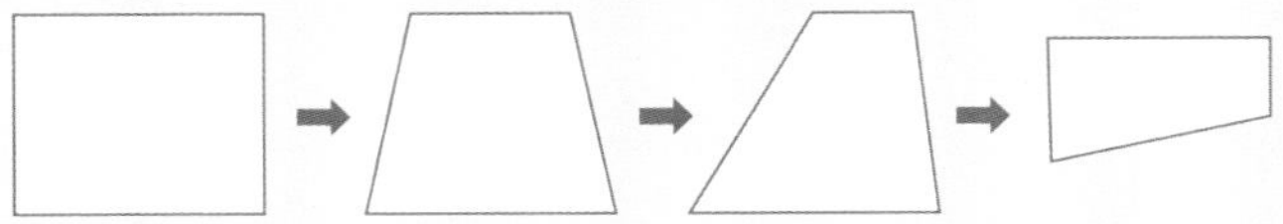

관점에 따라 변하는 사영기하의 합동.

믿어야 할 것은 오직 인간의 이성이다

천재 뉴턴도 "내가 발견한 것은 겨우 바닷가의 모래알에 불과하다"라며 스스로의 업적을 "거인의 어깨 위에 있었을 뿐"이라고 털어놓았다. 뉴턴의 겸양이기도 하지만 실제 학문은 학문적 유산 없이는 그 방대한 업적의 상당 부분을 성취해 내지 못한다. 뉴턴의 업적은 미적분, 이항정리, 만유인력의 법칙, 태양과 달의 질량 문제, 행성 궤도의 계산, 반사 망원경, 빛의 광입자설 등 다양하고 화려하다. 하지만 분야마다 거대한 선인의 어깨라는 기초가 있었다. 근세 이후의 물리학에서만도 뉴턴에 도움을 준 과학자는 코페르니쿠스, 브라헤, 갈릴레이, 케플러 등이었고 미적분 분야에서는 페르마, 데카르트, 호이겐스, 카발리에리 등이 있었다.

사영기하도 발상 단계에서 원근법의 영향을 받았다. 물론 발상을 제외한 나머지 단계 즉, 체계에 관한 기법이나 공리의 설정 등은 어디까지나 수학 고유의 방법론을 사용했다. 수학과 예술의 차이는 한마디로 발전 과정과 직관적 요소에 있다. 예술은 직관으로 긴 단계를 단숨에 뛰어넘을 수 있으나, 과학은 계승되어져야 하고 선인의 어깨를 빌리지 않으면 불가능하다.

자연 과학이 정(靜)에서 동(動)의 세계로 비약하면서, 인문학도 자극을 받아 그 방향을 바꾸어 르네상스와 종교 개혁, 과학혁명 등을 연달아 일으켰다. 이런 서양과 달리 우리는 이에 대응하는 변화를 겪지 못했다. 이성을 통해 대상을 개념화하고 시간과 공간을 분석하는 지적 과정을 겪지 못했다. 오로지 인간학에 머물러 있었다.

문명은 종교와 과학, 수학, 철학 등이 서로 자극을 주면서 발전한다. 수학과 인문학을 별개로 여기는 것도 인간이 편의상 멋대로 정한 가상이지 진실은 아니다. 과학의 진리성은 철학, 특히 인식론의 중요한 대상이었다. 인간의 인식 가능 범위는 어디까지인가에 대해서도 학자들은 끊임없이 질문했다. 종교와 과학이 대립했던 때도 서구 철학은 이성을 그 중심에 두었다.

I. 칸트(I. Kant, 1724~1804)의 '비판철학'도 뉴턴 이후에 발생한 이성에 대한 인간의 자신감에 근거했다. 인간의 이성에 대해 그는 다음과

같이 썼다.

> 인간은 태어나면서부터 인식의 틀, 선험적(先驗的) 카테고리인 '아 프리오리(a priori)'를 가지고 있다. 시간과 공간에 관한 생각, 특히 유클리드 기하학의 세계, 이를테면 피타고라스 정리와 같은 것을 진리로 인식할 수 있다. 아무도 유클리드를 통하지 않고는 외부 세계를 알아낼 수 없는데, 이는 신이 유클리드와 같은 기하학적 설계도를 갖고 세상을 창조했기 때문이다. 따라서 인간은 이성의 결과로만 모두 정확한 인식에 도달할 수 있다.

이성을 존중하던 계몽 시대의 지식인 사회는 칸트철학을 대환영했다. 인간은 여기서 또 한 번 유클리드기하학을 근거로 진리에 도달할 수 있음을 재확인했다.

서구 이성의 역사는 신과 인간 이성의 문제로 귀결된다. 17세기의 과학적인 성과는 기독교의 전지전능한 하나님에 대한 의문을 불러일으켰고, 계속 이어진 과학적인 성과를 더 이상 종교 재판이나 마녀사냥으로 탄압할 수만은 없었다. 교회의 권위를 이용하던 봉건 영주들의 권위도 추락했다. 계몽 시대의 지식인들은 '믿어야 할 것은 로고스'라는 그리스 이성주의를 이어받아 '믿어야 할 것은 오직 인간의 이성'임을 내세우며 절대 군주 제도를 무너뜨리는 데 기여했다.

절대 진리도 사유 방식의 일부일 뿐이다

계몽주의에 대한 반동으로 로맨티시즘을 향하고 있을 때였다. C. 가우스(C. F. Gauss, 1777~1855)는 당대 최고 수학자 가운데 한 사람으로, 유클리드기하의 한계를 보고 있었다. 가우스가 지켜본 것은 유클리드의 제5공리인 평행선 공리 즉, '직선 밖의 한 점을 지나 그 직선에 평행하는 직선은 오직 1개만 그릴 수 있다'는 것이었다. 다른 공리에 비해 긴 정리라는 인상을 준다. 유클리드의 제5공리는 고전 수학의 신처럼 추앙을 받아왔는데, 가우스가 이를 의심하기 시작했다.

진리는 가설에 불과하다

가우스는 제5공리의 절대성에 의심을 품고 이를 부정해 보았다. 그러나 아무리 파들어 가도 모순은 나오지 않았다. 오히려 정연한 별

유클리드기하의 절대성에 의심을 품었던 독일의 수학자 가우스. 대수학·해석학·기하학 등 여러 방면에 뛰어난 업적을 남겼다.

개의 기하학적 체계가 나타났다. 유클리드 공간과는 별도의 공간이 거기 있었다. 마치 콜럼버스가 인도 대륙을 찾다 아메리카 대륙을 발견했던 것과 같았다. 태양계의 존재만 믿다가 전혀 다른 은하계를 발견한 사람처럼 가우스 스스로도 깜짝 놀랐다. 새로운 기하에는 부분적으로 유클리드기하와 공통된 영역도 있었지만 '삼각형의 내각의 합은 180도보다 작거나 크다'라는 이상한 내용도 있었다(쌍곡선기하학, 타원기하학).

그는 새로 발견한 신(기하학)을 공표하려다가 기존의 신만 믿는 광신자들이 어지럽게 할까 봐 모처럼 작성한 논문을 깊이 감춰 두었다. 가우스가 세상을 떠난 후 논문이 발견되자 사람들은 새삼 가우스의 위대함을 재인식하면서 동시에 노학자의 과도한 조심성을 개탄했다.

거의 같은 시기에 가우스와는 별개로 J. 보여이(J. Bolyai, 1802~1860) 부자(父子)와 N. 로바쳅스키(N. I. Lobachevsky, 1792~1856) 등도 이 사실을 발견하고 공표했다. 수학사의 주류는 이들을 비유클리드기하학의 발명자로 여긴다. 대가의 조심성이 후배에게 영광의 기회를 준 셈이다.

'비유클리드기하의 발견 스토리'는 이것이 끝이 아니다. B. 리만(B. Riemann, 1826~1866)은 그 공리를 '평행선은 하나도 존재하지 않는다'로 바꾸어 또 하나의 기하학을 만들고, 자신의 이름을 따서 '리만기하학'이라고 명명했다. 그러나 리만의 이론 체계는 다른 공리와 모순을 야기했다. 그 결과 '직선의 길은 유한'하고 '두 점 간에 여러 개의 직선을 그을 수 있다', 그리고 삼각형의 내각의 합도 '180도보다 크거나 작을 수 있다' 등으로 바뀌었다. 그는 구면에 기하를 그리면서 실감나게 표현했다. 이런 일련의 업적들은 결과적으로 수학을 공리 중심으로 재편하게 했다.

기하학의 역사를 단순화하면 이런 모습이 될 것이다. 유클리드가 점토로 단정하게 빚어 놓은 조형물을 뒤따라온 기하학자들이 한 번씩 번갈아 주먹질한 꼴이다. 반듯한 기존의 기하학 도형이 그로테스크하게 변해 버렸다.

마침내 수학의 절대성에 대한 믿음이 무너졌다. 그 자리에 D. 힐베르트(D. Hilbert, 1862~1943)의 형식주의 수학을 비롯한 여러 다른 수학들이 등장했다. 그리고 곧 '수학의 진리는 편리한 가설에 불과하다'는 H. 푸앵카레(H. Poincaré, 1854~1912)의 생각이 일반화되기 시작했다.

형식과 정합성을 추구한 점에서 힐베르트의 사상은 그리스인의 로고스 제일주의 미학과 같은 맥락이다. 공리군은 유일하지 않으며 공리의 설정 방법도 여러 가지라는 것이었다. 그 내용은 간결하고 서로 독립적이며 공간상 일치하지 않았다. 유클리드가 선택한 5개의 명제 중 공리군의 독립성에 관한 증명은 없었다. 힐베르트는 그것을 기하학적 미학으로 직감했다.

공리와 진리는 절대적이지 않다. 수학자 사이의 한낱 약속에 불과하다. 그래서 구조주의자들은 그것을 '제도'라고 부른다. 유클리드기하학을 절대시하며 절대신(또는 진리)으로 여겨 온 사람들은 돌연히 나타난 여러 신들에 당황할 수밖에 없었다. 기존의 신을 의심하는 무리 즉, 비유클리드기하학자들이 새로운 주류를 형성했기 때문이다. 비유클리드기하가 무신론과 거의 동시에 나타난 것은 우연이 아닐 것이다.

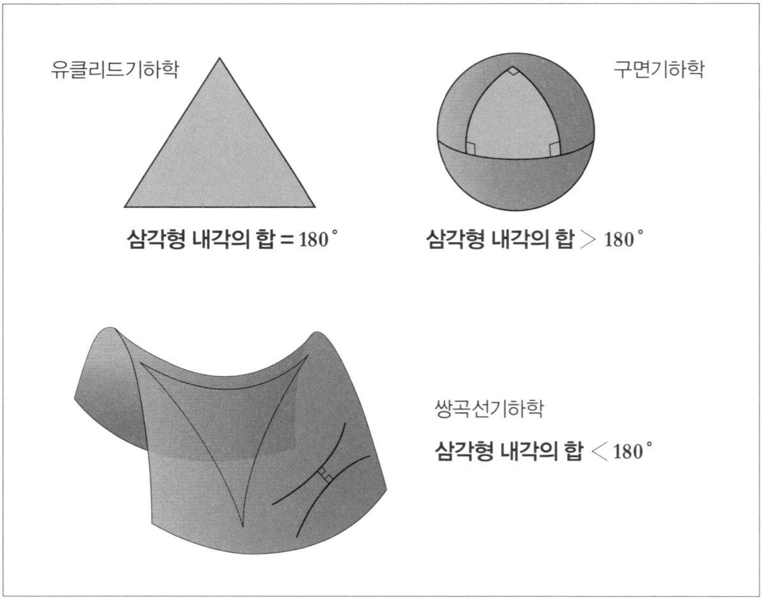

이성에 한계는 없다

이성에 한계가 없다는 것을 처음 실감한 사람도 수학자였을 것이다. 그들은 과거에 유클리드기하, 뉴턴역학, 칸트철학이 삼위일체가 되어 얻어낸 진리를 절대화하고 계몽주의에 대한 믿음도 굳건했으나, 19세기 질풍노도(疾風怒濤, sturm und drang)의 시대를 맞이하며 흔들리기 시작했다. F. 니체(F. W. Nietzsche, 1844~1900)는 '신은 죽었다(『짜라투스트라는 이렇게 말했다』)'고 외쳤다.

이단처럼 보였던 비유클리드기하가 우주 공간에서 넓은 응용 범위를 가지면서 유클리드기하 못지 않게 설득력을 발휘했다. 리만이 그것을 일반화했고, 아인슈타인도 유클리드기하 대신 리만기하학을 이용해 상대성 원리를 수립했다.

유클리드 공간을 전제로 한 뉴턴물리학에 따르면, 빛은 어디서든 직선으로 흘러야 한다. 그러나 실제 큰 별 옆을 지날 때 광선은 공간의 휘어짐에 따라 곡선으로 흐른다는 것이 관측되었다. 우주관의 변화는 시간 문제였다. 뉴턴역학은 더 이상 최고의 진리가 되지 못하고 아인슈타인에게 왕좌를 내놓아야 했다. 아인슈타인은 특수 상대성 이론을 발표했고, 그로부터 10년 뒤 일반 상대성 이론을 내놓았다.

그런데 아인슈타인을 넘어설 새로운 이론이 그 뒤를 노리고 있었다. 원자는 크기만 무시하면 태양을 중심으로 도는 행성들과 엇비슷한 구조를 가지고 있다. 인간의 사고에는 유추(類推)하는 경향이 있어 대상이 바뀌어도 계속 유사한 구조를 기대한다. 하나의 비유클리

고전적 평면(뉴턴의 동질의 공간)

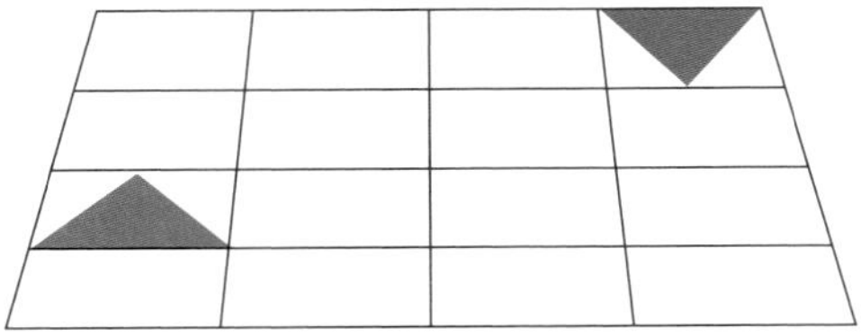

아인슈타인의 휘어진 공간(큰 물질인 행성 부근에서는 공간이 휘어진다.)

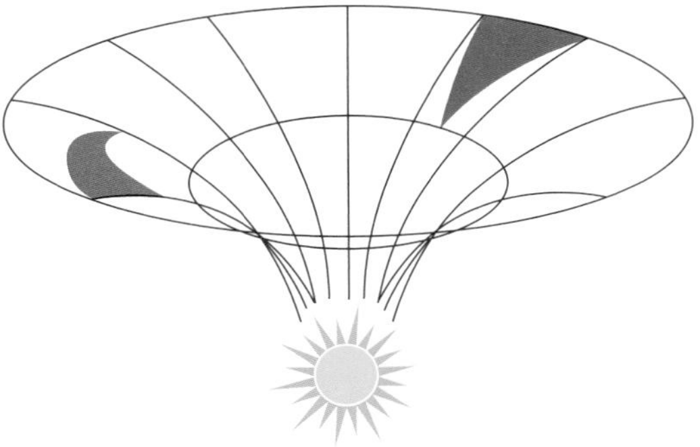

드기하가 여러 비유클리드기하학을 탄생시켰듯이, 원자와 태양계의 닮음도 매력적인 유추였다. N. 보어(N. Bohr, 1885~1962)와 M. 플랑크(M. Plank, 1858~1947) 등의 학자들은 '불확정성 정리'를 비롯해 참신한 물리적 개념으로 양자역학을 개척해 나갔다. 그동안 계시(啓示)든 논증이든 『성경』과 『기하학 원론』을 등대 삼아 지(知)의 바다에 몸을 던져 진리를 향해 매진해 온 인간은 이제 상대성 원리와 양자역학을 하나의 시야에 두고 바라봐야 했다. 대통일장을 수립하는 단계였다.

비유클리드기하의 등장으로 유클리드기하는 왜소해졌다. 절대 진리의 다리에서 떨어져 한낱 고등학생의 시험 문제로 전락했다. 절대 진리라던 지(知)의 등대들도 결국 인간의 사고 양식의 일부에 불과했다는 사실이 누구의 눈에도 분명해졌다. 호모 사피엔스는 당연히 새로운 진리의 길을 찾게 되어 있다. 그 작업의 하나가 수학과 인문학을 융합하는 구조주의적인 사고다.

이제 필자는 다음 장에서 서구 이성철학을 이끌어 온 6명의 대표적인 철학자들을 만나, 이들을 통해 이성이 어떻게 정립되고 확장되어 사회 전반에 인문학적 영향력을 발휘했는지 바라보려 한다. 이성적 사고의 뿌리를 향해 한 발 성큼 다가서 보자.

제3부

서양을 이끌어온 이성철학의 뿌리는 무엇인가?

데카르트, 현상의 기만성을 파헤치기 위해 의심하다

철학은 '놀라움(아리스토텔레스의 『형이상학』)'에서 시작했고 과학은 '의심'에서 시작되었다. 두 분야 모두 현상을 보이는 대로 믿지 않고 그 배후에 숨은 구조를 살피려는 데서 비롯되었다. 데카르트는 자신을 둘러싸고 있는 것들은 모두 악마가 계략을 부려 꾸며 놓은 가짜일 것이라고 생각하여 철저히 검증하고, 심지어 자신의 감각과 견해까지도 의심했다. 보이는 그대로를 받아들이지 않는 회의의 정신이었다. 철학과 현실의 차이에 놀란 그는 과학마저 의심했다.

그는 의심이 많을수록 진실에 접근해 갈 수 있다고 믿었다. 자연은 교묘한 위장을 하고 있어 그것을 간파하기 위해서는 현상을 뒤집어 봐야 한다고 생각했다. 편견과 선입견을 제거해야 참된 지식에 가까워질 수 있다고 믿었다. 플라톤이 '보이는 세상은 가짜로 위장하고 있고 진실(이데아)은 오직 하늘에 있다'고 여겼던 것과 비슷하다.

데카르트의 의심은 의심을 위한 의심이 아니라 판단의 근거를 위한 방법적 의심이었다. 그는 학창 시절에 배운 변신론(辯神論, 전지전능한 신을 향한 비난에 대한 변론)적 스콜라 철학에 실망하고 있었다. '스스로 명백하다고 믿을 수 없는 것이라면 어떤 것도 받아들이지 않는다(『방법서설』)'며 현상의 애매성과 기만성을 파헤치기 위해 철저히 분석해야 한다고 여겼다. 현상과 본체를 구별해 판단을 의심하고 본체의 실상을 규명하는 것이 진리를 찾는 유일한 방법이라고 믿었다.

사유 방법을 체계화하다

데카르트는 5년간 법학을 전공하여 1616년에 법학사 학위를 얻었고 의학 연구도 병행해 뇌(腦) 구조에 대해서도 공부했다. 그러나 스콜라 철학에 의문을 품으면서 기존의 철학을 모두 부정하고 스스로의 방법론을 확립하기 시작했다. 그는 세상이라는 넓은 책으로 진리 탐구를 해 나갔다. 대철학자 피타고라스와 헤로도토스, 플라톤 등이 그랬듯이 여행은 그에게 지(知)를 위한 최상의 수단이었다.

"나는 여러 계급의 사람과 사귀고 서로 다른 기질의 사람들과도 만나 많은 것을 배웠고 운명적인 기회와 시련도 받으며 보람 있는 청춘을 보냈다"고 그는 회고했다. 군대 복무와 궁정 근무까지도 그에게는 구도의 과정이었다. 마치 '모든 학문을 익혔으나 만족하지 못하고 새로운 자신을 찾는 심정'으로 다시 시작하는『파우스트(Faust)』의 주인공 같았다.

데카르트는 '의심한다'는 사실을 근거로 자신의 존재를 확인해 갔다. 이를 '나는 생각한다. 고로 존재한다(cogito, ergo sum)'라는 간략한 명제로 나타냈다. 자신의 존재를 생각으로 확인한 다음, 생각하는 방법을 확립했다.

학문적 방법론을 설명한 『방법서설』의 2부는 마치 여행기나 수필같이 평이한 형식으로 쓰여 있다. 지금 프랑스는 모든 외국어를 프랑스어로 번역해 사용할 것을 법으로 정하고 있지만, 당시 유럽의 학문은 모두 라틴어로 쓰였다. 그러나 데카르트는 자신의 난해한 학문을 모국어인 프랑스어로 기술했다. 학술서는 라틴어로 쓰는 것이 관례이던 시절에 이는 혁명적인 시도였다. 어떤 권위에도 현혹되지 않고 모두가 쉽게 접근할 수 있도록 모국어를 선택했던 것이다.

데카르트는 자신의 책이 수필처럼 쉽게 읽히기를 바랐다. 누구나 알 수 있도록 만들겠다는 결심과 자부심의 표현이었다. 실제 『방법서설』의 서술 방식은 전혀 어렵지 않다. 간단히 요약하면 이러하다.

1) 자신이 인정하지 못하는 것은 절대 진리로 인정하지 않는다. 속단과 편견을 피하고, 의심의 여지가 없을 만큼 확신하지 못하면 판단 자료로 사용하지 않는다.

2) '의심의 여지가 없을 만큼 확신할 수 있는 것'은 직관이다. 직관을 가장 중시한다.

3) 검토의 대상은 가능한 작은 단위로 분할한다. 요컨대 분석이다.

4) 단순한 것, 작은 것부터 복잡한 것으로 인식해 간다. 곧 종합이다.

5) 분석과 종합의 전 과정에서 빠진 것이 없는가를 광범위하게 검토한다. 즉, 재검사이다.

'분석과 종합'의 방법은 마치 시험을 앞둔 학생에게 수학 교사가 주는 주의 사항처럼 명백하고 단순하다. 이 글을 액자에 넣어 교실의 급훈으로 삼아도 전혀 이상하지 않다. 훈시 같은 내용을 신념으로 세워 실천하는 모습에서 그의 지적 정직성이 드러난다.

분석과 종합으로 그는 정지 상태의 도형을 움직이는 관점에서 보며 해석기하학을 창시하고, 스스로 고안한 좌표축을 곁들여 체계화했다. 수학뿐 아니라 모든 연구 대상을 같은 방식으로 관찰했다.

물론 이전의 철학자들도 분석적인 사유를 했지만, 그 방법을 체계화한 것은 데카르트가 처음이었다. 그의 해석기하는 자연 과학에 대한 해석을 수식으로 표현하고 기계론적 법칙을 도출하는 등 자연 과학에 확실한 기반을 제공하며 크게 발전했다. 기계론이란 '자연 현상은 필연적인 수학 법칙에 따라 결정된다'는 사상이며 그 전형이 뉴턴 역학이었다.

인간은 무엇일까?

데카르트는 수학이든 인문학이든 나누지 않고 쉽게 인간에게 와 닿는 일반적인 개념으로 만들어, 진리가 일반인들 가까이 있다는 것을 느끼게 해 주었다. 그가 받은 수학 교육은 고등학교 수학이 전부인데도 『방법서설』의 사고법은 기존의 수학 체계와는 전혀 다른 면모를 보여 준다.

평면상에 직각으로 만난 좌표축이 x, y 두 축인 것처럼 그는 인간도 정신축과 물질축으로 이분했다. 광대하고도 복잡한 이 두 세계를 좌표면에 여과시켜 '정신과 물질'이라는 이원론으로 설명했다. 이분법에 관해서는 앞으로 구조주의와 관련해서 표층과 심층 구조에서 논의할 것이다.

그는 새로운 개념과 기호, 방법론 등을 모두 스스로 구상했다. 이런 그의 발상은 '기존의 수학(靜)'을 '근대 수학(動)'으로 탈바꿈시켰다. 일반적인 수학의 차원을 넘어, 모든 학문을 수학적 방법으로 표현하는 보편 수학의 확립이 그의 궁극적인 목표였다. 이를 위해 가장 먼저 시도한 것이 '학문적 방법의 수립'이었다.

동시대의 후기 스콜라철학자들은 물체의 운동에도 '혼' 같은 것이 작용한다고 생각했다. 그러나 데카르트는 그 생각을 단호히 물리치고 물질을 오직 '양'의 대상으로만 취급했다. 그의 철학에는 3개의 실체가 있다. '완전한 신'과 '사유를 본질로 하는 정신', '연장(延長)을 본질로 하는 물질'이다. 이 자연관에 따라 그는 인간의 육신도 물질이라는 것을 기계론적으로 설명했다.

데카르트가 '나는 생각한다. 고로 존재한다'라고 했을 때, '나'에게는 육체도 장소도 없다. '생각' 즉, 정신만 존재한다. 정신은 모양이 없지만 물질은 '공간 속에 배치'되어 크기와 모양을 갖고 '연장'이 된다.

금덩어리를 생각해 보자. 금덩어리는 분할되고 녹여지고 모양도 바뀔 수 있다. 또한 가로와 세로, 부피 같은 크기를 갖고 있다. 데카르트는 이를 '연장(延長)'이라고 했다. 아무리 작은 점이라도 물질이라면 모두 '크기와 모양'을 갖는다. 물론 유클리드의 점은 반대로 물질이 아니라 관념적인 이데아의 점이었다. 인간 정신이 설정한 것이었다.

데카르트는 우리를 둘러싸고 있는 물질 즉, 동물이나 인간의 신체는 정밀한 자동 기계 같다고 설명했다. '기계론적 세계관'이었다. IT와 AI가 상식이 된 요즘에야 역학 법칙으로 움직이는 자동 기계 이론이 그리 놀랍지 않지만, 당시 지식 사회에서는 충격적인 발상이었다. 실제 데카르트의 물질관으로 인해 의학을 포함한 자연 과학은 엄청나게 달라졌다.

그런데 정신에는 연장(크기, 모양)이 없다. 그럼 인간이란 무엇인가? 정신인가, 물체인가? 우리 마음에는 많은 생각들이 들어온다. 때론 꿈과 같이 헛된 생각들도 있다. 그런 생각을 하는 자신은 무엇인가? 이런 질문은 필연적으로 '나는 누구인가?'로 연결되지 않을 수 없다. 결국 '나는 생각한다. 고로 존재한다'로 귀착되고 만다. 의심의 여지가 없는 확고한 진리는 그것뿐이었다. 엉뚱한 회의주의자들이 몽땅한 묶음이 되어 질문을 퍼붓는다 해도 이 명제만은 움직일 수 없었다. 세상 모두를 의심하고 집어던져도, 생각하는 자신의 존재만큼은 진실이었다. 하지만 그것만으로는 세상이 정신과 물질로 구성되어 있다는 것을 납득시킬 수 없었다.

데카르트는 자신의 학문적 행로도 신의 계시라고 믿은 성실한 기

뒤메닐의 「여왕을 가르치는 데카르트」, 1884.

스웨덴 크리스티나 여왕(오른쪽 테이블 중앙)과 대신들에게 철학 강의를 하고 있는 데카르트(여왕 오른쪽). 1649년의 일이다. 당시 유럽의 군왕들은 위대한 철학자들을 초빙해 강의를 즐겨 들었다.

독교인이었으나, 신에 관한 해석에 있어서는 당시 가톨릭과는 방향이 달랐다. 교회는 하나님을 우주의 중심에 두었으나, 데카르트는 코기토(cogito, 생각한다)를 원점으로 세계를 인식했다.

이성의 역사에서 데카르트가 무엇보다 기여한 것은 지(知)의 계층(階層)화를 반대했다는 사실이다. 당시 스콜라 철학자들은 이성을 지배 계급의 전유물로 생각했다. 이성은 지배 계층만 갖고 있고, 시민 계급은 상식을, 노예는 감성과 동물적 능력만 가졌다고 여겼다. 그러나 데카르트는 여기에 반기를 들고 '지(知, bon sens) 즉, 이성은 계층에 관계없이 모든 인간에게 주어졌다'고 주장했다. 지의 민주주의, 지와 과학의 민주화를 이룬 것이었다.

과학은 한 사람의 힘으로는 절대 이루어지지 않는다. 과학 연구 결과가 일단 발표되면 만인 공유의 지식이 되고, 한 시대의 성과는 다음 시대로 계승된다. 여러 사람의 참여로 과학적 성과가 한 걸음씩 쌓여 가는 것이다.

파스칼, 이성과 감성을 융합하다

B. 파스칼(B. Pascal, 1623~1662)은 16살에 사영기하의 관점에서 본 '원추곡선론' 연구로 세상을 깜짝 놀라게 했다. 원주율을 발견한 그리스의 '아르키메데스 이래 최고의 천재'라는 평가를 받았다. 19살에는 세무 관리사였던 아버지가 매일 세무 계산 업무에 파묻혀 있는 것을 보고 그 노고를 덜어 드리기 위해 계산기를 발명했다. 톱니를 돌려 계산하는 아날로그 방식이었으나, 아무튼 세계 최초의 계산기였다. '계산은 기계적일 뿐'이라고 믿은 그리스인의 신념과도 상통하는 발명이었다.

이어 파스칼은 진공이 발생하는 이유를 대기의 압력과 관련해 연구함으로써, 유체 역학과 수압의 원리(파스칼의 원리)를 발견한다. 확률론에 관한 도박 이론은 도박사 친구로부터 이론적 배경에 관한 질문을 받고 고안했다. 이 내용이 오늘날 고등학교 수학에서 배우는 '파스칼의 수삼각형'과 '확률론'의 기본 정리다.

파스칼은 데카르트의 '분석과 종합'의 정신과는 전혀 다른 차원의 정신세계에 있었던 천재였다. 특히 그는 신이 없는 인간의 비참함과 신과 함께하는 인간의 위대함에 대해 논했다. 기독교인의 입장에서 익명으로 쓴 『시골 친구에게 보내는 편지(Les Provinciales)』 또한 신학적 문제와 도덕론의 명저로 꼽히고, 문체에서도 프랑스 고전주의를 확립했다는 평가를 받고 있다. 파스칼은 2번의 회심(回心)을 한 후 독실한 기독교인으로 생애를 마감했다. 2번째 회심은 얼마나 강렬했던지, 그는 이를 '불'로 표현했다. 교만과 쾌락, 회의 등 인간의 모순을 극복하는 길은 오직 하나님 안에 있는 것이라고 했다.

정확한 추론이 필요하다

그리스어 '로고스(logos)'와 '파토스(pathos)'는 흔히 이성과 감성으로 대비된다. 파스칼 이전에는 이를 두고 '섬세와 기하' '직관과 증명' 등의 이항대립에 초점을 맞춘 철학자가 없었다. 파스칼이 『팡세(Pensées)』에서 정면으로 다루며 철학적으로 음미했던 것이다. 이 두 정신에 근본적인 차이는 없으나 형식적으로 '증명의 유무'로 귀착된다.

필자는 아직도 '인간은 한 줄기 갈대처럼 나약한 존재지만 생각하는 갈대이고, 인간을 죽이기 위해서는 한 줄기의 연기와 한 방울의 물로도 충분하다'는 『팡세』의 경구에 가슴이 설렌다. 나의 청춘이 묻어 있기 때문일까?

파스칼에 따르면 '기하학의 정신'은 직관적 공리에서 출발해 정확한 추론을 통해 합리적인 사고를 하는 것이고, '섬세의 정신'은 복잡한 추론을 거치지 않고 단숨에 직관으로 파악하는 인식 능력을 말한다. '기하학의 정신'은 결론을 먼저 직관하고, 연역적으로 결론에 도달해 가는 것이다. 따라서 결론을 미리 감지해야 하고 해당 분야를 전체로 보는 시야가 특별히 요청된다. '섬세의 정신'은 예민한 감성과 집중력을 요구한다. 거대한 대상에 내재해 있는 미묘한 질서를 발견하는 능력이고, 아름다움과 조화의 법칙성을 감지하여 전체를 지배하는 정합성에 예민하게 반응하는 능력이다. 한마디로 '직관'이며 굳이 말하면 심미안(審美眼), 또는 시적 감각이라 할 수 있다. 섬세의 정신은 증명 없이 판단하고, 인간의 문제를 통찰하는 정신이다.

기하학의 정신과 섬세의 정신을 번갈아 쓴 파스칼.

섬세의 정신과 기하학의 정신은 양쪽 다 정확한 추론이 필요하다는 점에서는 같다. 가령 '모든 것은 물이다'라는 탈레스의 명제를 예로 들면 이러하다.

1) 세상은 계속 변화하지만 수시로 나타나는 요소 뒤에는 '눈에 보이지

않는 실체' 즉, 본질이 있다고 직관한다.

2) 주변에서 흔히 보는 물의 존재 양식이 대표적이다. 바닷물은 수증기 형태로 하늘에 올라 구름이 되고 다시 비로 내려온다.

3) 동식물, 심지어 무생물조차 물기를 품고 있다.

4) 이런 사실을 연역적으로 생각하고 이들 현상을 물에 귀납시킨다.

비록 탈레스가 이 작업에 성공하지는 못했지만, 이런 방법으로 여러 현상을 설명하려고 시도했다. 탈레스는 기하학의 평행선과 비례에 관한 정리를 발견하고 일식도 예언한 것으로 알려져 있다. 당시의 천문학 수준으로는 태양과 달, 지구 운동의 궤도를 정확히 계산하지 못했지만 일식의 주기 현상을 이미 통찰하고 있었던 것이다. 기하학, 아니 더 넓게 보아 자연 과학은 귀납이든 연역적 방법이든 '증명'으로 정당성을 보증받는다.

기하학의 일반적 방법은 정의에서 출발해 연역의 단계를 차곡차곡 쌓아 올려 접근하지만, 대부분은 첫 단계를 디딜 때 이미 마지막 단계의 의미를 의식한다. 결과를 직감하고 증명으로 그 뒤를 수습하는 것이다. 기하학의 정신에는 인간의 경험이 반영되지 않아 대상에 대한 가치 문제는 배제된다. 그런데 섬세의 정신은 현실의 삶과 밀착된 무한 즉, 신을 배경으로 인간의 유한성을 자각하므로 가치 문제를 수반한다. 이성은 섬세의 정신을 품고 있어 기하학의 정신만으로는 해명할 수 없다. 특히 한국의 원형과 되풀이되는 역사는 미묘한 양면성을 띄고 있어 이 두 영역을 발동해 접근해야 함을 느끼고 있다.

대상을 관통하는 미묘한 법칙을 보는 '좋은 눈'이 필요하다

신은 한 사람에게 2개의 복은 주지 않는다는데, 파스칼은 '기하학의 정신'과 '섬세의 정신'을 함께 지녔고 또 자신의 능력을 알아차린 탁월한 인물이었다. 어느 하나만으로는 지적 생활이 영위되지 않는다고 생각한 그는, 총과 칼을 다 가진 군인처럼 의식적으로 두 정신을 상황에 따라 번갈아 쓰겠다는 신념을 가졌다. 『팡세』에서 그는 기하학과 상반되는 대상에 대해 경험에서 얻은 지혜를 활용해 여러 각도로 설명한다.

> 내일이 있다는 것, 인간이 죽는다는 것을 누가 증명했는가! 이 명제만큼 명백한 사실이 또 있는가. 그것을 믿게 하는 것은 섬세의 정신이다. 사람들은 두 정신 중 하나만 가지는 경우가 많다. 기하학적 사고가 섬세할 수는 있어도 섬세한 사람이 기하학자가 되기는 어렵다.
>
> 기하학자는 섬세한 대상을 기하학적으로 다루려는 경향이 있는데, 이는 아름다움이나 신앙심 등을 정의·공리로 결론을 추리하는 것처럼 우스꽝스러운 일이다.
>
> 세상일은 대상을 전체적으로 파악하는 것에서부터 출발해야 한다.
>
> 추리는 정신(마음)으로 하지만, 추론하는 기교 없이는 사고할 수 없다.

섬세한 사람은 적다. 그것을 제대로 발휘하는 사람은 대부분 전체를 직관적으로 파악하고 그것에 내재된 질서를 추측할 수 있는 사람이다.

기하학의 정신과 섬세의 정신은 대상에 따라 제대로 적용할 수 있어야 하는데, 기하학자가 섬세의 정신을 가지려면 직관 즉, 단순하고 명백한 공리에 의존해야 한다. 그래서 대상을 관통하는 미묘한 법칙성을 파악하는 '좋은 눈'을 가져야만 한다. '기하학적 직관'은 객관적 사실의 분석을 통해 차원 높은 가치에 도달할 수 있게 하고, '섬세의 정신'은 복합적인 대상 전체를 한눈에 꿰뚫어 보게 한다.

파스칼은 기하학과 섬세의 정신을 완전히 융합했다. 섬세의 정신으로 기하학적 문제의 결론을 직감하고 증명으로 그 뒤를 수습했다. 그 결과 그는 수학, 물리, 철학, 종교 등 여러 분야에 천재적 업적을 남겼다. 집중력 또한 탁월하여 치통을 잊기 위해 연구에 몰두하다가 원에 관한 중요한 정리 중 하나인 '사이클로이드(cycloid)곡선과 적분공식'을 발견했을 정도였다. 병약한 신체적 약점을 지렛대 삼아 과학과 종교적 정열을 발휘했던 천재였다.

데카르트의 '눈물'은 증기로 이루어져 있다

파스칼이 데카르트보다 27년 연하이니 거의 동시대 인물인 셈이다. 둘 다 프랑스의 수학과 철학 분야에서 천재로 활약했으나 수학에서는 질적 차이가 있다. 파스칼은 사이클로이드, 확률론, 원추곡선 등에서 예리한 지(知)가 번쩍이는 천재성을 보였고, 데카르트는 대수와 기하를 융합한 해석기하를 발명함으로써 해석학의 패러다임을 수립했다. 또한 데카르트는 『방법서설』에서 분석과 종합의 기하학적 정신을 명쾌하게 풀어냈다. 해석기하를 통해 빈틈없는 인과 법칙에 따른 정연한 기하학적 체계를 세운 것이다.

학창 시절에 필자는 해석기하를 독학으로 공부하면서 원추곡선의 대수적 표현에 몸이 떨릴 정도의 감동을 받았다. 지금 돌이켜보니 『방법서설』에서 이성의 효율화 방법의 확립과 해석기하의 발명, 그리고 '심신(心身)이원론'에 감동했던 것 같다. 하나의 방법론에서 출발하여 수학과 철학까지 관통한 주지주의적 활동에 감명을 받아 해석기하를 접했고 수학을 전공하기로 마음먹었다.

데카르트에게는 이성, 파스칼에게는 주로 종교와 역사가 지적 탐구 대상이었다. 두 천재는 만나서 대화를 나누기도 했으나 파스칼은 철학과 종교에서 데카르트와 정반대의 입장을 취했다. 파스칼이 본 데카르트는 기하학의 정신만 있을 뿐, 섬세의 정신이 결여된 사람이었다. 데카르트의 철학은 논리로만 일관된 견고한 구조물과 같아 섬세의 정신이 끼어들 여지가 없었다. 데카르트는 『정념론(情念論, Les Passions de l'Âme)』에서 이를 잘 보여주고 있다.

> 웃음이 큰 즐거움에서 나오지 않는 것과 같이 눈물도 큰 슬픔에서 나오지 않는다. 사랑은 즐거움의 감정이면서 슬픔의 감정이다. 눈물은 신체

> 가 만든 것이다. 눈물이 신체의 다른 부분이 아닌 눈에서 나오는 것은 눈물의 통로가 거기 있기 때문이다. 땀도 증기가 표면에 나와 액체화한 것이다. 눈물 또한 마찬가지로 눈에서 나온 증기로 이루어져 있다.

'눈물의 원인'에 관한 데카르트의 설명이다. 물리적 설명만 있고 눈물과 감정의 섬세한 관계는 무시되었다. 눈물은 감정이 작용하는 섬세한 마음의 결과인데, 데카르트는 그 부분을 설명하지 못했다. 인간이 왜 감정에 따라 몸이 떨리고 눈물이 나오는지 그 신체적 반응을 살피기 위해 직접 해부에 참여한 적도 있었으나, 그는 인간을 기계론적 입장에서 일관되게 해석했다.

이와 달리 파스칼은 감수성이 예민했고 존재에 대한 불안 또한 컸다. 우주 속 무한히 깊은 골에 놓인 존재처럼 실존의 불안을 느껴, '내가 존재하지 않았다고까지 생각한 것도 필연적 존재가 아니기 때문이다'라고 『팡세』에서 토로했다.

> 무한과 허무의 중간에 정처 없이 존재하는 나를 누가 그곳에 두었을까, 무엇 때문에 살아 있는지 죽으면 무엇이 될 지도 알 수 없고 나에 대한 뚜렷한 인식도 없다.

> 나는 생애의 짧은 시간을 전후한 영원 속에서 현재를 보고 있다. 알 수 없는 무한 속에 가라앉은 것을 생각하니 내가 왜 저곳에 있지 않고 여기에 있는가, 다른 때에 있지 않고 지금 있는가, 아무런 이유도 없다.

파스칼이 실존에 불안을 느끼고 있을 때 데카르트는『정념론』에서 자신의 사유 속에 자아가 있다고 확신했다.

> 나는 하나의 실체이며 그 본질은 오직 생각을 하는 일이다. 존재하기 위해서는 아무런 장소도 필요하지 않고 어떤 물질적인 것에도 의존하지 않는다.

> 나를 있게 하는 정신은 물질과는 완전히 분리된 것으로 확신한다. 정신은 생각하는 것이며 이 정신에 의해 내가 존재할 수 있다.

데카르트의『정념론』은 파스칼의『팡세』와 정반대 방향에 있다. 데카르트는 '몸은 물질이고 연장'이며 정신과 완전히 분리된 것으로 인식했다. 또한 이성이 독립적으로 기능하면서 신체적(물질적)인 요인과 연결되어지는 모순에 대해서는 '정신을 내포한 의지와 동물 정기(精氣)의 결합'이라고 설명했다.

필자는 그가 설명한 내용보다는 그의 지적 의지에 감탄했다. '동물 정기와 의지라는 제어 기구'는 뒤에서 설명할 레비스트로스의 구조주의의 표층 구조(물질)와 심층 구조(정신)로 연결되기 때문이다. 데카르트의 '정신과 물질 이분론'은 구조주의가 나타나기 3백 년 전에 세운 이론인데도, 그 둘의 관계를 더 이상 적절히 설명할 수 있는 이론은 아직까지 없다. 데카르트의 이성주의(cartésianisme)는 지금까지 이어져 있는 것이다.

스피노자, 철학을 기하학의 논리 형식에 담다

B. 스피노자(B. Spinoza, 1632~1677)는 데카르트의 주지주의 영향을 받았으나 한 걸음 더 나아가 논리(로고스)를 중심으로 신과 세상을 설명하려고 했다. 기하학을 존중했던 점에서는 데카르트와 같았으나 사상적 내용은 크게 달라 수학에서 창조적인 시도를 하기보다는 유클리드의 『기하학 원론』의 체계와 형식, 다시 말해 기하학의 형식을 빌려 철학을 형식화했다. 기하학적 진리보다 그 형식의 완벽성을 믿은 것이다.

신(神)에 취하다

스피노자는 데카르트 철학을 밟고 신 일원론에 도달한다. 그는 데카르트가 인간 정신의 자유 의지를 인정하면서 '그 자체로 존재하는 실체'라고 한 것에 의문을 품었다. 스스로 존재하며 타인의 도움을 필요치 않는 실체는 스피노자에게는 '신'뿐이었다. 스피노자는 데카르트의 인간론을 비판하며 차라리 다양한 형태를 지닌 자연을 신으로 하는 것이 옳을 것이라고 반박했다.

스피노자에게 스스로 존재하는 실체는 '신의 세계'였고, 신은 자연이고 필연의 세계였다. 신체도 정신도 신의 무수한 속성 가운데 일부로, 신의 수원에서 흘러나온 수맥에 불과했다. 인간은 신의 속성인 정신과 물질로 이루어졌고, 신이 자연을 창조했다면 신 이외의 별개의 세계가 존재하는 것은 모순이었다.

그는 저서 『에티카, 원명은 〈기하학적 순서로 증명된 윤리학(Ethica in Ordine Geometrico Demonstrata)〉』에서 '신을 세계의 모든 원리'라는 자리에 놓고 시작한다. 서술 양식은 유클리드의 『기하학 원론』처럼 정의와 공리에서 출발해 제1원리인 형이상학을 시작으로 여러 정리가 뒤따르는 방식이다. 신에 관한 스피노자의 정리를 요약하면 이러하다.

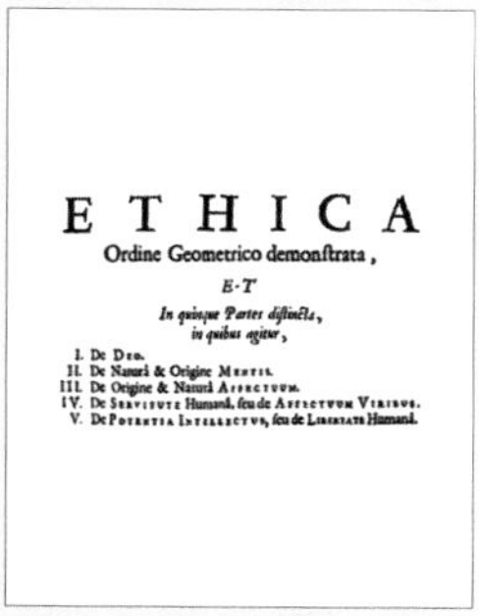

1677년에 출판된 『에티카』.

정의3: 신의 실체는 자신 속에 있어 그 개념을 설명하기 위해 타자(他者)를 필요로 하지 않는다.

정의6: 신은 무한과 영원을 본질로 한 실체다.

정리14: 신 이외에는 어떤 실체도 없다.

정리15: 모든 존재는 신 안에 있다.

스피노자 철학의 중심은 신에 대한 정의(해석)고, 설명 또한 누가 읽어도 이해하기 쉽게 쓰여 있다. 그러나 유클리드의『기하학 원론』처럼 엄격하게 연역적으로 증명의 끝(QED)까지 간 점에서는 철학을 기하학의 논리 형식에 담은 것에 불과해 보인다. 인문학에 기하의 형식을 적용한 것이라고 할까. 따라서 논리적 비약도 피할 수 없어 보였다. 기하학적 서술에 감정이 수반되면 연역 형식이 흐트러질 수 있다. 그래서인지 그의 논리는 기하학처럼 엄밀하지는 않다.

그의 철학에는 인간의 행복 추구가 흐른다

스피노자의 신은 유대교의 신인 여호라기보다는 형이상학의 출발점이라는 것이 옳다. 그에게 존재를 위해 아무것도 필요로 하지 않는 실체는 신이고 자연이었다. 여기서 '신'이란 말만 뺀다면 무신론적 자연주의 즉, 범신론이 된다. 당연히 기독교나 유대교 중심의 일신교 사회에서는 받아들여지지 않는 철학이다.

그는 인간은 보다 '큰 대상의 일부'가 됨으로써 어머니의 품에서 안심하는 갓난아이처럼 평안과 즐거움을 느낀다고 보았다. 스피노자에게 유일한 실체인 '큰 대상'은 물론 신이다. '몸, 신체까지도 신에서 시작되어 신에서 끝나고 있다(『지성개선론』)'라고 했듯이 그는 신과 피조물인 인간이 하나가 되는 것에 행복을 느꼈다.

흠이 없는 선한 철학자로 평가받은 스피노자.

스피노자는 범신론을 좀 더 쉽게 이해할 수 있도록 저서(『에티카』)에서 이렇게 설명했다.

> 인간 또한 사유하고 연장(延長, 신체)을 지니지만 인간의 정신과 신체는 신의 속성의 일부에 불과하다. 연장과 사유를 통해 신과 하나가 된다. 신은 무한하고 그 속성도 무한하다. 하나의 옷감으로 얼마든지 많은 옷을 만들 수 있듯이 신은 세상의 온갖 것이 다 될 수 있다. 요컨대 유일한 무한의 실체로서의 '신'은 '자연'이며 사유와 연장은 신의 2개의 무한한 속성이다. 모든 것은 신의 필연적 법칙에 따라 결정되기에 자유란 없다. 따라서 모든 것을 신과의 필연적 관계로 직관함으로써 도덕적 이상과 지적 인식의 완성에 도달할 수 있다.

스피노자는 인간이 제대로 살기 위해서는 모든 것을 신 안에서 인식해야 한다고 믿었다. 사물 또한 고립된 존재로 보지 않고 신의 '영원의 상(相) 아래' 있는 존재, 시간을 초월한 필연으로 파악했다. 신을 원인으로 인식할 때 신의 완전성에 접근할 수 있고, 최대의 희열을 얻을 수 있으며, 그것만이 순수하고 옳은 인식으로 가는 길이라고 생각했다.

가차 없는 비판으로 잘 알려진 러셀조차 스피노자를 '흠이 없는 선한 철학자(『서양 철학사』)'라고 평가했다. 그는 파스칼처럼 불안해하지 않았고 모든 두려움에서 해방되어 자신이 구상한 하나님 안에 안주해 있었다. 스피노자는 '자유로운 인간은 죽음을 가볍게 여긴다'며 죽음이 아니라 생을 명상하는 것이 지혜라고 생각했다. 그의 철학에는 '인간의 행복 추구'가 관통하고 있다.

하나의 개념을 중심에 두고 일관된 논리로 철학 체계를 수립한 측면에서 바라볼 때 스피노자의 신 일원론은 뉴턴의 만유인력이나 다윈의 적자생존, 마르크스의 경제학, 심지어 한용운(韓龍雲, 1879~1944)의 '님(『님의 침묵』)'과도 다르지 않다. 그런데 스피노자의 '자연의 신'과 파스칼의 '무한의 신' 사이에 논리상 필요한 데카르트의 신을 놓으면 그림자처럼 나타나는 다른 애매한 모습의 신을 감지하게 된다. 이것이 다음에서 설명할 라이프니츠의 단자론이다.

라이프니츠, 보편의 세계를 열다

G. 라이프니츠(G. W. Leibniz, 1646~1716) 이전의 철학 사상은 일원론 대 다원론, 기계론 대 목적론 등 서로 대립된 사상들이었다. 이런 대립을 극복하기 위해 라이프니츠가 단자론을 수립했던 것 같다. 라이프니츠는 유년 시절에 일찍이 논리학에 눈을 떠 스콜라 철학을 두루 섭렵했고, 15살에 입학한 라이프치히대학에서는 철학을 중심으로 수학과 물리학 등을 공부했다.

모든 현상은 단자로 나타난다

라이프니츠의 단자는 연장(크기)이 없이 극미의 세계에서 무한까지 존재하는 것들로, '혼'과 같은 비물질적 실체이며 동시에 자기완결체로서 복합체를 형성하여 성부, 성자, 성령과 같은 계층을 이룬다. 물질세계의 원자나 기하학의 점과 비슷하지만 단자는 보다 추상적인 개념이다. 라이프니츠의 이론 가운데 '자연계는 아무리 작은 것들도 단자의 기능을 가진 유기체로 채워져 있고, 따라서 모든 현상은 단자로 나타난다'는 부분까지는 '어디에나 신이 존재한다'는 스피노자 이론과 엇비슷하다. 그러나 라이프니츠의 단자는 스스로 행동하는 자유 의지를 갖고 있다. 결정론과는 반대 개념이다.

라이프니츠는 단자론에서 이성을 중심에 두고 사물과 현상을 설명했다. 스스로 변화하고 서로 영향을 주고받는 일이 없는 단자들이 조화롭게 결합해 우주를 표현한다는 것이다. 라이프니츠와 스피노자는 서로 만나 의견을 교환한 적이 있었으니까, 두 사람 다 상대의 생각에 흥미를 가졌을 것이다.

단자론은 그가 구상한 보편(普遍)의 세계 곧 보편수학, 보편기호법, 보편언어의 형성, 우주의 보편적 구조 등은 학문적인 통일을 위한 형이상학이었다. 형이상학이란 아리스토텔레스가 최초로 철학을 체계화하면서 만든 말이다. 존재의 원리에 관한 글 뒤에 자연학을 배치하면서 '뒤를 뜻하는 메타(meta)와 자연학(physics)을 묶어 metaphysics', 즉 '형이상학'으로 탄생시켰다. 물리학이라는 자연학의 배후에 형이상학적 이론이 존재함을 의미하는 것이었다.

극단적으로 표현하면 형이상학이란 순수한 사색이기 때문에 논리적인 모순만 없다면 그 신념을 제1의 원리(형이상학의 출발점)로 삼을 수 있다. 이런 관점에서 스피노자의 제1의 원리는 신이었고, 데카르트는 신과 정신, 물질을 기본으로 실재(實在)론에 기초해 철학을 세

형이상학적인 도형들이 인상적인 칸딘스키의 「노랑 빨강 파랑」, 1925.

웠다. 반면, 라이프니츠는 단자를 실체로 생각했다. 단자론은 실체론적 형이상학이다.

라이프니츠는 또한 언어도 수학 기호로 통일하기 위해 '보편기호법'을 구상했고, 2진법과 계산기 발명도 보편학을 실현하기 위한 방법이었다. 평생의 업적들이 모두 보편화 실현의 결과물이었다.

그의 단자론이 지적 업적에서 아리스토텔레스나 데카르트와 나란히 거론되는 것은 '조화의 철학'이란 점에서다. 단자론은 데카르트의 '정신'이나 스피노자의 '무한의 실체'와 같은 인상을 주면서도, 환상적이고 범신론적인 칸딘스키의 그림처럼 모든 것이 하나의 질서 가운데 혼재한 세계를 연상케 한다. 서로가 서로를 반영하는 '만물조응(萬物照應)'의 원리인 불교의 『화엄경(華嚴經)』의 세계를 떠올리게 한다.

높은 산일수록 등산로가 많다

대부분의 미적분 기호들을 창안한 라이프니츠.

라이프니츠는 1675년에 뉴턴과는 별도로 미적분을 발명했다. 사실상 라이프니츠와 뉴턴은 거의 같은 시기에 미적분을 발명했으나 뉴턴은 내향적인 성격 탓에 발표를 미루고 있었다. 이로 인해 영국과 독일, 더 넓게는 온 유럽 대륙이 미적분 발명의 선후를 두고 비난전을 벌였다. 미적분 발명의 선취권 전쟁이었다. 현재 수학사 학계는 두 학자가 같은 시기에 독립적으로 발명한 것이라고 정리하고 있다.

라이프니츠의 미적분 기호는 간단하고 명쾌하다. 현대 기호논리학의 창시자답게 그는 논리와 기호에 관심이 많았다. 현재 고등학교와 대학 교과서의 미적분 관련 기호와 미분, 함수, 좌표, 미분방정식 등은 대부분 그가 창안했다. 미적분학의 발명, 수리논리학의 창시 등 걸출한 업적들이 모두 그에게서 나온 것들이다.

똑같이 미적분을 발명했으면서도 뉴턴은 라이프니츠와 방향이 달랐다. 역학적 발상인 '만유인력의 법칙' 등 새로운 과학적인 패러다임을 제시했고, 이는 그를 과학혁명의 중심에 서게 했다. 뉴턴으로 인해 천문학과 과학이 풍성해졌고 기술혁명의 문이 열렸다. '나는 거인의 어깨 위에 서 있었다'라고 했듯이 뉴턴은 갈릴레오와 케플러, 데카르트, 카발리에리 등이 발견한 자연관과 운동 개념, 물질관, 역학 법칙과 무한 개념 등을 집대성했다. 선행된 과학과 수학의 업적들을 하나의 눈으로 조감한 것이었다. 뉴턴과 라이프니츠 모두 물리적 세계를 설명했지만, 뉴턴은 라이프니츠와 달리 철학(형이상학)적 배경에는 별 관심이 없었다.

높은 산일수록 등산로가 많은 법이다. 라이프니츠는 단자론에서 출발해 수렴, 극한 등 미적분학이라는 거대한 산봉우리에 도달했고, 뉴턴은 수학과 정역학이라는 능선을 따라 정상에 올랐다. 이들 두 거인은 등산로는 달랐으나 둘 다 지성사의 정상에 도달한 점에서는 같다.

이성이 세상을 바꾸어 가다

수학을 공부하면서 학년이 올라갈수록 당혹감을 갖게 되는 것은 수학의 추상성 또는 비현실성 때문이다. 라이프니츠와 데카르트, 스피노자의 이론 체계는 이성을 중시하면서 더욱 추상화되어 비현실적으로까지 느껴진다. 데카르트의 '정신과 물질'의 관계까지는 그나마 이해되는 것 같지만 스피노자의 신 일원론, 라이프니츠의 단자론과 다원론은 추상성이 짙어 엉뚱하기조차 하다. 그의 단자론과 다원론이 환상처럼 느껴지는 것은 인간이 추상 세계에 익숙하지 못한 탓이다.

라이프니츠는 데카르트와 스피노자와 더불어 '대륙합리론자'로 불리지만 내용에서는 서로 많이 다르다. 데카르트는 다른 것에 의존하지 않고 스스로 존재하는 실체는 '신, 정신, 물질' 3가지라고 했고, 스피노자는 오직 신만이 연장과 사고를 갖는다는 '신 일원론'을 주장했다.

그들의 사상은 영국의 J. 로크(J. Locke, 1632~1704), G. 버클리(G. Berkeley, 1685~1753), D. 흄(D. Hume, 1711~1776) 등 경험론 철학으로 계승되어 러셀에 이어졌다. 또한 독일에 건너가서는 칸트와 G. 헤겔(G. Hegel, 1770~1831)을 통해 관념철학으로 꽃을 피웠다.

이성은 수도원에서 단잠을 자고 있는 것처럼 보였지만, 세상을 확실히 바꾸어 가고 있었다. 종교 전쟁을 통해 교회를 정점으로 한 봉건 제도를 무너뜨렸고, 인문학과 과학의 싹을 틔워 시민 사회로 가는 문을 열었다.

후설, 우리가 믿는 진리가 정말 옳은 것인가?

권위 있는 어떤 것, 또는 너무나 당연해 보이는 것들도 의심의 눈으로 한번 흔들어 보라. 이 세상은 착각으로 가득차 있다. 주관적 인식이 진짜 객관과 일치한다는 보장은 어디에도 없다. 평소 우리가 진리로 믿는 지식이 정말 옳은 것인가? 유클리드기하학도 2천 년 동안 절대 진리였지만, 인간은 다시 다른 인식의 기초에서 출발해야 함을 깨우쳤다.

경험이 지식 기반이 되어 실제 정신에 나타나는 것으로 파악하는 사상이 실증주의이다. 과학이나 역사학 등은 실증주의적 입장에서 기술된다. 그런데 여기에 반기를 든 사람이 E. 후설(E. Husser, 1859~1938)이었다. 그는 경험에 근거한 예상을 배제하고, 대상을 있는 그대로 인식할 것을 주장했다. 인식의 실상을 새롭게 밝히려는 철학이었다.

후설은 신앙과 이성 양면에서 기존의 진리가 무너지는 시기 즉, 근대에서 현대로의 전환기에 수학에 새로운 인식론을 개입시켰다. 그는 저서 『Philosophie der Arithmetik』에서 더하기, 빼기 등의 수학식들은 인간의 경험과 습관을 통한 추상화 과정에서 나온 결과라며 수학의 논리적, 심리적 기초에 관한 연구로 출발했으나, 결국 순수논리학으로 전환했다. 당시 대부분의 수학자들은 후설의 주장에 관심을 보이지 않았다. 현상학이라는 말에 철학자들만 관심을 두었을 뿐이다. 이 책은 논리수학자인 G. 프레게(G. Frege 1848~1925)의 정면 공격을 받았지만, 「기하학의 기원(Der Ursprung der Geometrie)」은 기하학의 이념적 객관성을 현상학의 입장에서 논했다는 점에서 수학자와 철학자들의 관심을 모았다.

판단 중지에서 시작하라

후설은 지향성(志向性)의 철학자 F. 브렌타노(F. Brentano, 1838~1917)의 강의에 감명을 받아 전공을 수학에서 철학으로 바꾸었다. 브렌타노의 사사를 받으며 특히 심(心)적 현상과 물(物)적 현상을 구분하는 문제를 비롯해 지향성의 관계, 마음과 대상의 철학적인 관계 등에 집중했다.

지향성이란 '의식과 의식한 대상과의 관계'다. 『논리 연구(Logische Untersuchungen)』에서 후설은 '인간은 처음 대한 대상을 의심하면서도 그것에 대해 내린 판단은 크게 의심하지 않는다'는 것을 이상하게 여겼다고 썼다. 보통은 눈앞에 놓인 펜을 보고 펜이라 하고 책을 보면 책이라고 한다. 너무나 당연한 반응이다. 하지만 과연 그것이 참일까? 보는 것이란 단순히 나타난 모습에 대한 반응에 불과하지 않은가? 후설은 사물이 나타나는 모습인 현상과 인식의 관계에 대해 묻고, 이를 현상학의 출발점으로 삼았다.

선입견을 벗어던진 의식만이 보편성을 가진다는 주장을 편 현상학자 후설.

인식에 관한 중요한 질문은 주관적 인식이 객관과 일치하는가이다. '객관적인 기초 이론'을 구하고 선입견을 없애야 참된 인식에 도달할 수 있기에 후설은 판단 중지(에포케, epoche)에서부터 시작하라고 강조했다. '의식'의 개념에 대한 새로운 돌파구를 제시한 것이다.

소크라테스도 인간의 무지를 문답 형식으로 깨우쳐 주었다. 그는 상대의 지식을 분석해 약점을 노출시키고 '너는 아무것도 모른다'는 것을 자각하게 한 뒤, '나도 모른다'는 말로 슬그머니 회의(懷疑)에 빠지게 했다. 이는 '모른다' 즉, '회의'에서 철학이 시작됨을 의미한다. 피로니즘(Pyrrhonism, 회의론)을 창시한 피론(Pyrrhōn, BC 365~BC 275)

도 진실한 지식을 얻기 위해 또는 어려운 상황에서 마음의 평안을 얻기 위해서는 '모든 판단의 중지'를 택하라고 했다.

후설의 '판단 중지'도 그리스 회의론자들 못지않다. 원래 에포케(ἐποχή)는 그리스어로, 독단적인 판단을 일단 중지함으로써 철학의 목적인 '안정된 마음'을 갖는다는 뜻이다. 데카르트 또한 '방법적 회의'를 통해 모든 것들을 의심하고, 그래도 의심할 수 없는 부분은 철저하게 검토하여 확실한 것에 도달할 것을 주장했다.

후설의 현상학은 종래의 체계적인 철학과는 다른, 하나의 방법론이었다. 그는 모든 것을 의심하며 평소 품은 대상에 관한 선입견, 감정을 배제하고 판단을 중지할 때 '순수 의식'이 발생하고 현상의 진실한 모습을 파악할 수 있다고 했다. 요컨대 접근 방법이나 태도에서 당연시해 왔던 것을 일단 보류한 다음, 아무 선입견 없이 사물과 현상을 관찰할 때 '순수 의식'으로 되돌아간다는 것이다.

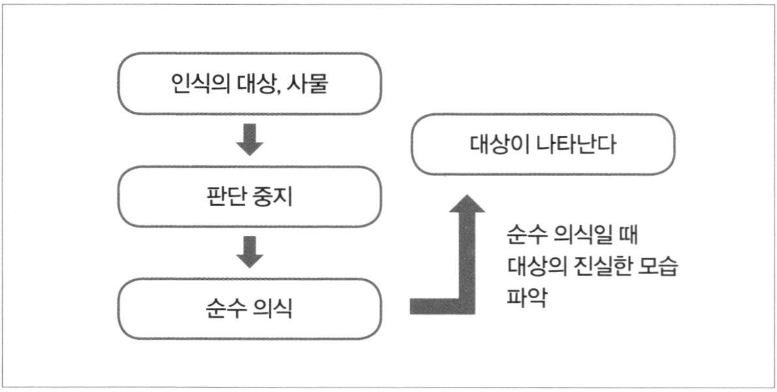

객관도 얼마든지 변할 수 있다

후설은 '의식이 무엇인가?'에 대해 다시 묻는다. 의식이란 '무엇에 관한 의식'이다. 의식 스스로 존재하는 것이 아니라, 대상이 있음으로 그것에 관한 의식이 생겨난다. 대상에 집중함으로써 시각과 촉각 등의 지각이 생겨 인식하는 것이다. 결국 지향성이란 의식의 작용과 관련된 것일 뿐, 대상 자체와는 직접 관련되지 않는다. 의식 작용과 대상은 현실적으로 관계가 없고 '보는 것'과 '의식하는 것'과의 간격도 벌어져 있다.

그럼 우리는 사물을 어떻게 인식하는가? 지하철역에서 친구와 만나기로 약속하고 먼저 그 자리에 갔을 때의 상황을 생각해 보자. 분명치는 않아도 우리는 걷고 있는 많은 사람들 속에 친구도 있을 것이라고 판단한다. 옷 색깔이나 걸음걸이 등 친구에 관한 모든 정보를 일일이 대조해 보지 않더라도 아주 적은 정보만으로 우리는 친구를 금방 알아본다.

인식은 적은 정보만으로도 가능하다. 이처럼 사소한 정보만으로 우리가 대상을 인식하는 것은 대상의 모조 즉, 레플리카(replica)를 이미지화하여 지각하고 있기 때문이다. 후설은 그것을 지향성을 지닌 순수 의식이라고 했다. 사물 자체를 초월한다는 뜻이다. 따라서 인식은 의식이 만들어 낸 결과에 불과하다.

그러나 판단엔 조건이 있다. 가령 서울 근교의 산을 걷는데 풀숲에 무언가 움직이는 것이 있다면 대부분 다람쥐나 토끼, 멧돼지쯤으로 생각할 것이다. 곰이나 호랑이가 나타날 것이라고는 예상하지 않는다. 서울 근교라는 조건 때문이다. '주변 환경에 관한 의식 없이 판단할 수 없다'는 것이 후설의 생각이다. 요컨대 의식의 조건 없이는 인식이 성립할 수 없다. 멀리 군중 속에서 친구를 알아보는 것도 미리 만나기로 한 조건이 있어서다. 신문, 라디오 등 보도 매체의 의견도 판단의 근거(조건)가 될 수 있다.

인식은 선입견을 포함한 의식으로 결정된다. 의식은 대상에 대한 개념 또는 이미지를 선택할 때 '지향성'을 갖는다. 지향성은 의식의 방향이다. 따라서 지향성이 진리는 아니다. 인식은 의식을 구성해 가는 과정이다. 인식은 사물 그 자체가 아닌 의식 속에서 구축된 것이기 때문에 순수한 객관은 존재할 여지가 없다.

객관은 타인과 인식이 같다는 확신에서 나온 것인데, 어떻게 타인의 의식과 자신의 의식이 일치한다고 확신할 수 있겠는가? 우리는 어리석은 다수의 의견보다 때로는 소수의 지혜로운 판단이 옳다는 것을 안다. 그러나 감히 다수의 의견을 내세우는 것은, 그것이 진짜 진리는 아니지만 그런 조건으로 판단할 수밖에 없기 때문이다. 따라서 판단은 얼마든지 바뀔 수 있다.

의식이 알몸이 될 때 보편성을 갖는다

선입견을 벗어던진 의식만이 보편성을 지니고, 그 순수한 의식에 사물과 사상이 나타난다는 것은 '모든 것은 공(空)밖에 없다(일체개공, 一切皆空)'는 『반야심경(般若心經)』의 세계를 떠올리게 한다. 공은 에포케와 통한다. 선입견의 포장을 벗기고 의식이 알몸이 될 때 보편성을 갖는다. 모든 것의 부정(판단 중지)에서 궁극적인 진리의 세계인 순수 사유 곧, 참의 세계에 도달하는 것이다.

후설의 이론은 통합된 인식 체계라기보다는 방법을 제시한 것이었다. 후설은 데카르트가 『방법서설』에서 말한 사고의 순서인 '직관 → 분석 → 종합 → 재검증'을 모든 학문의 기초이자 제1의 철학으로 삼았다.

데카르트 이후, 철학과 수학의 한계를 넘나든 화려한 거장들이 많이 나왔다. 그들은 세상을 개혁할 의지를 불태웠고, 사상 또한 개성이 있었다. 그러나 한국은 안타깝게도 이렇다 할 지적 영웅을 배출하지 못했다. 중국 고전에 함몰되어 있었던 탓에 창조적 지적 탐구는 싹을 틔우지 못했다. 특히 수학은 완전히 무시를 당했다. 이런 전통의 차이가 '이성'을 바라보는 태도에 그대로 반영되었다.

러셀, 현실 참여로 이성의 의미를 확인하다

데카르트의 영향을 받은 대륙의 합리주의자들은 이성만으로 세계를 인식할 수 있다며 의욕을 보였으나, 일찍이 근대 사회를 연 영국은 현실 경험을 중시해 경험론 철학자들을 배출했다. 인문학과 수학을 아우르는 인물로는 러셀이 제일 먼저 떠오른다. 그는 대수학, 해석학, 수리논리학에 큰 업적을 남겼고 스승 화이트헤드와 함께 1910년에 수학의 원리를 다룬 『Principia Mathematica』를 출간했다. 그는 자신의 지적 편력에 대해 흥미로운 설명을 했다.

"나는 머리가 가장 명석할 때는 수학을, 좀 떨어질 때는 철학을, 더 나빠지기 시작하면 역사와 사회 문제를 연구한다."

그의 익살을 더 확장해 보면 이러하다. 머리가 더 나빠지면서 교육에 관심을 갖고 학교 경영을 했으나 실패했고, 그보다 더 나빠진

후에는 머리가 아닌 온몸으로 베트남 전쟁 반전 운동과 비핵화 평화 운동에 앞장섰다. 마지막에는 프랑스 지식인들보다 더 강력하게 사회 참여(engagement)를 하며 생을 마감했다. 'engagement'의 발음이 프랑스어와 영어가 다르듯이 영국의 지성들은 'engagement'의 의미를 사르트르처럼 실존주의적으로 사용하지 않았다. 러셀의 engagement를 필자는 '지적 정직성(intellectual integrity)'이라 부르고 싶다. 그는 양명학(陽明學)적인 지행합일(知行合一)의 인물이었다. 소크라테스 이래 서구 사회의 지성은 사회 참여에서 이성의 의미를 확인했다. 러셀은 "이성을 닦은 후 마지막에 정치"라는 말을 했다. 정치제일주의를 선호하는 한국과는 정반대다.

플라톤의 아카데미아 같은 학풍이 천재를 키우다

러셀은 분명 상식적인 사람은 아니었다. 하지만 우리와 동시대의 천재여서인지 유독 친근하게 느껴진다. 절대 진리를 추구한 열정 넘치는 인물이었지만, 유년 시절에는 2×2=4도 이해하지 못했다. 산술적인 계산을 못해서가 아니라 '절대적인 것인가, 아니면 경험적 지식인가'에 대한 확신이 없기 때문이었다. 마치 발명왕 에디슨이 1+1=2를 이해하지 못해 초등학교에서 퇴학당한 일화와도 유사하다. 어린 에디슨은 '2개의 강이 합치면 하나가 되고, 호랑이가 개를 만나면 먹어버릴 것'이니 1+1=1이라고 우겼다. 천재는 보통 사람과는 확실히 관점이 다르다. 그는 유클리드기하의 공리도 처음엔 도저히 받아들일 수 없어 고민했지만, '그것을 납득하지 않으면 더 이상 진도를 나갈 수 없다'는 형의 충고로 마지못해 읽기 시작했다고 한다. 그러나 읽을수록 그 완벽한 논리 체계에 매료되어 결국 단숨에 독파했다는 것이다.

케임브리지대학에 진학하면서 그의 다양한 재능은 꽃을 피운다. 케임브리지의 학문적 분위기가 그의 천재성을 발현하게 만들었다. 학생들은 전공 이외의 교양 과목인 철학과 정치, 수학, 사회학에 관심이 넘쳤다. 독서 토론들이 여기저기서 벌어졌고 그런 풍경은 플라톤의 아카데미아를 연상시켰다. 우수한 학우와 교수들에게 둘러싸인 학풍은 러셀과 같이 탁월한 재능을 가진 인물을 키우는 데 가장 이상적이었다.

필자가 이 책을 쓰게 된 동기는 어쩌면 돈키호테적 만용일지 모르지만, '한국의 지적 풍토 개혁'이라는 거창한 목적에서다. 1980년대와 1990년대 초 한국의 대학들은 '벽보와 데모, 꽹과리 소리'로 뒤덮여 있었다. 절망적이었다. 그 무렵의 운동권 학생들에게 지적 교양을 바라는 것은 지나친 욕심이었다. 그러나 그때나 지금이나 필자는 대학의 진가는 지적 분위기에 있다는 신념을 갖고 있다. 4·19혁명을 전후해 '한국에서 민주주의를 찾는 것은 시궁창에서 장미를 기대하는 것과 같다'고 외국 언론에서 꼬집었으나 우리는 민주주의를 성취해냈다. 이처럼 한국의 대학에서도 '이성의 꽃'이 피어나길 열망한다.

러셀은 세계 수학사에 길이 남을 백 명의 수학자 중 한 사람으로 꼽힐 천재지만, 대학 시절의 수학 성적은 눈에 띌 정도는 아니었다. 당시 케임브리지의 수학은 문제 풀이 중심이었다. 그런 까닭에 수학의 근본 문제에 관심을 가졌던 러셀에게는 흥미가 없었다.

모순을 제거하고 발전 가능성을 열다

러셀은 칸토어의 집합론과 마르크스주의에 관심이 많아 수학과 논리학 중심으로 연구했다. 그는 칸토어의 집합 개념에서 '특정한 요소를 포함하면서도 포함되지 않는 이율배반적인 집합'을 발견한다. 하나의 명제에 2개의 다른 결과가 나온 것이다. 이 모순의 발견이 수학사에서 혁명적인 의미를 갖게 된다.

수학의 생명은 체계 내의 명제 사이에 모순이 없는 '정합성'에 있다. 특정한 정의에 따른 하나의 집합과 반대의 의미를 가진 요소는 함께 존재할 수 없다. 러셀이 발견한 한 줄의 모순이 수천 년간 쌓아온 수학의 탑을 와르르 무너뜨렸다. 수학계는 러셀이 지적한 집합론의 모순에 맞설 길이 없어 보였다. 위기에 당면한 수학계는 충격으로 흔들렸다. 그 모순을 칸토어는 신학으로 돌파하려 했으나 결국 정신 병원에서 죽음을 맞이했다. 당대의 대수학자 R. 데데킨트(R. Dedekind, 1831~1916)도 "모처럼 칸토어가 열어 준 수학의 꽃밭인 집합론을 포기할 수 없다"며 그 중요성을 인식했으나 끝내 돌파구는 찾을 수 없었다.

지적 정직성으로 일관했던 러셀.

명약이 독이 될 수 있는 것처럼 집합론은 수학에 독이자 명약이었다. 독을 제거하고 약이 되는 부분을 키우는 일 즉, 돌파구는 매우 상식적인 선에서 이루어졌다. 대혼란에 빠졌던 수학 세계가 비로소 재건되면서 그 과정에서 수학기초론이 형성되었다.

수학기초론의 내용은 이전의 수학적 유산을 계승하고 집합론의 모순을 극복할 수 있는 것, 그리고 풍요로운 미래 수학을 기대할 수 있는 것이어야 했다. 그 길을 찾기 위해 러셀은 수학을 논리에 귀착시키는 논리주의를 택했고, 힐베르트는 형식주의(또는 공리주의), D. 브라우어(D. Brouwer, 1902~1966)는 직관주의를 택해 서로 다른 입장에서 수학의 재해석을 시작했다.

러셀의 위대함은 흔히 보는 다른 철학자들처럼 모순을 발견하고 공격만 하는 것이 아니라, 모순을 제거하고 앞으로 발전해 나갈 가능성을 열어준 데 있다. 저서 『Principia Mathematica』는 화이트헤드와 함께 모순이 없는 수학의 구축을 위해 저술되었다. 마지막 제4권은 미완성이었으나, 기하학을 제외한 모든 수학의 기초를 체계적으로 구축했고 논리주의 수학의 체계화도 시도했다.

수학계는 『Principia Mathematica』를 뉴턴의 『자연철학의 수학적 원리(Philosophiæ Naturalis Principia Mathematica)』와 맞먹을 걸작으로 평가한다. 이 작업을 통해 러셀은 기존의 수학을 논리학으로 재편성했다. 학문적으로 평가한다면 그는 수학의 진리성을 밝히기 위해 수학에서 철학으로 전환했던 것이다.

지적 정직성을 철저히 추구하다

'영웅은 영웅을 알아본다'는 말처럼 27세의 러셀이 케임브리지대학에서 처음 한 강의는 '라이프니츠 철학'이었다. 이듬해 그는 라이프니츠 철학에 대한 비판적 해설이 담긴 저서 『A Critical Exposition of the Philosophy of Leibniz』을 출판한다. 두 사람은 마치 파스칼과 데카르트처럼 만능 천재고 수학과 철학 두 분야에서 빛나는 업적을 남겼다는 점에서 일치한다.

러셀의 라이프니츠에 대한 관심과 애정은 대단했다. 라이프니츠 또한 위대한 천재면서 도덕적으로도 전혀 하자가 없던 인물이었다. 하지만 그런 그도 러셀의 예리한 눈을 피할 수는 없었던 것 같다. 러셀은 그와 스피노자의 차이를 명확하게 구분했다. 스피노자는 끝까지 자신의 철학 신념에 충실했고 어떤 박해나 유혹에도 전혀 타협하지 않았으나 라이프니츠는 그렇지 못했다고 비판했다.

이 얘기는 라이프니츠가 단자론을 확립하면서 겪은 정신적 갈등을 이른 말이다. 라이프니츠의 종교적 신념이었던 단자론에서의 신(神)은 일반인들이 생각하는 전통적인 인격신인 하나님이 아니었다. 좀 더 깊이 파 들어가면 종교적(가톨릭)인 반발까지 불러올 수 있는 내용이었다. 위험을 감지한 그는 중요한 부분의 원고는 책상 서랍 깊이 감추어 두고 죽기 전까지 발표하지 않았다. 당시의 사회적 분위기에서는 충분히 탄압 받을 수 있는 것이기 때문이었다.

러셀은 라이프니츠의 지적 정직성에 실망했다. 스피노자는 가난 속에서 하루 종일 렌즈를 닦으면서도 사색을 했던 고독한 철학자였는데 라이프니츠는 외교관으로서 궁정 출입을 하며 화려한 생활을 즐겼고, 스피노자는 생을 마감할 때까지 자기 사상에 몰두한 반면 라이프니츠는 세속적인 생활을 탐닉했다고 러셀 특유의 유머로 비꼬며 비판했다. 저서 『서양 철학사(History of Western Philosophy)』에서 러셀은 라이프니츠가 스피노자 철학의 영향을 받았으면서 그 사실을 언급하지 않은 것도 비난했다.

러셀은 1916년에 독일에 대한 반전 운동을 벌이다가 대학에서 추방당한다. 그때 나온 책이 전쟁 속 정의에 관한 『Justice in War-Time』이다. 제1차 세계대전 중이던 1918년에는 미군을 비꼬는 글을 썼다가 6개월 동안 감옥에 갇히기도 했다. 감옥에서 그는 수리철학 입문서 『Introduction to Mathematical Philosophy』을 저술한다. 반전 운동으로 벌금형과 감옥 생활, 그리고 사실상의 노벨평화상이었던 노벨문학상 수상과 4번의 이혼, 5번의 결혼 등 그의 일생은 몇 사람의 삶을 농축한 것과 같았다.

이성을 속이느니 차라리 고독을 택하라

1920년에 러셀은 중국 혁명의 아버지 쑨원(孫文, 1866~1925)의 초청으로 북경대학의 객원 교수로 부임해 1년간 강의를 한다. 두 사람은 지기(知己)로서 신뢰하는 사이였다. 쑨원은 근대화의 정신적 기반 확립을 위해 서구 철학의 이해를 중시했고, 그 사업의 일부를 러셀에게 위탁했다. 중국을 이해하는 유일한 영국학자가 러셀이라고 여겼다. 러셀은 쑨원의 삼민(三民)주의가 중국 근대화혁명을 성공시킬 것으로 기대했다. 그는 일본과 한반도를 경유해 북경으로 들어갔다. 이때 느낀 인상을 '조선은 갓, 중국은 변발(辮髮), 일본은 게다(나막신)'라고 상징적으로 표현했다.

일본은 청일 전쟁 승리로 조선 식민지화를 끝낸 후, 중국 침략을 목표로 삼고 있던 터라 중국에 우호적인 러셀을 당연히 싫어했다. 당시 중국을 보는 국제 사회의 평가는 '늙고 병든 사자'가 일반적이었다. 영국 정부조차 관심을 보이지 않던 때였다. 그런데 러셀은 아무 편견 없이 중국을 관찰하며 중국의 미래에 대해 희망을 가졌다. 그는 정확하게 100년 후의 중국을 내다보았다. 이때의 경험을 쓴『중국의 문제(The Problem of China)』는 현재의 시각으로 봐도 여전히 신선하다.

> 첫째, 중국의 전통 문명은 긍정적으로 평가하지만 부패와 무능, 탐욕 등이 문제다. 그러나 중국인은 결코 서양인에 뒤지지 않는 소질을 갖고 있

기에 평화적인 창조 국가가 될 것이다.

둘째, 중국의 확고한 독립을 위해 애국주의나 군국주의 노선은 필요하지만 제국주의화 될 가능성에 주의해야 한다.

그의 견해는 정확히 현 중국의 대국주의적 행보에 대한 경고와도 같다. 흥미로운 것은 그는 중국을 진보보다는 안정에 능한 나라로 본 사실이다. 젊은 중국이 산업 발전에는 성공할 것이지만, '진시황이 반동적인 학자들을 땅에 묻고 책을 불태운 분서갱유(焚書坑儒)를 다시 칭송하게 될 것'이라고 예언했다. 홍위병의 등장을 50년 앞서 예측한 것이었다. 중국의 독립과 산업화도 예견했지만, 새로운 제국주의 국가가 될 가능성 또한 우려했다. 그의 걱정대로 시진핑 국가 주석은 '강성대국'이란 표어를 내걸고 있다.

그런데 중국 철학에 대한 그의 평가가 참 흥미롭다. '공자의 장점은 이해할 수 없다. 그보다는 노자를, 노자보다는 그의 제자인 장자의 사상을 높이 평가한다'며 중국이 휴머니즘에 기초한 새로운 문명 발전을 이루어 줄 것을 기대했다. 독립 국가들도 세계 지도에 국경선만 그릴 것이 아니라 인류의 새로운 문명을 위해 각자 역할을 해야 할 것이라고 강조했다.

다소 장황하게 러셀의 중국관을 소개한 것은 이런 행보가 말년의 비핵화 운동과 이어져 있기 때문이다. 1954년 3월 1일, 미국이 태평양의 비키니섬에서 인류의 생존을 위협하는 핵 실험을 하자, 러셀은 같은 해 12월 23일에 영국의 BBC방송을 통해 핵무기 개발 및 전쟁의 중단을 호소했다. 다음해인 1955년에는 죽음이 임박했던 76세의 아인슈타인으로부터 서명을 승낙받아 '러셀-아인슈타인 선언'을 작성했다. 이어 동서양 진영의 최고의 과학자 11명이 여기에 서명을 했다. 이것이 모태가 되어 1957년에 설립된 것이 퍼그워시 회의(Pugwash Conferences)였다. 러셀의 의지를 받아들인 J. 로트블랫(J. Rotblat, 1908~2005) 총재가 회의를 이끌었고, 그 공로로 1995년에 노벨평화상을 수상했다. 그 상은 사실 러셀에게 주어진 거나 다름없었다.

영국의 지적 풍토는 이성보다는 경험에서 지(知)의 뿌리를 찾는 경험론이다. 그가 데카르트의 이성주의의 영향을 받았지만 경험주의 철학자로 분류되는 것은 현실 참여를 이끈 철학으로 인해서다. 여론의 공격과 감옥살이 등의 탄압 속에 그는 이성을 속이고 소신을 굽히느니 차라리 고독을 택했다. 어린아이처럼 순진하게 자기가 옳다는 것을 실천하는 지적 정직성으로 일관한 학자였다.

그는 98년간의 생애 동안 수학과 인문학 사이를 종횡무진으로 활동했다. 인간의 삶의 질을 판단 기준으로 삼아 노벨상을 준다면, 수상자는 백 년 가까운 생을 이성과 인류애에 바친 러셀이 될 것이다. 95세에 쓴 자서전의 끝에는 다음과 같은 시가 실려 있다.

> 나는 오랜 고독의 세월을 지나
> 휴식의 의미를 알았다. 생명과 사랑까지도.
> 지금 내가 잠잘 수 있다면
> 반드시 더 바랄 것 없는 잠이 될 것이다.

PART 2

이성의 본질은 지역, 인종에 따라 다를까?

제4부

언어의 본질이 인간의 본질이다

가야할 곳은 보이지 않는 심층(무의식)이었다

실존주의가 전후(戰後) 프랑스에서 발생한 것은 결코 우연이 아니다. 19세기가 남긴 전쟁의 씨앗은 제1차 세계대전과 제2차 세계대전으로 이어져 수많은 도시를 파괴하고 다수의 목숨을 앗아 갔다. 사람들은 삶의 의미를 상실했다. 과거는 무의미했고 미래도 안 보였다. 과거와 미래를 이어 줄 사상적 연결 고리도 사라졌다. 전쟁의 폐허 속에서 인생의 의미를 묻는 사람에게 '실존은 본질에 앞선다(『존재와 무』)'는 사르트르의 말처럼 확실한 것은 없었다. '실존'만이 현실 속 존재를 확인하게 했다.

지식인들은 스스로를 긍정하는 수단으로 앙가주망(engagement)을 택했고 거기서 위안을 얻었다. 앙가주망을 통해 존재의 의미와 시대의 의미를 조망했다. 그 과정에서 지식인들은 자신의 존재가 외부 구조망과의 관계에 의해 결정된다는 것을 지각하게 되었다. 구조주의의 발생을 자극했던 것이다.

이 풍조는 20세기 초, 이미 언어학과 수학에서 등장했다. 19세기 말엽, 집합론의 등장으로 수학이 대혼란에 빠졌을 때 수학자들은 '도대체 수학이란 무엇인가?'라는 근원적인 문제에 봉착했다. 이때 힐베르트가 수학은 구조의 학문이라며, 점과 선, 유리수와 무리수 등 많은 이름의 핵심은 점과 선, 수에 있지 않고, 그들 사이의 관계 구조에 있다는 것을 밝혔다. 힐베르트는 '점과 직선을 '잉크병' 혹은 '펜'이라 불러도 좋다. 차이만 있다면 그대로 성립한다'고 규정했다. 언어학자였던 F. 소쉬르(F. Saussure, 1857~1913)도 '언어의 본질은 차이에 있다'라고 정의했다. 이름이 달라야 쌍둥이도 구별할 수 있는 것처럼 사물도 이름의 '차이'가 있어야 대화가 가능하다는 의미이다.

뜻하지 않게, 아니 필연적으로 이 두 지적 거인은 현대 수학과 현대 언어학의 창시자가 되었다. 둘은 같은 시기에 '차이'를 키워드로 각자의 분야에서 구조주의를 제시했다. '뜻하지 않게'라는 것은 각자 상대를 의식하지 않은 채 전혀 다른 학문의 길에 올랐으나, 정상에 오르고 보니 서로 일치해 있었다는 뜻이다. 지성사의 흐름은 수학과 인문학의 융합으로 가고 있었다.

지상의 꽃은 지층의 영향을 받는다

소쉬르와 힐베르트가 거의 동시에 구조주의를 선언한 것은 인간 정신을 적극적으로 연구 대상으로 삼겠다는 신호였다. '표면에 나타난 양상을 보이지 않는 심층 구조의 조절'로 일반화 즉, 갈루아의 구조주의적 발상을 언어, 사회, 역사 등에 적용하겠다는 것이었다. 이성의 역사에 큰 획을 긋는 패러다임의 전환이었다.

구조주의의 접근 방법은 대상 전체를 인식하기 쉽도록 두 집합으로 '인식론적 절단'을 하고, 이들 집합에 내재한 관계의 구조를 추출(抽出)해서 그들 간의 상호 관계를 편리하게 파악하자는 것이다. 숨어 있는 구조를 찾아내 내재한 대상의 본질을 발견하려는 것이었다. 인간, 언어, 사회, 역사 등 인문학의 전 분야를 대상으로 한 혁명적인 지적 작업이었다. '의식의 문제'에서 벗어나 '학문의 객관적 기초'를 수학의 집합과 구조의 눈으로 분석하려는 발상이었다.

이는 17세기 과학혁명에 버금가는 거대한 '지적혁명'을 불러일으켰다. '지상에 피는 꽃은 땅 밑 지층의 영향을 받는다'는, 지극히 평범하나 미처 의식하지 못했던 사상이 '새로운 방법론'은 아니었으나 이성철학의 중심으로 떠올랐다. 표면에 드러나지 않는 것을 학문의 대상으로 삼는 것 자체가 혁명적이었기 때문이다. S. 프로이트(S. Freud, 1856~1939)가 "무의식에 숨어 있는 성적 갈등이 정신병의 중요한 이유가 된다"라고 발표했을 때도 세상은 발칵 뒤집혔고 진지하던 학술 대회 분위기가 포르노 영화관 같이 변해 버렸다고 한다.

그동안 인간은 심층을 의식하지 못했던 것이다. 원시 사회에서는 표면에 나타난 현상을 정령이나 귀신 등 초월적 상상물이 간섭한 것으로 믿었다. '귀신이 곡할 노릇'이란 말도 상식으로는 설명할 수 없을 때 쓰는 표현이나, 대부분은 심층 구조의 조작에 의해 발생된 것일 뿐이다. 좌절이나 비극의 원인은 하늘의 의도가 아닌 자신의 무의식 속에 있다. 한국사에 빈번히 나타나는 이상한 되풀이 현상도 원형에서 발생한 것으로 본다. 원형에 내재한 분열성과 충동성, 원리주의적 사고에 원인이 있는 것이다. 보이지 않은 심층 구조(무의식)에서 공동체의 중요한 실체를 찾는 것이 구조주의 역사관이다.

많은 대상을 하나의 사고 체계로 생각하다

구조 중심으로 대상을 보면 수학과 인문학의 차이가 없어진다. 그래서 구조주의적 사고는 되도록 학문적 대상을 넓힌다. 예를 들어, 금시장은 '온스'를 단위로 거래하니까 대상이 입방체이든 구형이든 모양은 무시하고 10온스이면 모두 같은 가격을 매긴다. 수학이 발달한다는 것은 문제의 난이도가 아니라 의미가 넓어지고 범위가 확장되는 데 있다.

더 쉽게 이야기해 보겠다. {가위, 바위, 보}의 관계를 일반화하면 '>(이긴다)'는 기호로 표시할 수 있다. 우리 속담에 '위에도 위가 있다'는 말이 있다. 호랑이는 생태계의 왕이지만 호랑이를 괴롭히는 담비가 있고, 담비를 해치는 사람이 있다. 이 관계는 '가위, 바위, 보'와 구조가 같다. '사람 > 담비 > 호랑이'의 구조는 '바위 > 가위 > 보'와 등가(等價)이다. 수학에서 중요하게 생각하는 것은 계산보다 구조의 체계이다.

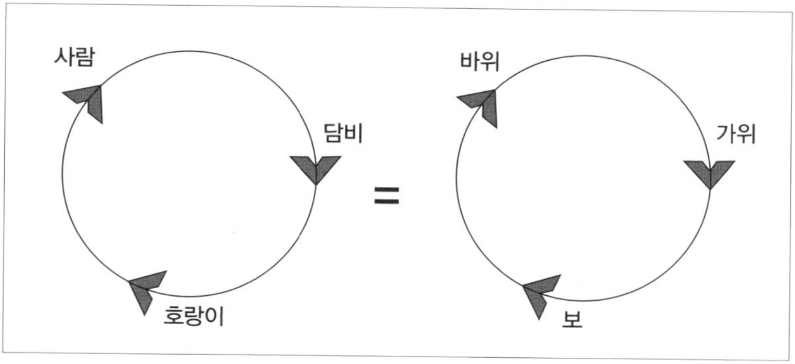

수학뿐 아니라 학문은 등가의 개념을 개입시켜 여러 대상을 하나로 바라본다. '사고의 경제학', 다시 말해 많은 대상을 하나의 사고 체계로 생각하는 것이다.

갈루아, 물레방앗간에 갇히다

처음 2차 방정식인 $ax^2+bx+c=0$ ($a \neq 0$, a, b, c는 유리수)의 해의 공식을 배웠을 때 기분이 어떠했는가? 주어진 식의 계수 $\{a, b, c\}$ 대신에 수를 대입하니까 x의 값이 바로 나왔을 때 마치 마술을 보는 듯한 기분이지 않았는가? 나만 그랬던가? 그래서 필자가 수학자의 길을 걷게 된 것인지는 모르겠지만, 주어진 2차 식의 계수를 공식에 대입하기만 하면 저절로 답이 나오니 놀라웠다. 3차 방정식, 4차 방정식까지는 복잡하긴 해도 모두 이런 방법으로 해를 구할 수 있었다.

공식이란 물질에 관한 단위 역할을 할 수 있다.

그런데 5차 방정식도 이와 같은 방법으로 해를 구할 수 있을까? 수학자들이 아무리 식을 변형해도 답은 나오지 않았다. 대수학의 선구자였던 프랑스 수학자 E. 갈루아(E. Galois, 1811~1832)도 그중 한 사람이었다. {+, −, ×, ÷, $\sqrt{\ }$}의 계산(변환)을 이리저리 아무리 조작해 보아도 찾을 수가 없었다. 그때 갈루아는 생각의 방향을 바꾸었다. 막히면 돌아가는 것이 뛰어난 수학자들의 특징이다.

플라톤은 『국가론(Poliiteiā)』에서 인간이 대상을 보는 가시적 세계의 한계를 동굴에 갇힌 죄수에 비유했다. 뒤돌아볼 수 없도록 벽면을 향해 묶인 죄수는 이따금 횃불을 든 간수가 등 뒤에서 오가는 것을 그림자로 본다. 죄수는 자신이 본 것을 실재로 생각하지만 사실은 벽에 비친 그림자일 뿐이다. 그림자를 실재로 생각하는 동굴의 죄수처럼 플라톤은 인간도 진리(이데아)를 결코 알 수 없다고 여겼다.

위대한 수학자 갈루아도 이 죄수와 같았다. 물레방아라는 수학적인 감옥에 갇혀 있었다. 물레방아는 물을 흘려 나무 상자에 물이 가득 차면 그 무게의 압력으로 돌아가는 구조로, 수레 부분과 방아 찧는 부분으로 나뉘어 있고 이 둘은 벽으로 가려져 있다. 만일 평생 한 번도 방앗간 밖으로 나가 보지 못한 일꾼이라면 바깥 수레의 기능에 대해 전혀 알 수 없다. 갈루아 자신이 그런 일꾼 같았다. 방아 찧는 일꾼처럼 방정식(방아)만으로 대수적 연산을 이용해 해를 구하는 것에 몰두해 있었다. 당대의 다른 수학자들도 그와 다르지 않았다.

그러나 호기심을 가진 지적 인간은 어떤 환경에서도 상상력을 발휘한다. 밖으로 나가지는 못했지만 일정한 간격으로 '쿵덕, 쿵덕' 하는 소리는 듣는다. 그 소리로 물레방아가 주기적인 원운동을 하고 있음을 알 수 있다. 갈루아는 큰 수레(원)를 상상했다. '방아 찧는 부분과 밖의 수레(대수식)'와의 관계처럼, 보이는 부분과 보이지 않는 부분을 묶는 대수적 구조에 문제의 핵심이 있다는 것을 알아차렸다.

갈루아의 기본 입장을 요약하면, 해를 나타내는 공식의 존재 여부는 계산의 결과가 형성하는 구조로 파악할 수 있다는 것이었다. 요컨대 '체(體)' '군(群)' 등의 구조를 써서 밝히는 것이었다.

철학은 눈앞의 사물의 본질을 묻고 그 핵심과 존재론에서 시작된다. 철학의 중심이 '존재론'이라면 수학의 중심은 '존재 정리'다. 중학수학의 가장 중요한 정리는 소인수 분해고, 이는 모든 수의 존재 양식을 나타낸다. 방정식의 근은 존재하는가, 임의 삼각형은 3등분할 수 있는가 등 수학의 중요 문제는 모두 존재 정리다. 수학이나 철학이 '본질은 존재하는가?'라는 문제에서 출발했기 때문이다.

최근에 벌어진 큰 군중집회들을 보면서 필자는 같은 질문을 하게 된다. 데모는 표면일 뿐, 그 뒤편에는 눈에 보이지 않는 중요한 무엇인가가 있다. 군중들은 갈루아처럼 벽 저편을 보지 못하고 있을 수도 있다. 갈루아가 방정식의 뒤에 보이지 않는 군의 구조가 있음을 발견한 것처럼, 필자도 광장에 모인 군중의 무의식 집합 속에 과연 무엇이 숨겨져 있는지, 그 구조를 이성의 눈으로 탐색하고자 한다.

언어란 무엇일까?

인간만이 언어를 가졌다는 것은, 언어학은 곧 인간의 본질을 밝히는 인간학의 한 갈래라는 의미이다. 언어 연구는 고대에서 중세까지의 종교적 문헌을 정확하게 해석하기 위해 시작되었다. 고대 종교의 교주는 '말씀'으로 가르침을 전했다. 후생이 그것을 '여시아문(如是我聞)' 즉, '나는 교주님 말씀을 이와 같이 들었습니다'라며 글로 정리했다. 힌두교의 산스크리트어를 비롯해 중세 가톨릭의 라틴어, 유대교의 히브리어, 이슬람교의 아랍어 등이 이에 속한다.

언어는 인간의 본질이다

언어 연구는 철학과 함께 이루어졌다. 고대 그리스는 종교보다 철학과 언어에 더 관심이 많았다. 언어의 기원과 변화 과정, 음운 관계,

문법 형식 등을 주요 연구 대상으로 삼았다. 언어를 로고스로 생각한 그리스인들은 자신들의 언어만 표준(보편)이라는 우월감에 사로잡혀 이민족의 말은 야만적이라고 생각했다.

W. 존스(W. Jones, 1746~1794)는 힌두어와 유럽어 즉, 인구어(印歐語)의 비교를 독립된 연구 대상으로 삼아 놀라운 업적을 남겼다. 그는 유럽의 언어들을 종전의 보편적 논리 구조에 따르지 않고 실증적 비교언어학 중심으로 연구했다. 언어학도 인류학처럼 다윈의 진화론적 사고에 영향을 받은 것이다.

실증적 비교 연구는 독일의 철학자이자 언어학자였던 W. 훔볼트(W. Humboldt, 1767~1859)에 이르러 화려하게 꽃을 피웠다. 그는 다양한 언어에 공통되게 존재하는 사항과 법칙들을 추출해 실증적이고도 귀납적인 문법을 수립하고자 애썼다. 그 과정에서 '언어가 그 민족의 세계관을 반영한다'는 '언어 세계관'이 도출되었다.

미국의 인류학자이자 언어학자였던 E. 사피어(E. Sapir, 1884~1939)도 눈이 많이 내리는 지역에 사는 이누이트족은 눈에 관한 서술어들을 많이 사용한다며, '오래된 눈' '새로운 눈' 등 수십 개의 서술어가 있다고 밝혔다. 훔볼트와 같은 맥락이었다. 필자도 원형론의 관점에서 언어에서부터 수학, 종교, 예술, 문학에 이르기까지 비교 연구를 하는 과정에서 수학의 '이상한 실체'처럼 언어도 자연 풍토의 영향을 받는다는 것을 알게 되었다.

구조주의의 주된 관심은 집합 내부의 구조적인 질서다. 힐베르트가 의식적으로 구조주의 수학을 수립했다면 소쉬르는 그것을 언어학에 독립적으로 이용했다. 소쉬르는 존스가 '산스크리트어와 인구어(印歐語)의 동일 어원설' 연구에서 밝힌 어원과 동류어의 발견 양식 등 언어의 계통성 연구만으로는 만족할 수 없었다.

소쉬르는 방향을 틀어 세계의 언어를 하나의 대상으로 삼았다. 그리스어, 라틴어, 산스크리트어 등을 구별하지 않고 모든 언어를 한 시야에 두고 '언어란 무엇이냐'를 생각하기 시작했다. 갈루아가 방정식의 해의 공식만 찾다가 방향을 돌려 '방정식의 해란 무엇인가'라고 물은 것과 같았다. 구조주의적 사고의 출발이었다. 소쉬르가 언어의 본질에 관심을 돌리자 힐베르트는 갈루아의 업적을 넓혀 기하학, 함수론, 대수학 등 수학 전체에서 공통된 의미를 찾기 시작했다. 이전의 수학을 청산하고 새로운 방향을 제시함으로써, 그의 연구 방법은 사회학과 역사학으로까지 뻗어 나갔다.

소쉬르는 전 세계의 약 6천 개 언어가 가진 공통점을 분석했다. 그 과정에서 인간의 언어는 하나의 언어에서 분파됐음을 알게 되었다고 『일반언어학 강의(Cours de Linguistique Generale)』에서 밝혔다. 다양한 언어를 하나의 구조로 보는 지적 작업이었다. 뒤에서 논할 촘스키의 언어학과 생성문법론도 마찬가지지만, 소쉬르의 연구 목적은 언어를 통해 인간 정신의 심층을 파헤치고 의식과 무의식의 관계, 표층 구조와 심층 구조의 결합 관계 등을 분석해 인간의 의미를 명확하게 판단하려는 데 있었다.

언어학이든 수학이든 구조주의 방법론은 분야와 영역을 초월해 구조를 중심에 둔다.

언어는 차이의 표현이다

소쉬르는 문법에는 별 관심이 없었다. '언어 기원론'이나 '발전 과정' 등은 언어의 본질 규명과는 관계가 없다며 통시적(通時的) 방법 즉, 시간 축에 따라 변화하는 언어 연구는 도외시했다. 통시적인 입장은 시간 축을 가로로 절단해 오늘의 A가 과거의 A'였던 것을 알아내는 방식이기 때문에 언어 구조에 관한 정보는 얻을 수 없다.

언어의 본질은 역사성보다 의미를 표현하는 법칙과 기호에 있다고 본 소쉬르는 공시적(共時的) 방법을 택했다. 공시적 방법이란 시간 축을 수직으로 절단해 그 절단면 즉, 변화가 멈춘 상태의 언어를 보는 방식이다. 절단면에는 특정한 시점의 언어 상황인 낱말의 뜻, 문법 등의 규칙들이 드러나 당시의 언어 구조를 추출해 낼 수 있다. 그는 과거와 미래로 무한히 뻗은 긴 파이프 같은 시간의 흐름을 끊고 언어의 절단면을 보는 방식을 택했다.

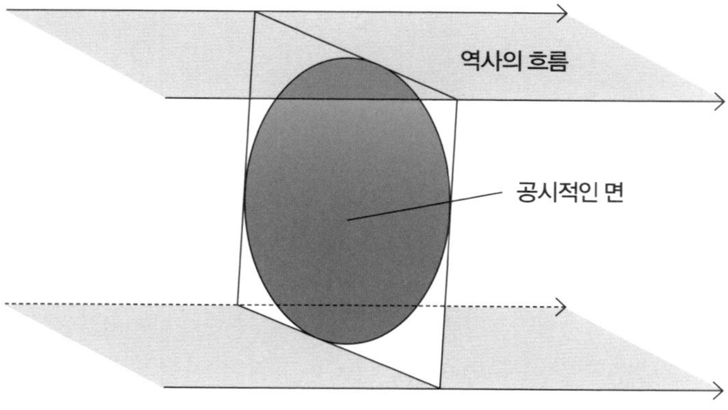

언어의 본질은 어렵게 말할 것도 없이 '말하고 알아듣는 것'과의 관계이다. 소쉬르는 음성으로 나타난 부분을 파롤(parole)이라 명명하고 언어 규칙은 랑그(langue)라고 했다. 파롤은 언어의 사회적 기능인 음성 언어이고 랑그는 언어의 규칙 즉, 개념이다. 이들이 합쳐져 랭귀지(language, 언어, 능력, 잠재력)가 된다. 랭귀지는 랑그와 동근어(同根語)로 랑그(규칙)에 따라 말하고 문장을 꾸미는 것을 의미한다. 하지만 평소에 말할 때 우리는 파롤이나 랑그를 전혀 의식하지 않는다. 다만 '인식론적으로 차단'해 이분한 것일 뿐이다.

랑그는 제도와 같다. 제도나 법이 상황에 따라 바뀌며 묵시적으로 관행이 되는 것과 같이 언어도 그러하다. 언어의 본질은 '차이'의 표현에 불과하기 때문이다. 펜을 잉크로 불러도 좋고 잉크가 펜이 되어도 상관없다. 음이 중요한 게 아니라 음이 지목하는 대상이 중요하다. 다만 두 사물이 동시에 존재하기 위해서는 음의 '차이'가 있어야 한다.

언어는 파롤에 의해 변질되고 때때로 엉뚱한 의미로 비약된다. 파롤이 랑그의 내용을 수시로 바꾸어 가는 것이다. 언어의 자의(恣意)적 측면 즉, 다른 낱말과 차이만 유지되면 그 범위에서 새로운 낱말이 등장한다.

현실의 언어를 보면 금방 이해된다. 가령 한국어로 '아저씨'라고 하면 원래는 가까운 친척 어른을 뜻하지만, 파롤의 범위가 확대되어 '나이 먹어 별로 호감이 가지 않는 남자'를 가리키기도 한다. '각시'도 본래는 '갓 쓴 사람의 부인'이라는 높은 지위의 여성을 뜻했다. 그러나 지금은 결혼한 모든 여성을 의미한다. 그런가 하면 '형님'이라는 말은 한국어와 일본어의 의미 범위가 다르다. 한국은 가까운 선배나 연장자를 지목하지만, 일본의 '형님'은 엄격하게 핏줄로 이어진 관계를 뜻한다. 이렇듯 언어는 본래의 뜻에 얽매이지 않고 멋대로 범위를 넓혀 간다.

문헌 자료를 기준으로 보면 한국어는 삼국 시대 이전의 것은 알려져 있지 않다. 대부분의 다른 개별 언어들도 기원에 대해서는 우리 사정과 비슷하다. 따라서 랑그의 역사는 언어학의 대상에서 배제하는 것이 옳을 듯하다. 실제 과거의 랑그를 무시해도 언어의 기능은 충분히 전달된다. 그런 측면에서 '의미를 전달하는 기능'에 초점을 둔 공시적 입장이 보다 현실적이다. 일반적으로 구조주의적 접근이 공시적이 될 수밖에 없는 것은 언어 기능의 현실성에 대한 관심이 앞서기 때문이다. 대상을 공시적 구조로 환원하는 구조주의자들의 일반적인 태도는 현실만 보고 '과거는 묻지 마세요'라는 유행가 가사와도 같다.

언어는 관습의 집합이다

소쉬르를 기호학(記號學)의 아버지로 여기는 것은 말을 표상(表象)과 의미로 분리하고 언어의 기호성을 부각했기 때문이다. 우리 주변에는 간판, 교통 신호 등 다양한 종류의 기호들이 있다. 기호는 언어의 '자의성'과 '차이'로 표시된다. 소쉬르는 기호의 의미와 표상을 나타내기 위해 프랑스어 동사인 signifier(의미하다)에서 '의미'는 시니피에(signifie)로, '표상'은 시니피앙(signifiant)으로 표시했다. 의미와 표상보다는 '내용'과 '지시'가 구체적이며 알기 쉬워 여기서는 그렇게 사용한다.

예를 들어보자. 신호등의 색은 지시에 불과하다. 빨강은 멈추고, 파랑은 가라는 뜻이다. 수도꼭지에 표시된 빨강색은 뜨거운 물, 파랑색은 차가운 물을 의미한다. 만일 빨강을 차가운 물, 파랑을 뜨거운 물로 약속해도 기호의 기능을 수행하는 데는 전혀 지장이 없다. 요컨대 기호는 마음대로 택할 수 있는 자의적인 것이다. 글, 소리, 그림, 색깔 등 각자 고유한 수단을 이용하여 표시하는 것(지시)과 표시되는 것(내용) 사이에 일대일 관계만 성립하면 기호는 기능화된다. 의성어(擬聲語)도 마찬가지로 자의적이다. 예를 들어 뻐꾸기 소리는 한국어로는 '뻐꾹'이지만, 일본어로는 '캇코', 영어로는 '쿡쿠'다.

언어를 정신으로 생각했던 소쉬르.

소쉬르가 대상으로 한 언어는 문어(文語)보다는 구어(口語)였다. 문자의 발명은 긴 인류 역사에 비하면 비교적 최근의 일이다. 문자는 권력을 가진 지배 계급을 중심으로 인위적으로 사용되기 시작했고, 구어 즉 말은 인류의 역사와 거의 맞물릴 정도로 오래 전에 자연 발생적(인지혁명)으로 나타난 것이다. 언어철학과 언어과학의 창시자인 소쉬르는 '언어는 단순한 의사 전달 수단이 아닌 정신'으로 생각했다.

문자 발명의 메카니즘을 이해하기 위해 전통 놀이인 장기를 예로 들어 보겠다. 장기짝은 기능에 가치가 있다. 기능은 다른 장기짝과의 상대적 관계에서 결정된다. 기사가 어떤 언어를 쓰든 장기짝을 어떤 명칭으로 부르든 전혀 상관이 없다. 오직 장기짝의 가치(기능)에 따라 의미가 부여되어 이를 이해하고 게임을 진행할 뿐이다. 게임 규칙은 인간이 만든 것(제도)이기에 합의만 되면 임의로 정할 수 있다. 시스템의 변화도 장기짝의 가치(기능)를 바꾸는 것일 뿐이다.

장기를 언어에 비교하면 이러하다.

1) 장기가 장기짝의 집합인 것처럼 지시는 언어 규칙의 집합이다.
2) 장기가 장기짝 전체와의 관계로 결정되는 것처럼 언어도 단어 전체의 관계로 결정된다. 언어가 지시와 내용으로 전달되듯이 장기도 장기짝의 이름과 가치(가능)로 게임이 진행된다.
3) '지시'는 '차이'에 기반을 둔 관계 시스템(구조)이다. 장기짝 또한 '기능 차이'에 기반을 둔 관계 시스템인 점에서 언어와 같다.

이에 소쉬르는 '언어란 개인 간의 소통을 가능케 하기 위해 해당 사회가 채택한 관습(제도)의 집합이며, 개인의 머릿속에만 있는 보물이자, 다른 곳에서는 예를 볼 수 없는 제도'라고 규정했다.

‘이름’은 내용의 ‘손님’에 불과하다

소쉬르는 언어의 가변성을 사회 변동과 연계했다. 언어만 대상으로 분석한 것이 아니라 사회적 조건까지 언어를 통해 관찰했다. ‘그림의 떡’이라고 할 때, 여기에서 떡은 이미지일 뿐이다. 실제 먹는 떡은 따로 존재한다. 또 하나의 예를 들면, 수원 근처에 ‘병점(餠店)’이라는 이름의 지하철역이 있다. 예전에는 나그네들이 오가며 떡을 사 먹던 떡집들이 있어서 떡전거리 즉, 병점으로 불렸다. 그러나 철도가 만들어지면서 떡집들은 사라졌다. 이름인 지시(병점)만 남고 내용(떡집)은 사라졌다. 병점은 지시하는 것과 내용이 별개가 되었다. 그런데 예전에 만약 떡을 ‘떡’이라 부르지 않고 ‘사과’라고 했다면 지금 ‘병점 역’은 ‘사과점 역’이 되어 있을 것이다.

이것이 바로 ‘언어의 자의(恣意)성’이다. 언어의 자의성은 이전의 언어철학인 ‘사물이 존재하고 이름이 붙는다’는 생각을 정면으로 부정하게 만들었다. 플라톤의 ‘모든 것에는 이상적 실체(의미)가 있다’는 이데아설이 소쉬르의 언어 분석으로 뒤집힌 것이다.

여담 하나를 덧붙이려 한다. ‘지시와 내용의 관계’에 대해 조선 시대에도 관심을 가진 이가 있었다. 북애노인(北崖老人)이라는 호를 가진 17세기 지식인이었다. 민족주의자들 사이에 화제가 된 『규원사화(揆園史話)』의 저자다. 그는 조선 유학자들의 주체성 없는 사대사상을 비판하며, ‘단군기’를 중심으로 우리의 상고사를 재구성했다.

북애노인은 한민족의 고대사에 대해 박식했지만, 과거 시험에는 떨어졌다. 이를 비관한 그는 조선 팔도 여행길에 오른다. 전국을 두루 다니다 만주 땅에 이르렀다. 만주의 드넓은 땅을 목격한 북애노인은 그 땅을 잃어버린 후부터 우리가 사대 국가로 전락한 것을 개탄하였다. 그는 조선이 잃어버린 만주를 되찾고 부강한 나라가 되기 위해서는 당쟁을 멈추고 단결하여 우리 문화의 장점을 살리면서 타국의 장점도 받아들여야 함을 강조했다. 그런데 1675년에 저술된 이 책의 내용에서 아주 흥미로운 부분이 눈에 띄었다.

이름이란 어떤 내용(실재에 대한)의 손님에 불과하다(名者實之賓也).

이름이 손님과 같다는 것은 소쉬르의 '자의성'과 다르지 않다. 지시와 내용으로 이분한 소쉬르의 주장은 북애노인식으로 손님(賓, 지시)과 실재(實, 내용)로 구분될 수 있다. 물론 북애노인이 구조주의를 의식했던 것은 아닐 테지만, 소쉬르보다 2백 년 이상 앞서 살았던 조선의 지식인이 프랑스의 언어학자와 같은 발상을 했다는 점이 무척 흥미로웠다.

개는 매처럼 날지 않는다

언어는 개인의 것이 아니다. 공동체 구성원이 모두 따라야 하고, 그 내용을 똑같이 이해해야 한다. '낱말의 뜻이 사회성을 띠어야 하는 것'이다. 인간은 발성 기관을 갖고 태어나지만, 옆에서 이야기하는 사람의 모습이나 소리를 듣지 않고는 언어 능력을 가질 수 없다. 발성 기관이 곧 악기이고, 들음으로써 깨우치는 랑그는 악보다.

일반적으로 처음 새로운 학설을 발표한 사람은 흔히 자신이 만든 개념에 집착하기 쉬워 새로운 술어를 사용한다. 소쉬르도 예외가 아니어서 '청각 영상(聽覺映像)'이라는 말을 사용하였다. '의미를 나타내는 음'을 이해하여 대화에서 하나의 개념을 머리에 떠올리는 것을 청각 영상이라고 한다. 인간의 발성 기관에서 나온 소리는 듣는 이의 귀에 들어가면 청각 영상에 대응하는 개념으로 파악된다는 것이다.

소쉬르는 같은 언어를 사용하는 사람들의 두뇌에 개념을 음(音)으로 상호 교체하는 기계적 구조가 있다고 생각했다. 그가 의식했는지는 알 수 없지만, 언어학의 과학화를 시도했던 것이 분명하다. 악기와 악보 사이에 있는 자동 조절 장치인 함수적 존재 'f'를 감지했던 것이다. 언어학의 법칙을 수학처럼 생각한 듯하다. 이는 수학과 인문학의 관계 규명을 위한 중요한 요소가 된다.

요컨대 한 사람이 입으로 소리를 내면 상대는 귀담아 듣고 이에 대응하는 말을 거의 동시에 낸다. 말하는 사람과 듣는 사람이 서로 같은 의미로 이해할 수 있는 것은 같은 소리가 같은 의미를 갖기 때문이다. 결과적으로 낱말은 우리를 둘러싼 모든 사물을 소리로 구획을 나누는 일과 같다.

가령 '매'라고 한다면 온 세계에 있는 매의 집합이며 낱낱의 매는 그 집합의 한 원소다. '개'라고 한다면 어떤가? 우리는 개를 컹컹 짖으며 달리는 것으로 알고 있다. 매가 바다에 살지 않는 것, 개가 매처럼 날지 않는 것도 안다. 매, 개의 성질을 가진 생물의 집합은 모두 일정한 공통된 속성을 지닌다. 굳이 집합적으로 생각하는 것은 사물의 의미를 명확히 규정할 수 있기 때문이다. 집합이 구체적인 요소로 구성되듯이, 언어도 집합으로 해당 공동체의 언어인지 아닌지가 판단된다.

소쉬르는 자신의 이론이 뜻하는 바를 완전히 파악하지는 못했지만, 막연하게 집합적 사고를 하고 있었던 것이 분명하다. 그러나 그는 언어와 의식의 관계나 그에 관한 표층과 심층은 한 번도 언급하지 않았다. 오히려 레비스트로스가 구체적으로 지질학, 언어학, 인류학의 공통성을 지적함으로써 언어의 표층, 심층 구조가 명백하게 정의되었다. 그 사실로 인해 레비스트로스가 구조주의의 창시자로 지목되고 있다.

언어는 민족의 원형과 되먹임 작용을 한다

언어는 왜 변하는가? 같은 문화권에서도 지역마다 방언이 생겨나고 계급에 따른 차이도 발생한다. 필자는 '원형사관을 통해 언어(넓게는 문화)가 원형과 지속적인 되먹임을 하며 변화했다(『풍수화』)'고 설명해 왔다.

하나의 언어에는 수만 내지 수십만 개의 단어가 존재한다. 그러나 같은 의미를 가진 단어가 여러 개 존재한다면 기억력의 낭비이고 뇌 활동의 경제성을 해친다. 그 결과, 고대어는 새로운 단어로 대체되고 같은 뜻을 지닌 복수의 동의어는 사라지는 운명을 맞았다. 고대 가야의 언어인 '가라어'도 노도와 같이 몰려온 한자의 파도에 밀려 상당 부분이 사라졌다.

가라어에는 '내일'을 의미하는 말이 없었다. 이를 두고 혹자는 '한국인이 미래에 대한 관심이 없었기 때문이다'라고 해석하기도 했지만, 고려를 방문한 송나라의 관리 손목(孫穆, ?~?)이 쓴 『계림유사(鷄林類事)』에는 내일이 '하재(轄載)'로 기록되어 있다. 한국인이 '미래에 대한 관심'이 없었던 것이 아니라 다른 말로 표현했을 따름이다. 내일을 하재로 기록했듯이 한국어를 비롯한 모든 언어는 '랑그'만으로는 그 본질에 접근할 수 없다. 랑그도 사회 변화에 따라 바뀌어 왔기 때문이다.

필자는 '일본 표의 문자인 '가나'가 한글 창제 이전의 한국어와 동일어로서 같은 랑그를 갖고 있었다(『日本語の正体』)'고 생각한다. 양국의 언어는 표의 문자의 등장으로 인해 한국어와 일본어로 분화된 것으로 보인다. 언어를 문자로 표기하는 과정에서 나타난 변화였다. 새로운 표의 문자의 등장은 새로운 언어의 등장을 의미한다. 랑그가 그대로 파롤이 되지 않고 문자나 음운 법칙의 제어를 받아 발성되기 때문이다.

문자는 언어를 제어하고 음운 법칙도 바꾸는 되먹임 작용을 한다. 간단하게 그림으로 설명하면 다음과 같은 구도가 된다.

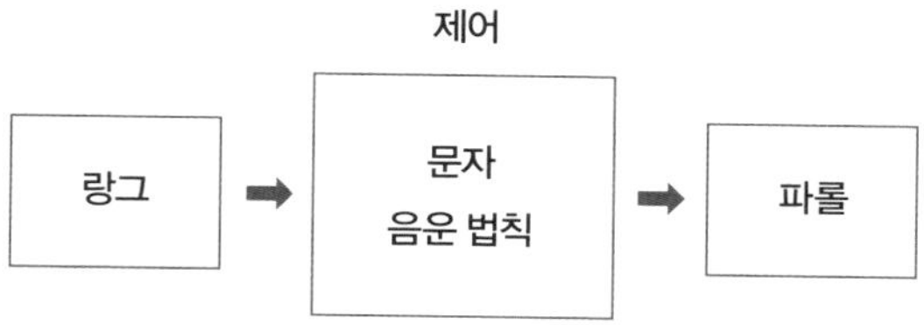

랑그는 사회적 성격을 갖고 있어 해당 언어가 속한 집단과 분리될 수 없다. 한때 에스페란토어가 적지 않은 추종자를 냈다. 그러나 에스페란토어가 자연언어에 영향을 주며 변화할 수 있었을까? 또 원형과 유기적 관계를 유지할 수 있었을까? 답은 한결같이 'No'다. 인간은 바벨탑에 내린 신의 벌(수천 개의 언어)에 에스페란토어라는 인공언어로 저항을 시도했으나 불가능한 일이었다.

자연언어는 다양하게 분기하며 그에 대응하는 랑그를 만들어 가는데, 파롤과 랑그가 일치하는 인공언어는 원천적으로 변화를 기할 수 없다. 따라서 창조성도 한정적일 수밖에 없다. 랑그는 인간이 그 궤적을 완전하게 추적하지 못할 뿐이지, 생명체처럼 자율 기능을 갖고 수시로 변해간다.

언어학은 필연적으로 과학화로 향한다. 그 방법은 크게 2가지로 나뉜다. 하나는 분석적 방법, 이른바 해석적(bottom up) 방법이고 다른 하나는 종합적 방법(top down)이다. 후자는 관찰 결과에서 패턴을 찾아 가설을 세운 다음, 현실과 대조해 타당성 여부를 검증하는 방법이다.

소쉬르를 비롯한 구조주의 학자들은 분석적 방법을 피하고 종합적 방법을 택했다. 개별언어는 분석하려 해도 기본 언어를 설정할 수 없다는 현실적인 문제 때문이었다. 언어는 관점에 따라 크게는 음향학, 심리학, 논리학 등과 관련되고 언어 자체로는 의미론, 음운론, 통사론, 형태론 등 다양하기 때문에 어느 측면에서 기본 단위를 선택해야 할지 알 수 없다. 관점을 바꿀 때마다 또 하나의 언어적 측면이 나타나기 때문이다.

소쉬르의 시대에는 분석한 후 종합하는 데카르트의 과학적 방법이 일반화되어 있었다. 기존의 학설을 모두 부정하고 의심할 여지가 없는 '나는 생각한다. 고로 존재한다(『방법서설』)'의 명제에서 출발한 데카르트의 철학이 소쉬르에게 영향을 준 것이 분명했다. 둘은 대상을 이분법적 사고로 분석한 것까지 공통이었다. 그러나 심층(랑그), 표층(파롤)이란 집합 사이의 관계를 관찰하는 소쉬르의 언어학과 데카르트의 이분법 사고 사이에 직접적인 접점은 없다.

역사와 풍토가 다양한 언어를 파생시킨다

소쉬르는 간접적이기는 했지만 모든 언어는 체계적인 성격 즉, 보편성을 가졌다고 했다. 음운론, 통사론, 의미론, 형태론 등으로 바라봐도 거의 모든 언어는 독립적이며 확고한 체계를 갖고 있어 안정적이다. 사회 제도가 모순 없이 해당 사회의 질서를 유지하는 것처럼 언어 또한 해당 언어 체계 내에서 서로 영향을 주고받는 통합적인 성격을 갖는다. 언어의 형식에 우열이 존재하지 않는다는 뜻이다.

한 예로, 원시적인 방식으로 사는 토착민의 언어가 공자나 플라톤이 사용하던 언어보다 열등할까? 그렇지 않다. 언어 사이에는 우열이 없다. 한 사회는 그 공동체에서 필요한 단어를 모두 갖추고 있고, 새로운 사물이 등장하면 곧바로 그에 대응하는 낱말을 만들어 내기 때문이다.

사피어도 어떤 언어든 발전 단계에서나 상징체로서 우열은 존재하지 않는다고 했다. 예컨대 눈이나 얼음이 없는 지역엔 그에 해당하는 말이 없고, 그것이 흔한 지역에서는 다양한 낱말이 등장한다. 미개한 원시 부락의 언어에는 첨단 과학과 관련된 단어가 없지만, 만일 과학이 생활의 일부가 되면 얼마든지 그런 말을 수용할 수 있는 체계를 갖추게 된다. '유럽 언어에는 시제, 관사, 인칭, 격, 복수·단수 구별 등이 있는데, 미개 부족의 언어는 단순하다'는 식으로 복잡성과 단순성으로 이분화하는 것은 전혀 근거가 없다.

알몸으로 생활하는 미개 부족의 언어와 문명의 최첨단을 자랑하는 문명국의 언어가 기본적으로 동등하다는 것은 좀 믿기 어려울 것이다. 그러나 인류는 하나의 종이란 걸 생각해야 한다. 다만 역사와 풍토에 따라 그 지역에 필요한 언어가 탄생했을 뿐이다. 유럽 여행을 마치고 동남아 지역에 들어오거나, 또는 동남아에서 한국에 들어오면 귀에 들리는 억양이 전혀 다른 것을 느낀다. 그 나라의 자연과 사회적 성격을 반영한 고유의 억양 때문이다.

어느 스페인 황제의 재미있는 일화가 전해져 온다. 그 스페인 황제는 언어에 대해 “영어는 상인끼리, 프랑스어는 애인끼리, 독일어는 군인끼리, 이탈리아어는 친구끼리 써야 제 맛이 나고 스페인어는 신에게 기도할 때 써야 제격이다”라고 했다. 또 한 스웨덴인은 ‘인류가 시작된 에덴동산에서는 어떤 언어를 사용했을까?’ 하고 의문을 품게 됐다. 하지만 이내 그는 신은 스웨덴어, 아담은 덴마크어, 뱀은 프랑스어로 말했을 것이라고 상상했다. 만일 같은 질문을 한국인에게 던진다면 ‘신은 한국어, 아담은 중국어, 뱀은 일본어를 사용했다’라고 하지는 않을까 싶다.

언어는 자연처럼 문화와 계속 되먹임 작용을 한다. 데카르트가 ‘모든 인간은 골고루 이성을 갖는다’라고 정의한 것은 언어 능력에도 해당된다. 언어는 ‘인지 능력에 직결된 이성’이며 해당 민족의 정신을 비추는 거울이다. 욕설이 유난히 많은 우리의 언어 습관을 되돌아볼 일이다.

인간은 부자연스런 문장을 피한다

N. 촘스키(N. Chomsky, 1928~)라고 하면 '변형생성문법'의 창시자라는 이미지가 먼저 떠오를 것이다. 다른 언어학자들처럼 촘스키도 언어의 본질은 인간의 본질이라고 생각했다. 언어학에 대한 열정은 인간 존중과 동일선상에 있었다. 그가 베트남 반전 운동의 선봉에 서서 미국 정부의 정책을 격렬하게 규탄하던 모습이 아직도 생생하다. 지적 정직성을 가진 학자로 양심에 비추어 옳다고 믿는 것은 그대로 실행했다. 러셀이나 아인슈타인 등 지적 거인들이 보이던 모습이다.

촘스키는 언어 연구를 위해 태어난 사람처럼 출생 환경부터 남다르다. 아버지(W. Chomsky)는 저명한 히브리어 연구자로 그가 언어학자가 되는 데 결정적인 영향을 끼쳤다. 촘스키는 언어학 연구를 위해 충분한 소양을 쌓으며 수학과 철학도 함께 공부했다. 언어학에 흥미를 잃으면 수학에 도전하였고, 그 과정에서 다시 언어학에 대한 의욕을 되찾았다. 1950년대에는 언어학자인 아내와 함께 이스라엘의 키부츠에서 공동체 생활을 하기도 했다. 1956년에 매사추세츠공과대학(MIT) 교수, 1966년에는 석좌 교수, 1976년부터는 연구 교수가 된다.

창조는 인간의 본질이다

촘스키는 인간이 유한한 개수의 규칙만으로도 무한개의 문장을 만들 수 있다는 사실에서 생성문법을 구상했다. 생성문법은 인간이 자연스러운 문장만 생산하고 부자연스러운 문장은 피한다는 사실에 근거했다.

그는 언어를 심층 구조(무의식)와 표층 구조(의식)로 분리해 관찰했다. 전형적인 구조주의적 방법이었다. 심층의 언어 규칙에 의해 표층의 문장이 다양하게 변형되고 생성된다는 것이다. 이런 관점에서 그의 생성문법은 '변형생성문법'이라고 불린다.

촘스키는 생성문법에서 표층언어와 심층언어의 대응 관계를 수학적으로 표현하고, 이들 사이를 함수(매개 변수) 또는 치환(transformation) 관계로 묶었다. 언어 행위에 앞서 표준 문법이 존재했고, 표준 문법을 생성하기 위해 인간은 보편적 언어 능력(competence)과 언어 규칙을 창조하는 능력을 갖추고 있다고 전제했다. 자연언어를 통해 인간은 끊임없이 새로운 표현법을 창조한다고 본 것이다. 촘스키는 인간의 창조력에 큰 의미를 부여해 창조성에 대한 억압은 인간에 대한 억압으로 여겼고, 지체 없이 반기를 들어 행동(action)했다.

지적 정직성을 가진 학자, 촘스키.

그는 심층의 변형 규칙에서 표층 언어가 어떻게 파생되는지를 연구하며, 인간은 선천적으로 언어 획득을 위해 변형 규칙에 적응하는 능력을 타고났다고 믿었다. 자연언어와의 접촉만으로도 인간은 완벽하게 언어를 습득할 능력이 있다는 것이다. 이 명제는 얼핏 칸트의 '아프리오리(선험적)' 즉, 경험 없이도 선천적으로 인식할 수 있는 능력을 떠올리게 한다. 언어를 '자극과 반응'으로 도식화한 종래의 이론과는 분명히 다른 입장이었다. 촘스키는 인간 정신의 창조성을 중시했고, 이는 곧 인간의 존엄성과 연결되었다.

촘스키는 소쉬르와 같은 구조주의 언어학자로서 구조주의 특성인 심층과 표층의 구분을 통해 언어의 본질에 접근한 점에서는 같았으나, 언어 해석에 있어서는 서로 달랐다. 둘 다 자신을 수학자로 여기지는 않았지만, 수학과 인문학의 교차점에서 학문적 성과를 이루었다는 점은 분명히 자각하고 있었다. 인문학의 이론도 현실적으로 이를 뒷받침해 줄 수학적 구조를 필요로 한다.

언어는 역동적으로 생성된다

20세기 이전의 과학자들은 유아의 언어 습득 과정을 그리 신기하게 여기지 않고 본능적인 행위로 간주했다. 행동주의 또는 경험주의 입장에서 언어 행위는 조건 반사의 일종이라고 본 것이었다. 공기처럼 언어도 모든 인간에게 주어진 '일반적인 현상'으로 받아들였다. 그런데 그들은 창조성이란 중요한 사실을 놓치고 있었다. 새로운 글을 무한히 만들고 이해하는 인간의 언어 능력에 대해 학자들은 그다지 의문을 품지 않았다.

촘스키는 '변형생성문법'에서 글이 통사론(syntax)적으로 역동적으로 창조되고 생성되는 과정에 주목했다. 그는 표층 구조와 심층 구조로 글을 분류하고 2개의 구조를 관계 짓는 방법을 구상했다. 이 부분까지는 소쉬르의 언어학, 레비스트로스의 이분법과 맥이 같다. 그러나 촘스키는 수학적 법칙을 사용해 역동성을 강조했다.

수학은 논리에 따라 발전해 왔으나 현실에서는 실증이 절실이 요구된다. 과학 이론은 정당성을 입증할 현실적 사례가 곁들여져야 인정된다. 이론적으로만 도출된 결과라면 실제 현상에 대한 설득력이 없다. '그래서 어쨌단 말인가?(So what?)'라는 짓궂은 반문으로 끝날 수 있다.

아인슈타인의 일반 상대성 이론도 빛의 휘어짐이 실제 관찰됨으로써 공인되었다. 이 관측은 제1차 세계대전 중에 이루어졌는데, 그의 이론에 대한 검증은 세계대전의 충격을 넘어서는 인류적 관심사였다.

촘스키는 부분적이지만 언어학에 생성문법을 적용시켰고 실증까지 시도했다. 현재 수학계는 소쉬르와 레비스트로스, 촘스키, 이 3명의 구조주의자들의 업적을 20세기 수학계의 금자탑 중 하나로 여긴다. T. 쿤(T. S. Kuhn, 1922~1996)의 표현대로 혁명적인 패러다임의 전환을 이루었기 때문이다.

인류는 하나의 문법을 가졌다

전 세계에는 6천 개 내외의 언어가 존재한다. 물론 오늘날에는 물리적 행동 반경에 구애받지 않고 전 세계적으로 폭넓은 교류가 가능해지면서 언어의 수가 급격히 감소하는 추세이다. 촘스키의 의문은 '이 다양한 자연언어 사이에 공통된 일반 규칙이 존재하는가?'였다. 그의 답은 'Yes'였다. 보편문법이 존재한다는 것이다. 그 보편문법에서 개별(자연)언어가 분리되어 나왔다고 그는 직감했다. 촘스키의 보편문법은 의외로 간단하다.

보편문법을 쉽게 이해하려면 요즘 생리학계의 최대 관심사인 IPS(induced pluripotent stem cell, 유도만능줄기세포)의 분화 기능을 떠올리면 된다. 인간은 약 37조 개의 세포로 구성되어 있는데, 이 엄청난 양의 세포는 하나의 수정란에서 비롯된다. 수정란이 세포 분열을 계속하여 눈, 뼈, 혈액 세포 등으로 분화한다. 수정란은 체내의 어떤 세포로도 분화하지만, 일단 분화해 성숙한 세포가 되면 다시 수정란과 같은 만능 세포로 돌아갈 수는 없다. 눈 세포나 뼈 세포, 혈액 세포로 변한 것은 평생 그대로 남는다.

보편문법은 IPS와 같은 것이다

IPS에 '보편문법'을 대치하면 쉽게 이해된다. 인간은 모든 언어를 다 익힐 가능성을 갖고 태어난다. 그러나 일단 하나의 자연언어를 택해 익히면 다른 제2의 언어로 전이하지는 않는다. 이 현상은 실제 유아의 성장 과정을 보면 확인된다.

아이는 울면서 태어난다. 울음소리가 아이의 언어이다. 한국 아이는 한국어로 운다는 말은 아니지만, 어머니 배속에서 모국어 학습 능력을 준비하는 동안 들은 말소리에 영향을 받는다는 뜻이다.

아기는 탄생 후 1년 내에 모국어의 억양을 익힌다. 1세 전후해서 몇 마디 단어를 말하고 5세 정도면 완전히 구사한다. 생후 수년간 해당 언어의 자극을 받아 그 언어를 획득하면, 다른 언어는 외국어가 되어 의식적인 노력으로만 습득이 가능하다.

이는 내재해 있는 보편문법으로 인해서다. 보편문법의 잠재성과 기능은 얼핏 소쉬르의 랑그의 개념과 유사하나 랑그는 해당 언어에만 국한되고, 보편문법은 모든 언어에 적용된다.

개별 언어는 매개 변수(언어화 되는 과정에 개입하는 자동 제어 장치)를 통해 문법과 구조가 만들어진다. 매개 변수는 의미론이나 음운 법칙의 조건을 의미한다. 그것을 '변형 규칙'이라고 부른다. 6천 개 정도의 언어들이 하나의 제어 장치에 여과되어 해당 언어에 도달한 것이다.

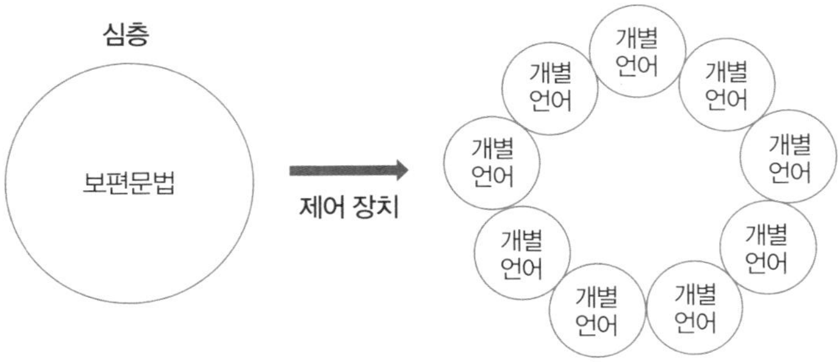

인간은 불완전한 정보로도 완전한 언어를 구사한다

인간의 언어 능력에 대해 선험적 혹은 선천적 인식 능력, 태어날 때부터 지닌 지능, 생득(生得) 기능 등 다양한 표현들이 있다. 이 주제는 플라톤 이래 지금까지 수많은 철학자들이 고민해 온 문제다. 러셀은 이를 시각적으로 설명했다.

> 인간은 짧은 시간에 제한된 범위에서 단편적으로 세계와 접촉하는데도 비약적으로 발전된 지적 능력을 갖는다. 비유를 들자면 잠재적, 신비적 체계란 이미 배선이 다 되어 아주 작은 부분만 보충하면 완성되는 전기 회로의 구조와도 같다.

인간의 놀라운 인지 능력에 감탄하지 않을 수 없다. 유아의 언어 습득 과정도 놀라울 만큼 신비하다. 유아들은 대상의 일부만 접해도 금방 여러 가지 기능과 연결 짓는다. 특히 언어와 문법 습득은 더욱 민감하게 해낸다. IPS가 신체의 모든 부분을 생성해 내는 것처럼, 유아도 보편문법을 통해 언어를 자연스럽게 획득해 어떤 표현이든 할 수 있게 된다. 촘스키는 모국어의 화자(話者)가 하나의 문장을 자연스럽게 다른 형태로 바꾸는 것을 간단히 예로 들었다.

다음 두 문장을 유아는 어떻게 인지할까?

The man is tall. → Is the man tall ?

그 남자는 키가 크다. → 그 남자는 키가 큰가?

The book is on the table. → Is the book on the table?

그 책은 책상 위에 있다. → 그 책은 책상 위에 있는가?

영어와 한국어는 차이가 있다. 한국어는 말미의 조사만 바꾸지만 영어는 다르다. 그러나 언어마다 평서문에서 의문문으로 바뀔 때의 법칙은 간단하다. 영어를 모국어로 하는 유아는 앞의 두 문장을 접하며 다음과 같은 사실을 알게 될 것이다.

「가설 1」: 글은 왼쪽에서 오른쪽으로 차례로 처리하며 의문문은 is(will, may 등)를 글머리에 두고 만든다.

설득력이 있어 보인다. 그러나 다음 문장을 보면 「**가설 1**」이 적절치 않다는 걸 금방 알게 된다.

> The man who is tall is in the room. → Is the man who is tall in the room?
>
> 그 키 큰 남자는 방 안에 있습니다. → 그 키 큰 남자는 방 안에 있습니까?

이 예문을 처음 들은 아이는 대부분 틀림없이 위와 같이 예문을 만들 것이다. 'The man who is tall is in the room?'으로 하지는 않을 것이다. 그래서 다음의 가설이 만들어진다.

> 「**가설 2**」: 처음의 명사구에 이어지는 최초의 is(또는 조동사)를 찾아 그것을 글머리에 놓고 의문문을 만든다.

물론 이것은 보편문법에 내재되어 있다. 이 예문은 촘스키의 저서 『Reflections on Languages』에 소개된 내용인데 설득력이 있다.

「**가설 1**」은 단어의 배열 순서만을 이용한 것이고, 「**가설 2**」는 구조에 의존한 규칙을 사용하고 있다. 이 규칙은 단어와 구(句)로 분석한, 단어 배열의 최초 조건이다.

모든 언어는 심층 구조에서 매개 변수를 통해 자연스럽게 표층으로 나온다. 능동태에서 수동태로의 변화 등을 자연스럽게 하는 것도 심층의 보편문법 때문이다. 언어 능력과 보편문법은 모든 인류가 생리 구조처럼 공유하고 있는 것이다.

보편문법의 생득설(生得說)은 '아기가 경험하는 언어 내용이 충분하지도 않고 아이마다 습득하는 내용이 다름'을 전제로 한다. 습득한 언어 내용이 다 다르고 많고 적음의 차이도 있다. 그러나 설령 적은 언어적 자극이라도 마치 컴퓨터의 입력 스위치처럼, 보편문법을 부분적으로 자극만 하면 자연언어가 된다는 것이다. 선천적인 보편문법이 해당 언어와 접촉함으로써 모국어 능력을 획득하고 생성문법의 개입으로 무한한 창조성을 발휘하게 되는 것이다.

기적적인 능력이다. 불완전한 정보만으로도 정확한 지식을 갖게 되는 것은 보편문법의 내용이 완전하기 때문일 것이다. 촘스키의 보편문법 이론은 뒤에서 논할 필자의 보편원형과 맞닿아 있다.

인간의 유추 능력은 무한하다

생성문법이란 문법을 생성하는 최소 단위의 규칙을 말한다. 글의 핵심 구조로, 기호를 생성하는 수학적인 규칙 체계이기도 하다. 모든 글은 기능별로 기호화되고 형식화된다. 마치 자연 법칙이 수학적으로 표현되어 경험적 사실을 설명하고 예측하는 것과 같다. 수학적이라고 해도 머릿속에 있는 언어를 수학 또는 자연 과학처럼 수치화할 수는 없다. 또한 정량적(定量的) 결과도 없으므로 주로 변환 이론에 의존한다.

더 간단히 이야기하자면, 생성문법은 강아지의 행동을 예측하는 어린아이의 지혜와도 같다. 평소 집안에서 강아지를 키우는 아이는 강아지가 하는 행동의 일부 패턴만 보고도 야외에서 어떤 행동을 할지 추측한다. 부분적 행동에서 다양하게 발휘되는 성질을 예측하는 것이다. 일부만 보고 전체 양상을 감지하는 능력은 카오스 이론의 프랙털(fractal, 자기 닮음)과 같다. 고사리의 작은 잎사귀를 보고 큰 잎

사귀를 알듯이 생성문법도 이와 같은 것이다.

생성문법은 자연언어의 싹과 같아 몇 마디로 말을 시작하지만, 인간의 유추 능력에는 잠재적 창조성이 내재되어 있어 무한한 범위로 확장된다. 자발적 확장 능력이 자연언어의 문법적 요소와 결합하여, 글을 무한히 창조할 수 있게 한다. 다시 말해, 적은 문법 지식만으로도 인간이 무한하게 문법 구조를 확장시킬 수 있는 것은 태어날 때부터 '공통의 보편문법'을 뇌에 담고 있기 때문이다. 이로 인해 유아는 주위 사람들의 사소한 영향만으로도 자연언어를 완성해 간다.

촘스키의 연구가 '언어학의 혁명'으로 불리는 것은 구조를 분석한 데 있다. 이는 현대 언어학을 획기적으로 바꾸었고 동시에 인지 과학, 철학, 심리학 등 다양한 분야에도 커다란 영향을 미쳤다.

인간은 어떻게 완벽한 언어 능력을 갖추나

누구나 알다시피 말과 글은 일정한 순서로 나열되고 어순도 정해져 있다. 작은 단위의 낱말 배열이 일정한 규칙을 가질 때 큰 단위의 문장이 된다. 언어 구조에 관한 형식적 표현은 큰 단위를 만드는 작은 단위의 '배열 규칙'이다. 요컨대 문장 구조는 단어나 글의 순서, 집합 내의 질서 등 여러 가지로 표현되고 이 원칙만큼은 모든 자연언어에 동일하다.

촘스키는 문장의 구조와 의미의 관계를 기반으로 문장의 계층(階

層)을 처음으로 발견한 학자이다. 모든 자연언어는 두 부분으로 분할할 수 있다는 것이 촘스키의 견해다. 그는 품사별 배열 규칙을 생각해 명사와 조사, 형용사와 명사, 동사와 조동사 등으로 나누었다. 낱말보다 큰 단위가 구(句)이다. 예컨대 '명사+조사'로 형성되는 구는 명사가 가리키는 사물과 같은 문법적 기능을 나타낸다. '구'라는 단위는 계층으로도 불린다.

그가 정한 어순은 영문이지만, 계층을 중심으로 한 생성문법의 방법은 모든 자연언어에 적용할 수 있다. 구를 정한 것만으로도 어순의 규칙을 한눈에 알아볼 수 있게 한다. 이 규칙이 '구절 구조 규칙'이다.

다음 문장을 살펴보자.

A little boy played the piano in the auditorium.

A little boy　　played the piano in the auditorium.
(명사구)　　**(동사구)**

한 작은 남자아이가 강당에서 피아노를 쳤다.

한 작은 남자아이가　　강당에서 피아노를 쳤다.
(명사구)　　**(동사구)**

이 글은 명사구와 동사구로 이루어져 있다. 구를 정한 것만으로 어순의 규칙이 한눈에 들어온다. 촘스키는 이러한 분석으로 글의 구조에 관한 구체적 표시인 구조 규칙을 처음으로 제시했다.

문장을 두 부분으로 나눈 것은 촘스키 마음대로 정한 것이 아니다. 구에서 시작해 그 전후에 필요한 단어 또는 구를 삽입시키는 것은 수학을 이용한 법칙이다(기호의 수학적 변환 규칙). 문장은 명사구와 동사구에서 출발해 계속 두 부분으로 나뉘어 분기한다. 계속 그렇게 나뉘어 가다가 최종 단계에 이르면 단어가 남는다. 구는 하나의 단어와 대치할 수 있다는 원칙이 있어 A little boy는 boy로 대치된다.

촘스키는 구 어순의 규칙을 제시하고 문장 구조를 표시하는 방법을 해결했다. 실제 이 방법은 오늘날 언어 정보 처리에 이용되고 있다. 구성 요소 분석에서 그는 문장 구조에 관한 일반 법칙과 특히 문장의 어순이 가진 의미를 생각했다. 그는 통사 구조에 관한 저서 『Syntactic Structures』의 부록에서 대표적인 26개의 규칙을 자세하게 설명했다. 앞으로 그 수는 계속 늘어갈 것이다.

필자는 구의 구조 규칙이 꽤나 복잡할 것으로 예상했으나 생성문법의 명성에 비해 의외라고 할 만큼 간단했다. 생성문법은 매개 변수인 의미론적 법칙과 음운 법칙에 여과되어 표층에 개별언어로 나타나고 글의 의미도 다양하게 확장되어 간다. 전 세계 언어가 본질적으로 공통된 구조임을 시사하는 부분이다.

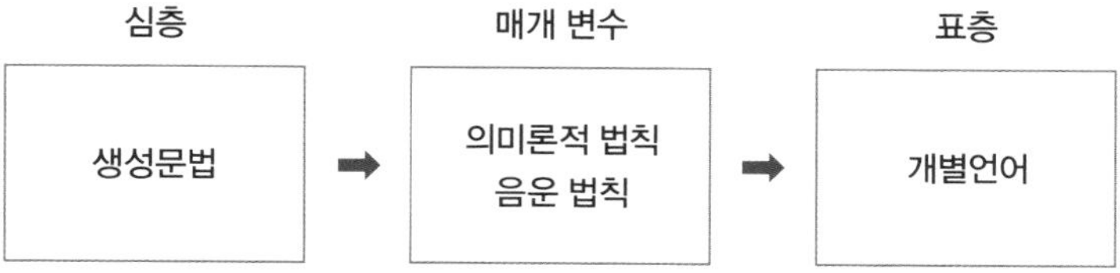

보편문법이 선천적인 것이라면 생성문법은 인위적인 것이다. 다시 말해 보편문법은 바둑의 '규칙'이고 생성문법은 바둑의 '정석'과 같다. 국민의 원형에는 고유의 생성문법이 있어 각기 다른 언어를 창조해 내는 것이다. 촘스키의 출발점은 '언어 획득 기간이 제한적인 어린이가 어떻게 완벽한 언어 능력을 갖출 수 있게 되는가'하는 의문에서 비롯되었다. 그러나 인간의 보편적인 언어 능력과 창조성(보편문법)을 감지한 후 그의 연구는 생성문법으로 확대되었다. 인간의 유추 능력은 무한하다.

소쉬르가 현실의 언어(표층언어)를 '파롤과 랑그'로 분할해 이항대립과 결합의 관계를 연구했다면 촘스키는 인간이 어떻게 무한히 창조적인 글을 만들어 낼 능력을 가졌는가에서 출발하여 문법의 핵심을 구성했다.

소쉬르가 익숙한 기존의 언어학에서 출발해 결과적으로 경험론, 행동주의적 경향에 그쳤다면 촘스키는 자신이 만든 술어를 써가며 전혀 새로운 방법으로 생성문법을 창조했다. 그는 인간의 '창조성'과 '계속 새로운 표현을 만들어 가는 언어의 특성'에 관심을 가졌다. 소쉬르보다 70년 후의 사람이지만 촘스키가 보다 높은 수준의 업적을 성취했다는 자부심을 가지는 것은 당연해 보인다.

인간의 심층과 표층 사이에는 매개변수 f가 있다

필자에게는 'KCIA(한국중앙정보부)'로 상징되는 박정희 시대에 대한 불쾌한 경험이 있다. 「허생과 로빈슨 크루소」라는 글을 한 일간지에 기고하면서 문제가 비롯되었다. 글의 내용은 박지원(朴趾源, 1737~1805)의 소설 『허생전(許生傳)』의 주인공이 안성시장에서 매점매석으로 벼락부자가 되었던 것에 반해, 절해고도(絶海孤島)에 표류한 로빈슨 크루소는 청교도 정신에서 우러난 근면과 굳은 신념으로 살아남아 무사히 모국에 돌아갈 수 있었다며 둘을 비교한 내용이었다.

로빈슨 크루소와 허생(許生)의 무의식은 무엇이 다른가

두 주인공이 목적을 달성했다는 점은 같으나 방식은 달랐다. 허생은 도덕심 없이 부(富)를 형성했고, 로빈슨 크루소는 청교도적 윤리관에 근거해 행동했다. 전자는 돈벌이만이 목적이었고 후자는 청교도적 신앙의 실천이 목적이었다. 서로 다른 목적은 결과적으로 아주 다른 사회적 의미를 낳는다. N. 마키아벨리(N. Machiavelli, 1469~1527)라면 '목적을 위해 수단과 방법을 가리지 말라'고 하겠지만, 아무리 자본주의가 돈벌이를 목적으로 한다 해도 최소한의 사회적 건전성과 윤리성을 갖춰야 부작용이 적다.

필자는 '청교도의 건전한 정신이 자본주의를 발전시켰다'고 한 M. 베버(M. Weber, 1864~1920)의 『프로테스탄티즘 윤리와 자본주의 정신(Die protestantische Ethik und der Geist des Kapitalismus)』을 인용해 군사정권과 유착한 한국의 졸부자본주의를 비꼴 속셈이었다. 윤리성이 없는 독재의 후광을 입은 한국적 자본주의를 졸부로 보고 그 미래를 암시하고자 했던 것이다. 그런데 독재 정권은 중앙정보부를 앞세워 필자의 칼럼을 문제 삼았다.

기독교는 종교이고 경제는 돈벌이니까 마음의 문제와는 전혀 다른 것처럼 보인다. 그러나 기독교 신앙은 해당 문명권의 집단무의식(심층의식)에 영향을 주고, 이는 표층의 경제 행위에 반영된다. 레비스트로스는 베버 이론을 구조주의 방식으로 일반화하여, 경제 활동은 표층에 발현된 것이고 심층에는 프로테스탄트 윤리 의식이 내재해 있다고 보았다. 심층 구조에 있는 청교도 정신이 표층 구조 즉, 자본주의의 발달을 가져왔다는 논리였다.

사실 베버도 레비스트로스와 같은 생각이었을 것이다. 베버의 연구 목적도 인간 사회의 보편적 성격을 찾아내는 데 있었다. 그러나 그는 구조주의 방법론이 등장하기 반세기 이전의 사람이었다. 그래서 그의 관심은 '청교도 정신과 자본주의의 관계'에만 초점이 맞춰져 있었다. 베버의 이론이 '프로테스탄트 정신 → 자본주의의 발전'으로 요약된다면, 구조주의 학자들이었던 촘스키와 레비스트로스는 양자 사이의 관계를 중시해 '심층 구조 → 매개 변수 → 표층 구조'로 일반화했다. 두 학자는 언어학과 인류학 분야에서 구조주의 방법론을 의식적으로 사용했고 지적 시야 또한 광대했다.

이론 체계는 대개 개별적인 문제에서 시작한다. 그러다가 그것이 일반화되면 패러다임의 혁명을 일으킨다. 이 혁명은 대부분 뒷사람의 몫이 된다. 구조주의 인류학도 인간의 본질을 밝히려는 목적에서 시작된 것이기에 레비스트로스에게는 대상만 다를 뿐이었다.

촘스키도 『언어와 정신(Language and Mind)』에서 17세기 프랑스의 수도원에서 발간한 문법책 『Port Royal』을 보고 언어의 표층과 심층 구조에 관한 체계적 연구를 시작했다고 밝혔다. 그 당시 레비스트로스는 이미 지질학과 진화론 그리고 소쉬르의 언어학을 통해 방법론적 사고를 자각하고 있었다.

또한 촘스키는 다윈의 진화론에서 확률적으로 해석하는 진화 방향의 우연성 즉, 환경 적응도의 자의성(random)을 중시했다. 이는 다윈도 비글호(Beagle, 영국 해군의 조사선)에 있을 때 C. 라이엘(C.Lyell, 1797~1875)의 지질학 원리서 『Principles of Geology』 3권을 통독하고 그의 이론에 영향을 받은 것이다. 대륙들이 서서히 움직이고 거대한 산도 언젠가는 모래로 변할 수 있지만, 진화가 전혀 새로운 단계로 진입할 때는 '우연'이 결정적인 요인이 되어 진화가 기적처럼 일어난다는 이론이었다. 매개 변수의 존재를 의미했다.

매개 변수 f

매개 변수는 심층과 표층 사이에서 다양한 기능을 한다. 소쉬르도 명시하지는 않았으나 랑그의 경우 일반적으로 심층의 규칙이 중간에서 음운적, 의미론적 제한을 받음을 인지하고 있었다. 가령 know가 '크노우'가 아니라 '노우'로 발음된 것은 영어의 음운 법칙 때문이다. 음운 법칙의 제어 장치인 매개 변수 f가 랑그에서 m을 택하면 f(m)이 곧, 파롤이 되는 것이다.

생물학에 빗대어 진화를 단순화하면 '종의 생명 의지 A는 A에 가해지는 환경적 조건 f 에 의해 한 방향으로 진화(변화)가 되어 f(A)가 된다'와 같은 형식이 성립한다. 일반적인 표현으로 바꾸면 심층(하부)이 제어 장치(매개 변수)에 여과되어 표층(상부) 구조가 된다는 것이다.

진화에는 결정론적 공식이 없어 같은 환경에서도 눈에 보이지 않는 사소한 요인의 개입으로 전혀 다른 것으로의 진화(돌연변이)가 가능하다. A에 가해지는 환경 조건이 g라면 변화된 결과는 g(A)가 되는 것이다. 마치 수학에서 함수가 f냐, g냐에 따라 함수값이 달라지는 것과 같다.

민족의 원형은 집단무의식(A)이 역사적 사건과 시대 상황(g)을 여과하면서 특유의 문화 g(A)를 창조한다.

소쉬르와 촘스키, 레비스트로스의 공통점을 요약하면 이러하다. 구조주의 학자들은 심층에 내재한 법칙을 관찰했으며, 인간의 선천적인 능력이나 인류의 보편 능력에 대한 믿음이 있었다. 또한 복잡한 요소가 많은 인문 분야의 현상을 인식론적으로 절단하고 이분화해 공시적으로 관찰했고, 문화(언어, 사회 구조)의 우열은 부정했을 뿐 아니라 정량화(수식화) 할 수 없다고 보았다. 이 5가지는 앞으로 논의할 필자의 '원형사관'과 맥이 닿아 있다.

제5부

집단무의식과 분열하는 신화

인간의 본질에 다가서다

원래 인간은 타고나기를 자기중심적이고, 타민족에 관한 인식은 편견으로 가득 차 있다. 고대의 여행 기록도 대부분 주관(원형의 척도)에 따라 과장되었다. 그러나 유의해야 할 것은 당대 최고의 지성으로 지목된 철학자, 역사가 등은 바깥 세계의 견문 기록을 자기 문화권의 척도를 넘어 이성의 눈으로 접근하려고 노력했다는 사실이다.

그리스의 역사학자 헤로도토스(Herodotos, BC 484?~BC 425?)를 비롯해 헬레니즘 시대를 연 알렉산드로스 대왕(Alexandros the Great, BC 356~BC 323), 중국의 사마천(司馬遷, BC 145?~ BC 86?) 등은 거의 예외 없이 다른 문화에 대한 편견이 없었다. 오히려 바깥 세계의 이질적 문물을 놀라워하며 이를 자신의 이성을 닦는 도장으로 여겼다. 그들은 타민족의 문물을 자신들의 문물과 비교하며 본질적인 의미를 생각했다.

이성은 보편적 판단력을 높이는 최고의 수단이다. 호기심은 이성을 증폭시키고, 비교는 스스로에 대한 이해를 더하게 한다.

지쇠 관습과 지도자의 책임

대항해 시대 이후 인간은 강한 호기심으로 다른 문화에 접촉하여 다양한 인류학적 자료를 남겼다. 그러나 자료의 내용이 과학적 의미를 갖게 된 것은 그로부터 2백 년이 지난 19세기였다. 당시는 다윈의 생물학적 진화론이 영향력을 날로 확장해 가던 때였다. 계몽주의가 보급되면서 초기 인류학자였던 J. 프레이저(J. G. Frazer, 1854년~1941)는 인간의 정신세계를 '주술, 종교, 그리고 과학으로의 진화'로 구분했다.

필자는 신앙의 원형을 파헤친 프레이저의 저서 『황금가지(The Golden Bough)』에서 고대 한민족과 관련된 내용을 흥미롭게 읽었다. '한국 고대 국가인 부여(扶余)에서는 일기가 불순해 흉년이 들면 그 책임을 왕에게 물어 목숨을 내놓게 했다'는 내용이었다. 주술적 성격이 농후한 이 기록에 흥미를 느껴, 그 후 인류학에 관한 책이라면 손에 닿는 대로 읽었다. 중국의 정사인 『위지왜인전(魏志倭人傳)』도 프레이저의 사례와 유사한 풍습을 언급해 인상적이었다.

> 한반도에서 중국을 왕래하는 배에는 지쇠(持衰)를 태웠다. 무사히 항해를 잘 끝내면 많은 금품을 주었고, 그렇지 못할 때는 항해 중에 몸가짐

을 잘못했을 거라는 이유로 죽였다.

이에 따르면 지쇠를 태우는 풍습은 서해를 오간 한반도 선박들의 일반적인 관행이었던 것 같다. 지쇠는 항해 중에 여자를 가까이 해서도 안 되고, 깨끗한 의복을 입어서도 안 되며, 빗질을 해서도 안 되고, 이가 생겨도 잡으면 안 되는 등의 금기 사항을 지켜야 했던 사람을 이른다. 그래야 항해를 무사히 할 수 있다고 믿었다.

이 기록은 한국인의 말을 듣고 중국어로 기록한 것이어서 정확하지 않을 수도 있다. 그러나 요즘도 우리는 흔히 '재수가 있다, 없다'는 말을 많이 쓴다. 이 말이 '지쇠'에서 나온 것은 아닌지 유추해 보게 된다. 뜻이나 음운으로 보아 '지쇠'와 '재수'를 동류어로 생각하는 것이 자연스럽기 때문이다. 이 두 낱말은 모음 변화를 무시하면 같은 음소를 갖고 있다.

고대 한민족이 지쇠에게 책임을 전가했던 풍습이 필자에게는 현대사의 한국 대통령들의 좋지 않은 말로와 자꾸 오버랩 된다. 정치적인 과오를 지도자의 탓으로 돌리는 것이 한민족의 초기 조건이었던 걸까? 사소한 고대 인류학적 자료가 현대에도 그대로 재현되는 것을 안타깝게 바라보고 있다.

민족사는 카오스적이기 때문에 복잡계의 초기 조건은 A. 스미스(A. Smith, 1729~1790)의 '보이지 않는 손(『도덕감정론』『국부론』)'처럼 후세에까지 이어져 되풀이 된다. 유별나게 나라의 우두머리인 왕의 재수나 운에 매달려야 했던 일이 많았던 한민족이었다.

진화론적 인류학에서 기능주의 인류학으로

프레이저 이후 영국의 인류학자 E. 타일러(E. B. Tylor, 1832~1917)는 이질적인 문명 상호 간의 관계에 주목하여, 문화 변화와 전파의 실태를 통계학을 이용해 조사했다. 미국 인류학의 시조가 된 F. 보아스(F. Boas, 1858년~1942년)는 넓은 지역에 산재한 공동체의 문화 양식이 시간에 따라 어떤 변화 과정을 겪어왔는지를 관찰하는 방법론을 수립했다. 『국화와 칼(The Chrysanthemum and the Sword: Patterns of Japanese Culture)』로 유명한 R. 베네딕트(R. Benedict, 1887~1948)가 보아스의 제자이다.

고전인류학의 주류는 역사 발전 단계에 따라 문명이 발전해 왔다는 관점을 가졌다. 인류는 미개의 상태에서 근대로 진보해 왔다는 것이 역사주의적 입장이다. 이런 역사주의 인류학은 식민지주의 사상의 배경이 되었다. 문명 단계를 제대로 밟지 못한 식민지 주민들을 개화해 근대화시켜 준다는 구실로 착취를 합리화했다. 식민지주의자들은 피지배 민족의 습성을 알아야 잘 다스릴 수 있다는 현실적 동기에서 식민지 주민에 대한 인류학적 연구부터 시작했다. 한국의 풍수지리설, 무당, 집성촌, 불교, 주자학의 역사에 이르기까지 한국학의 중요 분야의 연구도 조선총독부의 주도 아래 이루어졌다.

그런데 '문명은 높은 곳에서 낮은 곳으로 전파된다'는 역사주의에 반기를 든 학자들이 등장한다. 기능주의자들이었다. 20세기 들어 서구 계몽주의 사상에 비판이 가해지면서 문화에는 근본적으로 우열이나 차이가 없다는 시각이 일반화된다. 이는 앞에서 설명한 구조주의의 결론과 일치한다.

기능주의 학자들은 문화와 사회의 구성 요소와 제도를 독립적으로 보지 않고 전체를 하나의 대상으로 관찰했다. A. 래드클리프-브라운(A. R. Radclife-Brown, 1881~1955), B. 말리노프스키(B. K. Malinowski, 1884~1942) 등이 그 계통이다. 이 영국의 사회인류학자들은 중부 아프리카의 피그미족에 대해 연구했는데, 부족마다 종교와 관념 등이 독립적이고 양상도 복잡해 보이지만 전체적으로는 통일되어 있다고 밝혔다. 특히 말리노프스키는 남태평양의 멜라네시아에 살면서 인간의 생리와 심리적 욕구에 대응하는 신화와 사회 제도, 이를 뒷받침하는 가치관을 밝히는 데 힘을 쏟았다. 현지인과 같이 살며 자료를 수집하고 분석했다. 이런 노력으로 19세기의 역사주의적 또는 진화론적 인류학은 무너지기 시작했다.

기능주의 학자들은 아무리 미개 사회라 해도 문화는 나름의 질서와 관계를 지닌 점을 주시했다. 그 질서에는 모순이 없었고 문화권에 형성된 '관습과 제도' 또한 다른 곳에서 전파된 것이 아니라 해당 사회의 문화 요소와 밀접한 관계를 갖고 있었다. 한 사회의 종교, 관습, 의식주, 사고방식이 서로 연결되어 있는 것으로 파악했다. 문화 요소 사이의 상호 관련성을 중시했다.

그러나 기능주의 인류학은 금방 한계를 드러냈다. 마을 안의 모든 관습과 제도가 서로 기능적으로 연결되어 있다면, 서로가 서로의 원인이 되는 순환 논리에 빠지고 만다. 그런데 현실에서는 거의 유사한 환경에서 부계(父系) 사회도 존재하고 모계(母系) 사회도 존재한다. 복수의 다른 현상을 하나의 이유로 설명하는 것은 모순이었다. 어느 한 쪽이 논리적 비약을 범한 것이 분명했다. 같은 조건에서 반대 현상이 나타난다는 것은 하나의 이유에서 2개의 결론이 유도되는 것과 같다.

인류의 본질은 결혼하고 자식을 낳는 당연한 행위에 있다

C. 레비스트로스(C. Levi-Strauss, 1908~2009)에 이르러 인류학은 인간의 본질을 밝히려는 학문으로 확장되기 시작했다. 그는 유대계 프랑스인이었고 제2차 세계대전에도 참전했다. 프랑스와 독일은 제2차 세계대전 이전에 벌써 3번의 전쟁을 치른 숙원(宿怨)의 사이였고, 프랑스는 국경선 일대에 최후 방어선인 마지노선(maginot線)을 성벽처럼 둘렀다. 이곳에 레비스트로스가 배속되었다. 그러나 히틀러가 국제법을 무시하고 중립국 벨기에를 침략한 후 프랑스를 양면에서 침공해 오자, 유대인인 레비스트로스는 이대로 프랑스에서 머뭇대다가는 수용소행이 될 것을 직감하고 미국으로 망명길에 올랐다.

간신히 미국 땅을 밟은 그는 유럽 망명자들을 위해 임시로 설립한 사회과학원에서 자리를 얻는다. 이름만 그럴싸할 뿐, 실제는 망명 지식인들의 수용소 같았다. 여기서 레비스트로스는 러시아 출신 언어학자 R. 야콥슨(R. Jakobson, 1896~1982)과 운명적인 만남을 갖는다. 만나야 할 사람들은 만나게 되는 숙명인지, 그들의 지적 로맨스는 이내 무르익었다. 사회과학원이 학교이긴 했으나, 수업이 없을 때가 많아 레비스트로스는 야콥슨으로부터 소쉬르의 언어학에 대해 설명을 들었다. 랑그와 파롤의 구조주의적 이분법도 이때 익힌 것으로 추측된다.

인간의 본질을 밝히려 한 구조주의 인류학자, 레비스트로스

전쟁 전부터 인류학 연구에 몰두했던 레비스트로스는 그동안 수집한 원주민의 친족 관계에 관한 자료를 가지고 있었지만, 그것이 내포한 의미를 제대로 이해할 수 없었다. 이때 야콥슨으로부터 전수받은 랑그와 파롤의 이분법적 연구 방법이 떠올랐다. 그것을 이용하면 원주민 사회의 심층에 내재한 결혼을 통한 친족 구조의 의미를 해석할 수 있을 것이란 생각이 들었다.

천재는 사소한 힌트만으로도 큰 결과를 만들어 낼 줄 안다. 레비스트로스는 종래의 것과 전혀 다른 방법으로 이론을 일반화했다. 구조주의적인 방법이었다. 소쉬르의 언어 연구가 언어의 본질 규명에 있었던 것처럼, 그도 인간 사회의 보편적 성격을 찾아내려 했다. 그는 소쉬르의 연구 방법, 특히 인식론적 절단에 의해 발생하는 이항대립 즉, 언어 구조의 지배적 성격인 '랑그와 파롤의 이항대립' 그리고 '언어 없이는 인간의 실체에 도달할 수 없다'는 사상에 큰 영향을 받았다. '친족 구조'는 쉽게 말해 결혼하고 자식 낳고 사는 제도다. 중요한 것은 이 당연한 행위가 인류의 본질이란 사실이다.

왜 문명인이든 미개인이든 친족을 구성할까

'왜 인간은 문명인이나 오지의 미개인이나 모두 친족을 구성하는가?'는 레비스트로스의 화두였다. 인류는 부부가 되어 자식을 낳고 친족을 형성한다. 사회 구조도 언어 구조처럼 모든 인간에 공통된 본질이다. 소쉬르가 '언어란 무엇인가?'라는 질문에서 연구를 한 것과 레비스트로스가 친족 구조에 의문을 품은 것은 본질적으로 같다.

성 행위는 모든 생물의 공통된 특성이다. 그러나 인간 이외의 생물에는 터부(taboo)가 없다. 레비스트로스는 '성(性)'만으로는 인간의 본질을 단정할 수 없음을 알고, 한 걸음 더 나아가 어느 사회든 근친혼의 터부가 있다는 사실에 주목했다. 친족 구성에 있어 중요한 핵심은 터부였다. 친족은 부부를 기본 구조로 하지만 이성을 선택하는 방법은 서로 다르다. 정략결혼은 왕족과 귀족 사이에서만 일어나는 일이 아니었다. 인류는 여성을 매개로 평화 유지와 지위 획득, 번영 등을 도모해 왔다. 왕가의 규벌(閨閥) 제도도 결혼을 통해 지위를 유지하려는 수단이었다.

고대에 여성은 교환 가치가 높았다. 다른 여성들보다 교환 가치가 더 높은 여성은 자기 부족 안에서 결혼시키지 않았다. 부족 간의 교류 범위를 확장하고 서로의 번영을 위해, 그리고 우애와 평화 유지를 위해 선물로 사용해야 할 대상이었다. 근친혼의 터부는 일반적으로 믿어온 윤리적, 유전적 문제가 아니라 '노동력과 가족의 증식, 성적 파트너로서 교환 가치가 큰 존재를 부족 안에서 근친혼으로 소비할 수 없다'는 인식에서 집단무의식으로 형성되었다고 레비스트로스는 보았다.

친족 구조 연구를 하는 과정에서 그는 부르바키학파의 수학자인 A. 베유(A. Weil, 1906~1998)의 도움을 받아 브라질 오지의 한 부족이 비가환군이 된 사실을 밝혔다. 인류학에서도 수학이 중요한 역할을 했다. 특히 인류학과 군(群)의 관계는 너무나 엉뚱해 학계를 깜짝 놀라게 했다. 학문의 지나친 세분화의 끝에서 갑자기 거꾸로 융합한 대사건이었다.

더 자세히 설명하면 이러하다. 부계 또는 부모 양쪽의 4촌 간 결혼은 흔히 있었지만, 브라질 오지의 부족들은 모계 4촌 간 결혼만 허용했다. 왜 그 지역에서는 모계 4촌 간 결혼만 가능했을까? 왜 다른 쪽은 금기로 했을까? 처음에는 사소한 계기에서 출발했을 것으로 짐작하지만, 부족 상호 간의 신뢰와 평화를 위해 점점 복잡한 제도로 발전해 갔을 것이다.

모계 4촌 간 결혼은 A, B, C, D 등 부족들의 교환 가능성을 전제로 한다. A가 B에 일방적으로 여성을 보내면 A 또한 여성을 받을 수 있는 부족 F가 있어야 한다. A와 B 뿐만 아니라 범위를 넓혀 A → B, B → C, …… F → A 식이 되어야 한다.

모계 4촌의 증여 제도가 정착되면 A, B, C, …… F 전체 간의 신뢰 관계는 유지된다. 그러나 만일 이 관계가 어느 한 곳에서 무너지면, 일단 보낸 여성은 되찾을 수 없게 돼 신뢰에 기반을 둔 상호 증여 제도는 깨어진다. 분쟁이 발생하는 것이다. 미개 사회라고는 하지만 명확하게 이 사실을 의식하고 '근친혼의 터부'를 고수한 것이다.

야만과 문명은 근본적으로 다르지 않다

미개 사회의 모계 4촌 증여 제도가 현대 수학에서 가장 중요한 이슈인 대수학의 비가환군이 된다는 사실은 인류학자와 수학자뿐 아니라, 지식 사회 전체에 큰 충격을 주었다. 더욱 놀라운 것은 야만적이고 미개한 아마존 오지의 원주민들이 문명 세계가 근대를 맞으면서 겨우 발견한 대수 구조의 '군'을 수백, 수천 년 전부터 가장 현실적인 결혼 제도에 적용해 왔다는 사실이었다. 신앙처럼 믿어온 문명과 야만의 구별이 뒤집힌 것이다.

이로써 인류 문명에는 우열도 차이도 없다는 것이 입증되었다. 유전적으로 지적 우수성을 가진 민족이나 열등한 민족은 근본적으로 존재하지 않음을 구조주의가 증명해 낸 것이다. 평소 높은 벽을 두고 지내온 수학과 인류학은 서로 상대를 차분히 마주보았다. 촘스키는 저서 『왜 우리만이 언어를 사용하는가: 언어와 진화(Why Only Us: Language and Evolution)』에서 이 문제에 대해 이렇게 정리한다. 인류는

구조주의 학자들은 아마존 오지에 사는 사람이나 현대 문명의 한가운데 사는 사람이나 지적 능력의 차이가 없음을 밝혔다.

아프리카 대륙에서 기원하여 전 세계로 흩어졌기에, 근본적으로 인간의 언어 능력에는 차이가 없다. 세계의 중심인 뉴욕에서 일하는 지적 인간이나 아프리카의 어느 밀림 오지에서 수렵으로 살아가는 사람이나 언어 능력은 같다. 촘스키의 표현을 빌리면, 영국에서 메이플라워호를 타고 미국 동부 해안에 도착한 청교도들이나 아마존 오지를 떠나 최근에 미국 땅을 밟은 아이나 영어 습득 능력은 전혀 다르지 않다는 것이다.

지적 능력에서 인종 간의 우열이 없다는 레비스트로스의 말을 촘스키가 언어 분야에서 뒷받침하고 있는 것이다.

신화는 무의식을 보여주는 보물 창고이다

캐나다 브리티시컬럼비아 대학에서 두 해를 지내며, 필자는 캠퍼스에 세워진 캐나다 토착민의 토템(totem)들을 매일 바라보곤 했다. 거대한 통나무에는 원색의 표정들이 어우러졌고 예술적 가치도 높아 매우 인상적이었다. 꼭대기에는 독수리, 곰 등의 머리상을 새겨 부족의 조상이 그들로부터 왔음을 보여 주고 있었다. 토착민들은 토템 폴 앞에서 춤을 추고 제사를 올렸을 것이다. 함께 즐기고 단결하며 살아온 그들의 역사를 상상할 수 있었다. 유라시아 대륙에서 먹이를 쫓아 알류샨 열도를 따라 아메리카 대륙으로 건너간 그들의 조상이 한국인과 같은 핏줄이었다는 생각에, 문득 고향의 장승 앞에서 농악대가 꽹과리를 치고 춤을 추며 돌던 광경이 오버랩되었다.

토템에는 동물에서 인간이 된 것과 반대로 인간이 동물이 된 것이 있다. 몽고족은 스스로를 푸른 늑대와 하얀 암사슴 사이에 태어난 후손이라고 여긴다. 일본도 마을마다 신사들이 있어 온갖 신을 섬긴

한국의 장승(왼쪽)과
캐나다 토착민의 토템 폴(오른쪽).

다. 화산과 지진 등 천재지변이 많은 탓에 마을을 보호해 줄 신이 꼭 필요했다. 일본 문화의 모든 양상이 신사를 키워드로 설명되는 것도 이런 이유에서다. 토템과 신사는 지역민을 단결시키는 중심 역할을 해 왔다. 한국은 유교의 영향으로 이종(異種)의 인간화를 암시하는 토템에는 의미를 두지 않았으나, 마을 입구에는 여전히 액을 막는 장승과 솟대들이 세워져 있었다.

터부의 고통이 공동체의 신화가 되다

신화는 문자 이전 사회의 역사이다. 그렇기에 아무리 황당한 이야기 구조를 가진 신화라 해도 몇 개의 유사한 신화를 비교하고 역사에 대입해 보면 신화가 암시하는 구조가 뚜렷이 드러난다. 신화 가운데 상당히 많은 주제가 근친혼과 관련되어 있다. 민족의 시조 신화 가운데 남매혼이나 근친혼에서 시작하지 않는 것이 거의 없다. 고대 국가들은 일반적으로 남매혼이었다. 신성한 가족의 형성은 왕가의 영속성을 유지하기 위한 방법이었고 왕족의 권리였다. 남자 왕은 정치, 여자 왕은 종교(무당)를 담당했다. 이집트의 클레오파트라도 예외가 아니었고, 세계에서 가장 족외혼(族外婚)에 엄격했던 한민족도 고려 왕가에서는 남매혼이 존재했다.

터부는 엄격할수록 파계될 가능성이 높고 그 고통도 크다. 인류는 근친혼을 터부시하는 지혜를 발휘했지만, 한편으로는 이를 어겼을 때 받게 될 벌과 고통도 신화화했다. 오이디푸스 신화가 대표적이다. 라이오스 왕과 이오카스테 왕비 사이에 태어난 오이디푸스는 아버지인 왕을 죽일 것이라는 신탁을 받고 다른 나라에 버려진다. 타국에서 훌륭한 청년으로 성장한 오이디푸스는 홀로 방랑길에 올랐다가 자신의 아버지인 줄도 모르고 라이오스 왕을 살해하게 된다. 또 길목에서 지나가는 사람을 괴롭히던 괴물 스핑크스도 죽인다.

백성들은 그를 찬양하며 왕으로 추대한다. 그는 홀로 된 왕비 이오카스테와 결혼해 2남 2녀의 아버지가 된다. 물론 이오카스테가 자신의 어머니인 줄도 몰랐다. 그러나 모든 비밀이 폭로돼 오이디푸스가 아들이란 것을 알게 된 왕비는 자살하고 오이디푸스는 자신이 범한 무거운 죄에 떨며 스스로 눈을 찔러 맹인이 된 채 나라를 떠난다.

익케르스베르크의 「오이디푸스와 안티고네」, 1812.

신화는 비극을 중심으로 나선처럼 돌아간다. 남은 두 형제도 서로 왕위를 다툰다.

원래 이 신화는 농경 신화였다. 오이디푸스는 소의 신(牛神)이었고 왕비 이오카스테는 소의 쟁기질로 갈리는 땅의 운명을 지닌 대모지신(大母地神)이었다. 프로이드는 이 신화를 정신분석학적으로 해석해 오이디푸스는 유아기의 모친에 대한 독점욕 즉, '오이디푸스 콤플렉스'의 표현이고 아버지를 제거하는 공상의 실현이라고 했다.

그러나 레비스트로스의 해석은 다르다. 그는 이 신화를 '친족 관계의 밀도' '괴물 퇴치의 의미' '자해 행위의 의미'라는 항목으로 나누어 분석했다. 집단의 발생과 혼인 질서 유지의 입장에서 해석했던 것이다. 친족 관계에 숨은 정신적 갈등(성욕)을 인정한 측면에서 공동체를 대상으로 한 정신 분석이라고도 할 수 있다. 프로이드의 신화 해석은 레비스트로스의 친족 구조 분석에 비하면 과학적 요소가 희박하고 설득력도 적다는 인상을 준다.

신화는 공동체의 가치를 반영한다

레비스트로스가 신화의 구조를 연구한 것은 배경에 숨은 의도를 밝히기 위해서였다. 그는 저서 『야생의 사고(La Pensée Sauvage)』와 『신화학(Mythologiques 1~4)』에서 '꿀(蜜)에서 재(灰)' '날 것과 불에 익힌 것' '테이블 매너' '벌거벗은 인간의 기원'이라는 4가지 주제를 다룬다.

제목만 봐도 그의 섬세한 관점이 어디를 향하고 있는지 짐작이 된다. 일상의 평범한 대상에서 공동체 특유의 사고 회로 즉, '보이지 않는 곳에서 평범한 현상을 지배하는 구조'를 찾는 작업을 한 것이다. 사고가 여기까지 도달하기 위해서는 시적 감각(섬세의 정신)과 수학적 호기심(기하학의 정신)이 구조주의 방식으로 얽혀야 한다.

그의 주된 관심은 문자 발명 이전의 것들이다. 따라서 한국 민화(民話)와 공통된 요소들도 많다. 대부분의 신화는 민족의 기원과 관련되어 직간접적으로 민족주의적 경향을 부채질한다. 우리의 도깨비(문화 영웅)와 영동할매(太母地神), 근친혼 터부에 관한 전승, 민화 등이 이에 속한다.

신화가 문화 영웅이나 근친상간, 괴물 퇴치 등 과장된 스토리 구조를 가진 것은 공동체의 가치를 반영하기 위해서였다. 윤리 의식 없이는 사회를 형성할 수 없기 때문이다. 물론 풍토의 영향도 크다. 다른 나라엔 홍수 신화나 홍수와 관련된 영웅이 많으나 한국의 신화에는 그런 것이 없다. 또한 자연 조건이나 생활 환경이 같아도 민족의 원형이 다르면 신화는 다르게 표현된다.

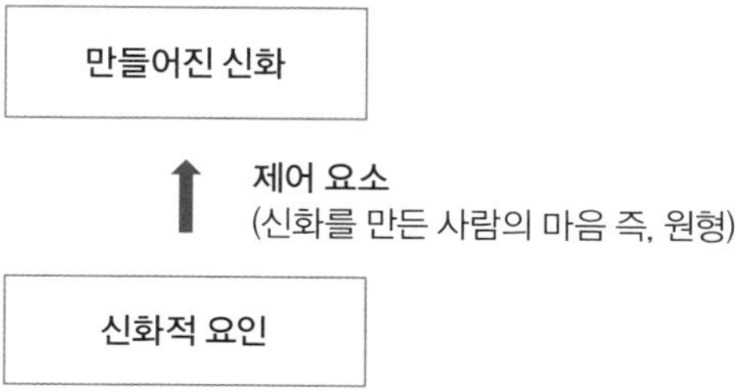

신화 해석을 할 때 그 많은 신화들을 일일이 분석하는 것은 큰 의미가 없다. 중심적 신화 몇 개만 범주화해도 그 구조가 뜻하는 핵심적 의미가 파악된다.

레비스트로스는 신화의 본질을 파악하는 데 있어서 큰 실수를 하지 않는 학자였다. 시적 감수성이 풍부했고, 사람의 마음을 통찰하는 데 능숙했다. 신화는 문장을 그대로 읽기보다는 먼저 전체를 읽고 의미 있는 부분을 추출하여 대립적 요소를 파악해 나가야 한다.

그는 신화의 내용을 토막 내어 '하늘로 날아간다, 바다에 숨어 버린다, 불태우다, 햇볕에 태운다' 등 대립적 축을 세워 신화적 요소들을 분석했다. 하늘과 땅, 어두움과 빛, 물과 불, 남성과 여성처럼 대립적인 요소가 지닌 의미를 중시하면서 신화의 실타래를 풀어냈다. 부족의 성격(원형, 관습)과도 대조해 신화의 패턴들을 분석했다. 가령 한국의 도깨비 이야기들과 '흥부놀부전' 등에는 고통스러운 현실에서 도피하려는 꿈 같은 구조가 많다. 사회적 현실을 드러낸 것이다.

레비스트로스는 근대 과학이 다루지 못했던 집단의 무의식을 구조주의 방법론으로 규명했다. 데카르트적인 사고가 과학의 출발점이라면 그의 『야생의 사고』『슬픈 열대(Tristes Tropiques)』 등은 그 다음 단계의 과학 즉, 인문(사회학)학과 수학을 결합한 새로운 관점의 학문이었다.

왜 한국인의 무의식은 곰과 호랑이로 나뉠까?

'견우(牽牛)와 직녀(織女)' 이야기는 한국인이라면 누구나 다 안다. 그런데 중국과 일본에도 같은 이야기가 있다. 견우와 직녀는 매년 7월 7일 칠석날에 만난다. 근친혼의 터부를 범한 남녀가 겪어야 했던 운명이다. 레비스트로스는 『신화학』에서 용서받을 수 없는 남녀의 만남은 죽은 후 성좌가 되어 1년 중 단 하루만 만날 수 있는 이야기가 된다고 했다. 중세 유럽을 배경으로 한 '트리스탄(Tristan)과 이졸데(Isolde)'도 조카와 숙모 사이의 사랑 이야기이다. 이 신화는 조금씩 내용이 바뀌어 전 유럽으로 퍼져 나갔다.

무의식에 내재된 이미지가 신화로 드러나다

근친혼과 같은 금지된 사랑이 죽음으로 이어지는 이야기는 어디에나 있다. 계룡산의 남매탑 설화도 유사한 패턴의 이야기이다. 대전 근처 동학사에서 갑사로 넘어가는 고개 못미처 청량사 터에 칠층 석탑인 오라비탑과 오층 석탑인 누이탑이 있다. 그 탑들은 근처 토굴에서 도를 닦던 어느 멸망한 백제 귀족의 전설을 담고 있다.

계룡산 남매탑

어느 겨울밤, 한 수도승이 목구멍에 가시가 걸린 호랑이(사실은 산적)를 구해 주었다. 호랑이는 보답하는 마음으로 한 여자를 물어다 놓고 사라져 버렸다. 수도승은 여자를 극진히 간호하여 살려 주었다. 그녀는 상주에 사는 처녀로 혼례를 치르고 신방에 들려 하는데 호랑이에게 물려 여기로 왔다고 털어놓았다. 산골에 눈이 하도 많이 내려, 하는 수 없이 처녀는 겨울을 거기서 지낼 수밖에 없었다. 수도승은 성적 욕망을 좌선과 염불로 잠재우며 아무 일 없이 그 처녀와 겨울을 보냈다.

봄이 찾아와 수도승은 처녀를 고향으로 데려다 주었으나, 처녀의 부모는 딸을 다른 곳에 시집보낼 수는 없다며 수도승에게 다시 맡겼다. 하는 수 없이 처녀를 데려와 서로 의남매를 맺고 함께 수도하여 훌륭한 승려가 되어 입적하였다.

필자는 이 이야기를 레비스트로스의 지혜를 빌려 다음과 같이 해석한다.

> 원래 수도자와 처녀는 멸망한 백제 왕족으로 친남매 사이였다. 백제가 멸망한 후 오빠는 계룡산에 숨어 살았고, 누이는 신라 땅으로 끌려가 성장했다. 호랑이는 백제 유신이었다. 그는 단지 백제 왕족들을 서로 만나게 할 목적으로 친남매인 줄 모르고 처녀를 데려가 부부의 연을 맺게 했다. 그러나 나중에 알게 된 둘은 헤어져 살며 수도하여 득도했다.

터부를 범한 남녀의 이야기는 다양한 유형으로 전해 내려오나 이런 신화들은 어둠과 빛의 관계처럼 대립적 모순 위에 전개된다.

수도승		처녀		
윤리 의식(금기)	⟷	파계(破戒)		
불가항력	⟷	필연적 만남	⟶	대립적 모순 탈피가 신화화
백제	⟷	신라		
죄의식	⟷	고통		

신화들은 서로 별개의 이야기처럼 보이나 사실은 같은 유형이다. 무의식에 내재된 이미지가 현실화한 것이기 때문에 인간은 수백만 아니, 수천만 년의 역사를 통해서도 유사한 유형의 신화를 전개해 왔다.

분열하는 사회를 이미지화한 단군신화

신화는 골동품 같은 고대의 전승이 아니다. 민족 원형의 일부가 되어 오늘날의 현실에도 나타난다. 비슷한 신화를 모아 공통된 부분과 대립되는 부분을 밝힌 레비스트로스의 방법론으로 우리의 신화를 되짚어 보겠다.

처음 단군신화와 홍익인간의 내용을 들으면 누구나 황당할 것이다. 그러나 곰곰이 생각할수록 의미가 깊다는 것을 발견하게 된다. 단군신화는 한민족의 역사와 한반도의 지정학을 구체적으로 드러내고 있고, 한국인의 생활과도 직접 닿아 있다.

유라시아 대륙의 서북 지역은 사막 지대다. 동쪽으로 이동할수록 초원이 펼쳐졌고 특히 한반도에는 초목이 무성했다. 몽고는 유목 지대, 만주는 반목반농(半牧半農), 한반도는 농업 지대였다. 유목민은 개인당 유목에 필요한 초원이 필요해 인구 증가는 곧 민족 이동으로 이어졌다. 그 동녘의 끝인 한반도가 민족 이동의 끝이었다. 『삼국유사(三國遺事)』 이전의 한반도는 동북 지역으로부터 온 침입자들의 종착지였다.

경상도 고령에 가면 일본의 천손강림 신화와 주인공 이름까지 똑같은 신화가 있다. 일본 왕실은 이곳이 선조의 고향이었다며 고천원(高天原)공원을 조성했다. 일본 츠쿠바 대학의 마부치 가즈오((馬淵和夫) 교수는 일본 『고사기(古事記)』와 『일본서기(日本書紀)』에 수록된 천손강림 신화도 고령(대가야)에서 시작된 것이라며 그것이 그대로 일

고령 가야대학교 내 고천원공원 에 있는 고천원고지 비석.

미야자키현의 천손강림 동상. 한복을 입은 토착 세력이 엎드려서 천손을 맞이하고 있다. 그 앞에 선 필자.

본 타카마가하라(高天原)에 옮겨졌다고 주장했다. 이 신화의 내용은 몽고와 일본은 물론 한반도의 가야, 신라, 부여 등의 신화와도 공통점이 많다. 알타이계 신화는 대부분 공통된 요소들을 갖고 있다. 크게 다른 것은 알에서 태어났다는 김수로왕의 난생(卵生)신화뿐이다. 학자들은 이를 남방계 신화로 본다.

이들 신화 가운데 가장 유별난 것이 단군신화이다. 단군신화의 주인공 환웅(桓雄)은 부족장 천군(天君)의 서손(庶孫)이었다. 주인공인 천손은 본거지에 적손(嫡孫)으로 남고 서손(庶孫)은 내보낸다. 백제의 담로(擔魯)제도와 같은 패턴이다. 토착민의 저항이 있었으나, 기마전에 능한 유목민은 정복군이 된다. 농경을 하던 토착민은 항복하거나 도망갈 수밖에 없었고, 곰족과 호랑이족으로 분열했다. 항복한 곰족과 정복군 사이에서 단군이 태어났다. 그 후손이 번영하여 한민족이 된다. 침략자인 천손족은 무력은 강해도 인구수가 적어 한민족에 동화된다. 그동안의 갈등은 '홍익인간'으로 해소된다.

단군신화는 한반도 역사와 지정학적 조건을 상징적으로 나타내고 있다. 토착의 곰족과 호랑이족은 천손(외부 세력)의 침략(강림)에 정반대되는 태도를 취했다. 곰족은 새 권력에 순종하고 반대파인 호랑이족은 도망감으로써 분열했다.

토착민이었던 곰족과 호랑이족은 분열했고, 천손족은 곰족과
홍익인간의 정신으로 화합했음을 상징하는 단군신화.

한반도는 북쪽의 만주나 남쪽의 일본 열도로 도망갈 수 있는 지정학적 조건을 가졌다. 이로써 한국의 전통 사회는 분열하는 냉 사회(冷社會)로 상징되었다.

임시 정부부터 폭파해 버리겠다던 장준하 선생의 울분

장준하(張俊河, 1918~1975) 선생이 일본군에서 탈출하여 중경 임시 정부에 합류했을 때의 일이다. 이 일화는 60년대에 그가 창간한 시사 종합 잡지 「사상계(思想界)」에 실린 것이다.

그는 임시 정부에 모인 독립운동가들 사이에 벌어진 시기와 질투, 분열을 눈앞에서 목도하고 크게 실망했다. 모두 일치단결하여 일본군에 저항하고 있는 줄 알았는데, 분열과 암투에 휘말린 임시 정부의 실상에 청년 장준하는 울분을 참지 못하고 환영 모임에서 이렇게 고함을 쳤다.

> "지금 이곳에서 벌어지고 있는 실상을 알았다면 여기까지 오지 않았을 것을! 지금이라도 일본군에게 돌아갈 수만 있다면 그들의 비행기를 타고 와서 이곳부터 폭격해 버리겠다!"

그는 피를 토하듯이 부르짖으며 통곡했다. 김구, 신익희 선생의 간곡한 만류로 겨우 격앙된 마음을 억눌렀다고 한다.

필자 또한 1950년대 말에 미국에서 들은 어느 연로한 독립운동가의 말을 잊을 수 없다. 그는 독립운동을 함께 했던 재미교포들이 집단으로 모인 지역에 살고 있었는데, 반 이승만파가 많아지자 한국 영사관에서 출입 학생들을 감시한다는 소문이 돌았다고 한다. 그때 그는 필자에게 이런 이야기를 들려줬다.

> "이승만이 무슨 영웅이라고! 누구 돈으로 대학에 들어가 박사가 되었는가? 적지만 나도 독립 자금이라고 피땀 흘려 번 돈을 보내었으니 하는 말일세. 우리에게는 순수한 한민족의 피를 지키기 위해 백인 여성과 결혼하지 말라고 하면서 자기는 백인 여성과 결혼하고……."

당시 교포 사회의 남녀 비율은 5대 1도 안 되어 한인 남성이 한인 여성과 결혼하는 것은 현실적으로 어려웠다. 그런데 한인 남성이 백인 여성과 결혼하면 독립 찬조금을 내지 않을 것이니 한인끼리의 결혼만 권했다는 것이다. 그것도 모르고 "'동지, 함께 나랏일을 하세'라는 한마디에 고생해서 번 돈을 꼬박꼬박 바쳤다"라며 노인은 격분했다. 그를 분노케 한 것은 백인 여성과의 결혼 문제나 독립 찬조금 때문이 아니라, 교포 사회를 분열시키는 정치적인 모략 때문이었다. 당시에는 독립운동가들이 모여 사는 곳이면 어디든 분열을 경험했다. 독립 의지가 높을수록 대립은 더 심했다.

해방 직후에는 한국인 6명이 모이면 6개의 정당이 만들어졌다고 했다. 당시에 우리가 목격한 것은 이른바 애국자라는 사람들이 벌인 암투와 암살이었다. 제주4·3사건, 거창양민학살사건 등 도처에서 발생한 사건들은 분열하는 우리의 어두운 뒷면을 보여 주었다.

지금까지도 우리 사회는 단군신화 속의 곰과 호랑이의 대립을 계속하고 있다. 우리의 원형을 성찰해야 하는 이유다. 애국자는 따로 없다. 묵묵히 민족 이성의 토대를 쌓고 키우며 나라의 미래를 생각하는 사람들이다.

돌아온 호랑이들

단군신화 속 호랑이는 고향에 돌아오지 못했다. 우리 역사상 해외로 도망간 호랑이족이 처음으로 돌아온 것은 8·15해방 이후였다. 그로부터 곰족 친일파의 색출이 시작되었고, 그 색출은 지금까지 계속되고 있다. 여기서 말하는 곰족이란 세상 어디에도 도망갈 데가 없었고, 돈도 기회도 갖지 못했던 사람들을 지칭한다.

병자호란 때의 일이었다. 오랑캐의 침입으로 힘없는 서민들은 점령군에 잡혀 알몸으로 포박되었고 많은 부녀자들이 볼모로 잡혀갔다. 난이 끝난 뒤 일부 부녀자들은 고국으로 돌아올 수 있었지만, 고향에서는 더 큰 시련이 기다리고 있었다. 여성의 정조를 생명처럼 여겼던 시대에 그 여인들이 감내해야 했던 수모는 어떠했으랴! 여인들은 자신을 지켜 주지 못한 못난 사내들을 탓할 수도 없어 그저 죽지 못한 한을 삭이며 눈물을 삼킬 수밖에 없었다.

그런데 조정에서 내놓은 묘안이란 게 참으로 어이가 없었다. 홍제원 연못에 가서 몸을 씻으라는 명령이었다. 과거를 씻으면 깨트린 정절은 불문에 붙이겠다는 특령이었다. 이것이 누구의 잘못이었나? 무능하고 탐욕스러운 권력의 탓이었고 역사의 비극이었다. 그걸 가지고 왈가왈부한다면 희생자들을 여러 번 죽이는 꼴이 된다. 그러니 난이 끝나고도 국민들은 갈등에 휘말려 진정한 평화를 얻지 못했다. 여인들은 왕명으로 홍제원에 가서 목욕을 했지만, 그녀들을 향한 멸시와 천대는 사라지지 않았다. 결국 환향녀(還鄕女)라는 딱지가 붙었다.

환향녀 사냥은 여기서 끝난 게 아니었다. 1905년 11월 20일의 일이었다. 황성신문의 주필 장지연(張志淵, 1864~1921) 선생은 을사늑약의 부당성을 알리며 '저 돼지와 개만도 못한 소위 우리 정부의 대신이란 자들이 영달과 이익만을 바라고, 위협에 겁먹어 머뭇대거나 두려움에 떨며 나라를 팔아먹는 도적이 되기를 감수했다'며 피를 토하듯 '시일야방성대곡(是日也放聲大哭)'을 써 내려갔다. 온 국민은 나라를 잃은 비통함에 울었고 겨레 사랑이 메아리쳤다. 한용운(韓龍雲, 1879~1944) 선사의 애국·애족 활동에도 많은 한국인이 고무되었다.

그러나 한용운 선사를 비롯해 통한에 몸을 떨었던 이들조차 일제의 강요에 따를 수밖에 없던 때가 있었다. 소나기는 일단 피해야 했으니까. 그 시대를 함께 산 한국인이라면 그들의 고통과 회한을 충분히 이해할 수 있다. 그런데 중국과 러시아, 미국, 일본 등지로 흩어졌던 단군의 후손들은 해방 후 서로를 동족으로 맞이하지 않았다. 곰족이든 호랑이족이든 우리가 너희보다 애국했다는 야릇한 주류파의식(원리주의)과 질투심으로 시기하고 경쟁했다.

6·25전쟁 때도 이와 비슷한 일들이 발생했다. 대부분의 시민들은 불가항력적으로 북한군에 시달렸다. UN군이 인천에 상륙하자 도망간 자들이 돌아왔고, 이때부터 부역 시비가 벌어졌다. 환향녀라는 비난처럼 도강파, 잔류파로 나뉘어 서로에게 비수를 겨누었다.

오랫동안 이어진 빈번한 외침의 역사를 지닌 한민족은 늘 정통파, 주류파를 내세워 '내로남불'식으로 불가항력적인 작은 실수도 그냥 넘기는 데 인색했다. 해방 이후만 해도 우리는 여러 차례 '역사 바로 세우기'를 하며 많은 자학(自虐)을 거듭했다.

지금도 우리는 반일 정책에 찬성하지 않는 사람은 '신 친일파'로 규정한다. 이는 친일파를 확대, 재생산하는 것이고 또 한 번 민족을 분열시키는 일이다. 신화는 단순한 옛날이야기가 아니다. 오늘의 현실이 반영되어 있다.

제6부

인간을 제대로 해석하는 길은 무엇일까?

인간의 실체를 밝히다

'인간의 본질은 무엇인가?'라고 묻는다면 '인간은 사회를 구성한다'고 대답할 수 있을 것이다. 제2차 세계대전의 참화를 겪은 후 지식인들은 현실적 존재로서의 인간을 강하게 의식하기 시작했다. 이러한 의식이 실존주의를 탄생시켰다. 어떤 초월적 존재에 의미를 둘 것이 아니라, 오직 스스로의 언어와 행동으로 미래를 만들어 가자는 것이었다.

이상한 철학의 옷을 벗고 인간을 제대로 해석해 보자

학자들은 분수에 넘치는 자의식 대신 차분히 이성만으로 인간의 본질을 살펴보았다. 이성주의의 출발이 '생각하는 나(데카르트)'였다면 이제는 '존재하는 나(사르트르)'로의 전환이었다. 제1, 2차 세계대전 이후 냉전과 핵전쟁의 회오리를 겪으며 관념론이란 거대 담론은 사라졌다.

사상계 일각에서는 '겨루어 보자! 이상한 철학의 옷을 벗고 실질적으로 어느 쪽이 인간을 더 제대로 해석하는가 보자'라며, 철학과 인간학이 갑과 을이 없이 인간의 실체를 밝히라고 요청했다. 이즈음 우리는 군사 독재의 통제력이 떨어지면서 대학은 운동권의 온상 아니, 정치 사관 학교로 변해가고 있었다. 한국은 전쟁과 정치로, 서구는 인간 중심의 지적 담론으로 위기 돌파를 시도하고 있었다.

이때 학계의 주목을 받은 인물이 프랑스 철학자 M. 푸코(M. Faucult, 1926~ 1984)였다. 푸코는 실존주의 철학에 대해 사르트르와 같은 입장이었으나 언어와 사회, 인류의 본질을 파헤치는 데 있어 보다 자유로운 방법론을 택했고, 집단의 구조와 의미를 중시했다. 그가 생각하는 자유는 기존의 것을 택할 자유와 스스로 생각할 자유였다.

프랑스의 철학자 푸코.

역사가이며 철학자, 문예 비평가로서 그는 출세작이었던 『말과 사물(Les Mots et les Choses)』을 비롯해 『지식의 고고학(L'archéologie du savoir)』 등 참신한 저서들을 쏟아

냈다. 종래의 사회학과 역사, 정신분석학, 심리학 등을 하나의 인간학에 묶어 지적 대상으로 삼은 담론이었다. 그는 파리의 정신 병원에서 직접 환자를 대면하여 정신병과 치료의 역사에 대해 연구하기도 했다.

그러나 그의 주된 관심은 구조주의, 특히 레비스트로스였다. 이 두 학자는 수학에 흥미를 가졌는데, 관심 영역은 서로 달랐다. 레비스트로스는 군론(群論, 대수학)에 관심을 두었고, 푸코는 미분방정식에 관심을 두었다. 레비스트로스가 대상의 '전체 구조'에 집중했다면, 푸코는 '국면의 변화'를 중심으로 점렬(點列), 다양체(多様体) 등 수학(해석학)적 개념에 관심이 컸다. 공동체의 문화적 정합성에 대해서도 푸코는 시대 중심적이었다. 그의 이러한 관점은 필자의 원형론과도 일치한다.

과거의 문화는 정신 병동처럼 은폐되어 있었다

역사에 관한 종래의 개념은 시간축에 따라 발생한 사건의 기록과 비판, 평가였다. 푸코는 역사의 시원(始原)을 종교나 도덕에서 구하는 것은 오류라고 보았다. 종래의 역사는 인간을 육체를 가진 실체로 보지 않고 추상적인 존재로 취급해, 국가와 제도를 통해 교묘하게 통제해 왔다고 그는 간파했다. 특히 왕조사는 권력을 정당화하는 과정에서 국민의 진짜 모습을 사라지게 했다고 지적했다. 그는 니체의 영향을 크게 받아 절대 진리를 거부하는 역사관을 견지했다.

푸코는 지나간 시대의 문화 역시 퇴색한 유적이나 유물처럼 방치되고 있음에 주목했다. 문화 속에 살아온 인간의 사고, 지식, 감정은 그 시대의 심층의식을 형성하는 것들임에도 과거의 문화는 고고학적 시야로만 분석되어, 마치 정신병자를 대하는 사회적 태도처럼 은폐되었다고 보았다.

'에피스테메(episteme, knowledge)'란 그리스어로 '진실한 지식을 위한 인식론적 기반'을 뜻한다. 사상과 문화를 만들어 가는 토대가 되는 질서 또는 법칙을 뜻하고, 넓게는 정신과 풍조라고 할 수도 있다. 그 반대가 '독사(doxa)'로 '편견과 선입견'을 뜻한다. 둘 다 소크라테스가 중시했던 개념들이다.

푸코는 서구 문화를 르네상스와 고전주의, 근대로 구분하고 시대에 따라 다른 지(知)의 정합성을 관찰했다. 그리고 자신의 견해를 반영한 키워드인 '닮음' '표상' '실체'를 시대적 에피스테메로 삼았다. 지식은 권력처럼 일정 기간 그 시대의 사상을 지배한다. 그 외의 것들은 이질적인 이단으로 치부된다.

르네상스 시대의 지는 '닮음'이었고, 고전주의 시대에는 '표상', 근대에는 '실체'가 에피스테메였다. 그는 르네상스 시대를 '닮음(相似)'의 관계로 조사하여 밝혔고, 고전주의 시대는 '같음'과 '차이'로 분류하여 수학적 방법으로 기호화했다. 근대는 표상 공간이 자율성을 잃어 각 분야가 내부에서 의미를 찾는 시기였다. 인간은 사물과 표상 사이를 메우는 인식의 주체면서 인식의 대상도 되었다. '실체' 즉, 사물의 존재 양식은 시대마다 다르고, 역사는 시대 성격을 심층 구조에 내재시키고 표상에 시대 문화를 꽃피우는 구조로 인식되었다.

푸코의 에피스테메는 문화, 그중에서도 역사, 심리, 예술, 문학 등을 중심으로 문화 현상 전반의 상호 관계와 이들 현상을 야기한 심층에 대한 성찰이었다. 해박한 지식과 예리한 분석으로 그는 이들 사이의 관계를 풀어냈다. 문장도 물론 화려했다. 직접 언급하지는 않았지만 푸코는 특정 문화 현상을 구조론적 사고를 통해 분석한 것이다.

그가 말한 역사는 '문화와 문명의 변화'로 이는 마치 땅속에서 고고학적 자료를 찾아내 그 연대를 추정하는 작업과도 같은 일이다. 그래서 그는 한 시대의 '지의 의미'를 '지의 고고학'이라고 불렀다.

문화에서 시대성을 추출해 내는 작업은 문화 유물과 그 시대의 에피스테메와의 관계를 규정하는 일이었다. 그 시대의 지에 대한 주체(주관)적 판단이었다. 지를 자기 인식의 수단으로 파악할 때 에피스테메를 통한 '지의 고고학'이 성립한다. 한 시대의 에피스테메가 사라지면, 그 위에 새로운 '지'가 형성되어 어제의 '지'는 땅속 지층처럼 고고학적 유물이 된다.

학자들은 수백 년의 세월을 3개의 에피스테메로 분류한 푸코를 '가장 멀리 있는 구조주의자' 또는 '구조가 없는 구조주의자'로 불렀다. '심층과 표층'의 구조 관념이 엄존했던 점에서는 분명히 구조주의자였으나, 대상 전체를 인식론적으로 절단한 소쉬르나 레비스트로스의 방법론과는 달랐기 때문이다.

나는 인간을 관찰하고 있습니다

어느 날 푸코가 이런 질문을 받았다.

"도대체 당신은 무엇이 전문이고 또 무슨 자격으로 담론을 발표하고 있습니까?"

그는 웃으면서 다음과 같이 답변했다.

"나는 당신(인간)을 관찰하고 있는 것이죠."

푸코는 '잠자고 있는 것처럼 보이는 역사의 본질'을 평범한 개인 즉, '당신(인간)'에게서 발견하려 했다. 정신분석학자 C. 융(C. G. Jung, 1875~1961)도 어느 강연에서 이와 유사한 질문을 받은 적이 있었다. "당신이 자주 언급하는 '자기(自己)'를 좀 알기 쉽게 설명해 주세요"라는 질문에 그는 "바로 당신이요"라고 답했다. 마치 선문답 같다. 그러나 그는 집단무의식에 기여하는 '내가 너(집단무의식)'가 되고 '네가 내'가 되는 무의식의 관계를 말해 주고자 했던 것이다.

푸코의 연구 대상은 문화의 본질을 통해 보는 인간이었다. '인간은 어디까지 파헤쳐질 수 있을까?'라는 질문에 그는 자기 자신마저 비웃음의 대상으로 삼을 정도로 인간학에 심취해 있었다. 책을 구성할 때도 그 시대 인간의 최대 관심사를 중시했다. 한때 프랑스 지식인들은 중국의 백과사전 분류가 서양과 아주 다른 데 큰 충격을 받았다. 서양 백과사전은 알파벳 순서로 구성되었으나, 중국의 백과사전은 '황제에 관해 먼저 설명하고 다음에는 미라, 그다음에는 가축'의 순서로 구성되어 있었다. 프랑스인의 눈에는 규칙도 뭐도 없는 우스꽝

스런 순서였다. 그러나 중국인들은 중요도에 따라 분류 순서를 정했고, 순서에 따라 기술의 순서도 달리 했던 것이다.

푸코도 대부분의 책들을 중국 백과사전식으로, 해당 분야의 최대 관심사로부터 시작했다. 상식을 뒤집어 해당 사회가 가장 많이 생각하는 사물의 의미를 먼저 규명했다. '알고 있다고 생각하는 것'의 구체적인 내용이 무엇인지, 시대에 따라 달라진 사회의 본질이 무엇인지 물었다. 인문 과학도 언어학과 생물학, 경제학으로 나누고, 이를 기존의 학문 분야인 언어학과 박물학 등과 비교 분석했다. 요컨대 한 시대의 지의 구조와 질서 수립 방법의 관찰을 목표로 한 것이었다.

인간의 관심도 순서에 따른 작업을 하려면 이전의 지식 세계에 대한 분석이 필요하다. 17~18세기에 계몽주의가 꽃피우기 이전까지만 해도 세계의 중심은 신(神)이었다. 계몽주의 이후 인간 없이는 신의 존재도 없음을 깨친 인간은 신의 절대성을 부정했다. 모든 지의 근원이었던 신을 잃자, 인간은 지의 원천을 다시 묻지 않을 수 없었다. 결국 '인간은 무엇이냐?'라는 질문이 대두되었다. 인간이 연구의 대상이 되고 동시에 주체가 되는 새로운 상황이 전개되었다. 이전의 인간은 죽어야 했다. 그로부터 1세기 후, 니체는 '신은 죽었다'고 선언했다.

시대마다 문화 패턴(경향)을 분류하고 표현하는 방법은 다 다르다. G. 헤겔(G. W. H. Hegel, 1770~1831)은 이를 시대정신(zeitgeist)이라고 했다. 한 시대가 전과 후의 시대와 성격이 다르다는 것을 강조하기 위해 쓴 표현이었다. 시대정신은 한 시대를 관통하는 절대정신이다. 새로운 시대정신이 시작되었다는 것은 새로운 문화와 정신을 창조하는 의지가 발현되었음을 뜻한다. 가령 니체를 두고 '19세기 말 질풍노도 시대의 독일에서만 태어날 수 있는 인간'이라고 한 것은, 로맨티시즘의 전성기를 누렸던 독일에서 태어나 그 시대의 특성을 꽃피운 상징적인 인물이라는 뜻이다. 푸코의 표현을 빌리면, 니체 같은 인간이 곧 그 시대의 에피스테메였다.

헤겔의 시대정신은 '오리엔트(동방, 이집트, 메소포타미아)에서 태어난 왜소한 문명의 싹이 프로이센에서 장년이 된 것'을 뜻했다. 그리스·로마에서 꽃봉오리를 맺은 세계정신이 헤겔의 조국인 프로이센에서 개화한 것이었다. 헤겔은 푸코 이전에 이미 역사를 오리엔트와 그리스·로마, 프로이센으로 나누어 고찰했다. 헤겔에게 시대정신은 형이상학적 역사관의 원동력이 되었다.

이와 달리 F. 랑게(F. A. Lange, 1828~1875)의 시대정신은 역사적 개인(영웅)의 행위에 영향을 준 구체적인 사회 현상이었고, 쿤에게 있어서 1960년대의 시대정신은『과학혁명의 구조(The Structure of Scientific Revolutions)』에서 밝혔듯이 '뉴턴 같은 대과학자의 업적이 한 시대의 과학적인 방법과 사상에 끼친 혁명적인 변화'였다.

학문의 패러다임은 독립적이 아니다. 모든 문화와 상호 연결되어 문화 전반에 영향을 주는 범(汎)패러다임이다. 일반화하면 시대원형이 산출하는 문화적 정합성에 의해 민족의 원형이 형성되는 것이다.

지(知)는 왜 권력의 것인가?

그리스 이래 지는 순수한 이성의 열매로 생각되어 왔다. 지는 객관적인 인식 능력이었고 폭력을 거부하게 만든 동력이었다. 그런데 푸코는 이 사실을 전면 부정하고 지는 '권력'이라고 규정했다. 과학, 철학, 사상 등이 그 시대에 빛을 준 이성의 상징이기는 하지만, 실질적으로는 권력에 봉사해 왔다고 보았다. 권력은 지를 이용함으로써 일반 대중을 효과적으로 복종시켰고, 지는 권력에 이용됨으로써 후한 대접을 받아 왔다는 것이다. 푸코는 주체를 역사적으로 관찰하며, 역설적으로 설명하는 것을 즐겼다.

그는 사람이 스스로 삶의 주체가 되어 자유 의지로 살아갈 수 있다는 생각은 미신이라고 했다. 아니, 신화에 불과하고 결국은 권력에 종속된다는 것이었다. 권력에 복종한다는 조건 아래 인간은 주체를 수여 받고 권력에 불복종하면 반동, 이단 등의 딱지가 붙는다는 것이다.

스스로를 감시하게 된 '생체 권력'

푸코는 『지식의 고고학』에서 대상을 표층과 심층으로 절단하는 구조주의의 공시적 방법을 무시하고, 시대별로 문화의 성격을 드러내 부각시켰다. 인간의 삶에 중요 항목이 되는 권력과 규율, 지, 성 등의 관념들이 시대별로 어떻게 달리 표출되었는지 심층에 놓인 가치 기준에 주목했다.

권력 구조도 전근대적 권력과 근대 민주 사회의 권력으로 구분했다. 그는 왕이 절대 권력을 사용해 고문, 사형 등 힘으로 군림하는 전근대적 권력은 민주 사회가 소멸시켜 민중을 폭력에서 해방한 것처럼 보이나, 민주제는 권력을 전근대적 권력보다 더 정교하게 그리고 강력하게 민중에게 사용하고 있다고 보았다.

권력의 상징은 공리주의 철학자 J. 벤담(J. Bentham, 1748~1832)이 소개한 중앙 감시 장치 같은 것이다. 예전의 형무소들은 간수가 감방을 일일이 순찰했다. 그러나 중앙에 높은 감시탑이 세워진 후부터는 간수가 한눈에 모든 감방을 감시할 수 있게 되었다. 물론 감방의 죄수들은 감시자를 볼 수 없다. 죄수들은 감시당하고 있다는 사실조차 모르거나 반대로 항상 감시당하고 있다는 심리에 빠진다.

푸코에게 규율은 '훈련의 과학'이었다. 개인을 변화시키는 과학은 형무소뿐 아니라 군대, 학교, 병원, 특히 정신 병동과 공장에서 시행되어 왔다. 개인에게는 공간 속의 또 하나의 좁은 공간이 할당된다. 병실, 책상 등이다. 시간에 따른 행동 규범이 정해지고 반복적 연습이 강요된다. 권력은 규율과 훈련이란 형식을 통해 기능화하게 된다. 직접 권력을 휘두르는 자는 보이지 않지만, 스스로 조심하는 과정에서 권력은 합리적으로 또 효율적으로 민중을 감시할 수 있게 된다.

사방에 감시탑을 세우고 규율과 훈련으로 질서를 유지해 온 근대 권력 아래, 학교는 정렬을 강요하며 시간표에 따라 수업을 진행하고 군대는 명령과 복종만으로 조직의 질서를 유도한다. 또한 공장은 엄격한 시간 통제로 작업을 진행한다. 규격화는 성생활에까지 영향을 주어 출산율과 인구까지 관리한다. 푸코는 이런 식의 규격화를 '생체 권력'이라 하고, 직접 힘을 휘두르는 전근대적 권력을 '죽은 권력'이라 했다. '생체 권력'은 스스로 자신을 훈련하게 해 질서를 받아들이고 지시에 따라 살아가게 만든다. 그는 중앙 감시 장치로 권력이 발전해 온 것처럼 근대 과학과 예술, 철학도 마찬가지라고 설명한다.

새로움이란 효율성의 향상에 불과하다. IT와 AI의 발전으로 개인의 일거수일투족은 이제 어디서든 완전히 파악된다. 과학이 발달할수록 권력은 감시 능력을 더욱 증폭시킬 것이다. 모든 개인이 감시되고 현금 사용 또한 모두 전산화되어 단 한 푼의 향방까지도 감시의 대상이 된다. 지는 권력의 것이었고, 지금도 그러하다.

이러한 권력을 좋다, 나쁘다 이분법적으로 양분하긴 어렵다. 독재자에게 악용되면 '빅 브라더'의 감시 아래 개인의 자유가 박탈당하는 최악의 결과를 낳을 테고, 반대로 전 세계를 마비시킨 전염병 사태에 대처한 우리의 경우처럼 이 미시적 권력으로 좋은 결과를 만들 수도 있다.

시대마다 달라지는 '정상'과 '이상'의 개념

'절대 진리'가 날아가 버린 상황에서 이제 그것이 뜻했던 이성사적 의미를 되묻지 않을 수 없다. 푸코가 인간의 본질에 다가서기 위해 시대별 에피스테메가 무엇이었는지 파고들었던 것과 같은 이유에서다.

'사랑이 무엇이냐'라는 유행가 가사처럼 푸코는 '정상이란 무엇이냐'를 물었다. 푸코의 눈은 날카로웠다. '정상(正常)과 이상(異常)'의 분류 방식을 인간 문제 또는 사회 과학의 중심축에 두고 민중의 실태를 관찰했다. 많은 사람들에게 하나의 개념이 '정상'임을 믿게 하려면 그 이면에 일반인이 알아서는 안 될 사실은 감춰야 하고, 사회적 통념이나 권력의 의지가 숨어 작동해야 한다.

정상과 이상은 당장 구별할 수 있고 시대를 초월하여 구별 가능한 기준이 있는 것으로 생각하지만, 사실은 그렇지 않다. 그는 질병과 성도착, 범죄의 정의가 시대마다 달라진 점을 예로 들었다. 중세에는 종교적 이유로 정상적인 사람이 정신 병원에 수감되는 일이 많았다. 사회적 통념과 권력의 잣대가 정상을 이상으로 취급했던 것이다.

푸코는 성과 정치, 광기(狂氣) 등은 전문가들이 자신의 지배적 영역을 확보하기 위해 전문 또는 기술적으로 악용해 온 분야라고 했다. 이런 문제를 다루는 전문가 그룹이 더욱 확대되고 권력화되면서 사회 구조를 형성해 왔다는 것이다.

예를 들어 푸코의 『광기의 역사(Histoire de la folie à l'âge classique)』는 권력이 광기를 어떻게 이용했는지 예리하게 보여 주는 명저이다. 광기란, 넓게 해석하면 정상이 아닌 것이고 정상 사회에서 광인은 받아들여지지 않는다. 이상한 사람으로 관찰되고 진단되면, 광인이라는 이름을 붙여 감금이란 방식으로 사회로부터 분리시킨다.

17세기에는 절대 권력을 유지하기 위해 대규모 감금이 빈번하게 일어났다. 유럽의 경우 가난뱅이, 게으름뱅이, 거지, 성병 환자들은 정신병으로 몰려 일제히 감금되곤 했다. 푸코는 광기를 의학적 진단의 결과라기보다 유럽 역사에서 의도적으로 만들어진 현상이라고 보았고, 시대마다 그 의미도 달라졌음을 관찰했다. 예컨대 고대에는 광기에 높은 가치를 부여해 때로는 광인을 신으로까지 추앙했다. 고대 그리스 신전에는 광기 있는 여성이 신녀가 되어 중대한 예언도 하고 수학 문제까지 제시했다. 한국 사회에서도 신들린 무당은 신에 가까운 존재로 여겼다.

르네상스 시대에는 이성과 광기가 혼연일체되어 있었다. 17세기 전반에 유럽이 '광인의 대감금 시대'를 겪은 후, 18~19세기 들어 과학의 발달로 비로소 정신병이 규명되었고 환자는 분리되었다. 정상인들은 감금에서 풀려났다. 영국과 프랑스는 광인의 해방과 광인의 사회 복귀를 정신 의학자에게 담당시켰다. 푸코는 그 변화 과정에 주목했다. 비록 광인들이 감금에서 벗어났다고는 하지만, 해방이 아니라 정신 병원이란 새로운 이름의 시설에 수용된 것일 뿐이었다.

정상과 이상을 분별하는 일은 생각보다 어렵다. 정상과 이상은 별개로 독립적으로 확립된 개념이 아니기 때문이다. 오히려 이상에서 정상을 엿보게 한다.

권력과 성(性)이 빚어낸 그림자를 보라

푸코는 성에 대한 담론에서 '성에 관한 관심도는 시대 상황을 보여주는 것이고 그 변화 양상은 사회 분위기의 중요한 지표가 된다'고 했다. 권력과 성이 빚어낸 그림자를 보고 시대 양상을 분석할 수 있다는 것이다. 스스로 밝혔듯이 그는 동성애자였고 에이즈로 죽었다.

인간의 성에 대한 태도는 문명의 발전사처럼 유아기, 소년기, 성년기로 구분된다. 그리스 시대에는 남색(男色)을 사회 현상으로 허용했다. 르네상스 시대에 들어서며 다시 그리스 시대의 성으로 되돌아가려 했으나 남색만은 금지되었다.

중세에는 여성을 육신도 성도 없는 개체로 여겼다. 빅토리아 시대에도 '성(sex)'은 함부로 입에 담을 수 없는 것이었다. 여성은 부엌일 하듯이 아무 즐거움 없이 부부 관계를 치렀다. 반면에 길거리에는 어디나 창녀가 넘쳤다. 정상적인 부부 생활이 무시되면서 오히려 억압된 성이 왜곡되어 나타났다. 빅토리아 여왕 시대를 우아한 영국의 전성기라고 하지만, 실상은 억압된 성과 매춘부가 득실대던 시기였다. 불과 150여 년 전의 일이다.

얼마 전까지만 해도 한국인의 성에 대한 관념도 이와 비슷했다. 여성은 가족 이외의 남성을 똑바로 마주볼 수 없었다. 한복이 우아하다 자랑하지만 치마를 가슴까지 끌어올려 치마끈으로 젖가슴을 눌러 여성다운 몸매를 감추어야 했다.

주기론자 서경덕(徐敬德, 1489~1546)과 황진이(黃眞伊, ?~?)에 관한

고요한 마당의 댓돌에 나란히 놓인 남녀의 신발로 성을 표현했다.

신윤복의 「사시장춘」, 18세기경.

야사도 당시의 성의식을 뚜렷이 보여 준다. 서경덕은 당대 최고의 도학자로 이름이 높았다. 그러나 성에는 전혀 관심이 없었다. 오직 정신 수양에만 몰두하며 살았다. 이를 전해 들은 황진이가 서경덕에게 관심을 두었다. 황진이는 문장과 악기, 노래(창)와 춤 등에 능한 조선시대 최고의 엔터테이너였다. 절색의 미모를 갖춘 기생으로 그녀에게 반하지 않은 사내가 없었다.

청나라는 조공국 조선이 언제 변심할지 몰라 요즘 말로 정보원을 보내 조선의 민심을 조사하고 있었다. 한 정보원이 황진이에게 서경덕을 유혹할 수만 있다면 거금을 주겠다고 제의했다. 황진이는 밤중에 흰옷을 입고 비를 맞으며 서경덕의 집을 찾아갔다. 그러나 그는 거들떠보지도 않았다. 그러나 밤중에 비를 피해 들어온 사람을 내쫓을 수는 없어 방 한구석에서 자고 가는 것만 허용했다. 그녀는 밤중에 여러 번 서경덕에게 접근하려 했지만, 그는 책만 읽을 뿐 전혀 상대해 주지 않았다.

결국 황진이는 그에게 전후 사실을 고백하고 한 번만이라도 안아주기를 청했다. 서경덕은 흔쾌히 승낙하고 황진이를 안으려 했다. 그런데 하필 그때 감나무에서 홍시가 떨어졌다. 이를 본 서경덕이 "잠깐!" 하고는 갓을 쓰고 나가 홍시를 주워 들고 들어와 우선 이것부터 먹자고 했다. 안는 것은 언제라도 할 수 있지만, 홍시는 그냥 두면 먹을 수 없게 된다는 것이었다. 황진이는 완전한 패배를 시인하고 그에게 엎드려 절하며 "제가 졌습니다"라고 고백하고 돌아갔다.

이 이야기를 전해 들은 청나라 정보원은 본국에 돌아가 조선은 안심해도 좋다고 보고했다. 억압적이고 '동방예의지국'에만 매여 있는 사람들이니 절대 조공국에서 벗어나지 않을 것이라고 전했다.

황당하긴 하나 조선의 냉 사회적 분위기를 잘 말해 주는 이야기다. 성에 관한 시대적 양상은 표면적으로는 법의 집행을 통해 형성되는 것 같지만 그렇지 않다. 내면적으로 구성원 전체가 서로 공유한 관습과 지식, 수치심 등이 상호 작용을 하여 시대 양상이 만들어지는 것이다.

프랑스, 이성주의 전통을 세우다

프랑스는 데카르트 이후 이성주의 대국이 되었다. 프랑스와 독일은 학문의 전통이 아닌 학문의 내용에서 차이가 있었다. 독일의 경우 30년전쟁(1618~1648)으로 황폐화하여 19세기 초엽까지 대수학자가 나오지 않았다. 당연히 자유로운 담론의 풍조도 일어나지 않았다. 칸트와 헤겔 등 대철학자를 배출시킨 풍토였음에도 학문적 분위기는 프랑스와 판이했다. 그나마 괴팅겐대학에서 수학의 황제로 일컬어지는 가우스를 배출한 것으로 독일인은 위안을 삼았다.

그러나 그로부터 약 백 년 후, C. 클라인(C. H. Klein, 1849~1925)과 힐베르트 등 대수학자들이 나오면서 독일은 수학의 메카가 된다. 힐베르트는 수학기초론이란 깃발을 들고 수학의 현대화에 앞장섰다. 수학을 기초부터 다시 새로운 형식으로 재탄생시킬 목적으로 직접 미래 수학의 연구 대상(예상 문제)까지 마련했다. 이것이 유명한 '힐베르트의 예상 문제'로, 증명론이 중심이다. 그는 수학은 결국 '증명 덩

어리의 체계'가 될 것으로 예상했다. 그러나 그의 예측은 1931년, K. 괴델(K. Gödel, 1906~1978)에 의해 완전히 뒤집혔다. 괴델이 '불완전성 정리'에서 '수학은 그 체계 안에서 완전성(무모순성)을 증명할 수 없음'을 증명한 것이다.

그럼에도 힐베르트가 의도한 형식주의는 성공적이었다. 수학 세계는 힐베르트라는 거목이 세워 놓은 이론에서 풍요로운 열매를 맺었는데, 문제는 그 주류가 독일이 아닌 프랑스가 되었다는 사실이다.

독일산 거목에서 풍요로운 열매를 딴 프랑스

프랑스에서 구조주의 수학의 총본산인 부르바키(Burubaki)학파가 형성되었다. 수학자라면 그 학파에 소속되는 것만으로도 상당한 긍지를 느낀다. 세계 최고의 수학자 모임이기 때문이다. 돌이켜보면 최초의 구조론이 프랑스 사람 갈루아의 '군론(群論, group theory)'이었던 게 우연은 아닌 것 같다. 레비스트로스의 '친족 구조' 이론을 수학적으로 뒷받침한 베유도 그 멤버였다. 그의 누이동생 S. 베유(S. Weil, 1909~1943)는 '억압된 사람에 대한 사랑과 실천'으로 오빠 A. 베유보다 더 많이 알려졌다.

레비스트로스를 구조주의 창시자로 여기는 사람이 많지만, 필자는 언어학으로 구조주의의 문을 연 소쉬르가 구조주의의 시초라고 생각한다. 소쉬르의 인식론적 이분법이 레비스트로스의 심층과 표층 구조 이론에 영향을 주었다고 보기 때문이다. 다만 소쉬르는 자신의 이분법의 사상적 사정거리를 의식하지 않고 언어 분야에만 집중했고, 레비스트로스는 분명하게 그것을 의식해 구조주의의 시야를 넓혔다. 레비스트로스 이후 구조주의 학자들은 미국 출신 언어학자인 촘스키를 제외하고 대부분 프랑스계(系)다.

부르바키학파는 원칙적으로는 비밀 조직이다. 누가 회원인지 공개하지 않는다. 회원은 엄격한 자체 심사를 통해 선발된다. 일단 나이가 들었다고 판단되면 가차없이 퇴출시킨다. 그들은 1948년 이후 1년에 한두 번 유럽의 명승지에 모여 호화로운 세미나를 열며, 구조주의 입장에서 수학의 전 분야를 재편성하는 최고 수준의 책을 출간해 왔다. 모든 발표와 논문, 저서 등은 니콜라 부르바키(Nicholas Bourbaki)라는 필명으로 발표해 왔다. 현재로는 2016년, 대수적 위상수학에 관한 내용이 담긴 『Topologie Algébrique: Chapitres 1 à 4』가 마지막으로 출판한 저서이다. 레비스트로스와 그의 뒤를 이은 후기 구조주의 학자들까지도 부르바키학파와 직접 혹은 간접적으로 밀접한 관계를 맺었다.

부르바키학파가 왜 프랑스에서 형성되었을까

부르바키학파가 왜 힐베르트를 배출한 독일이 아니라 프랑스에서 형성되었을까? 좀 이상하다. 우연인가? 아니면 필연인가? 사고의 흐름을 좇다 보니 수학과 직접적인 관련이 없는 에펠탑이 떠오른다.

에펠탑은 철근만으로 조립된 우아한 탑으로, 구조주의 건물의 상징이다. 1889년에 프랑스 대혁명 백 주년 기념 파리 만국박람회를 맞아 건립된 철골 탑이었다. 시기적으로는 힐베르트가 세계수학자회의에서 수학 예상 문제를 발표한 때와 일치한다.

갈루아 이론과 부르바키학파, 구조주의를 촉발한 실존주의 사상, 에펠탑 등이 모두 파리에 모여 있는 것은 결코 우연이 아니다. 7부에서 구조주의 역사관인 원형론을 논하며 원형과 문화의 관계를 언급하겠지만, 민족 또는 공동체의 문화는 원형에서 파생되고 이들 사이에는 정합성이 형성된다. 사상, 수학, 건축물, 지식인 집단 등이 분야마다 차이는 있어도 같은 문화 의식을 드러내는 것이다.

철골탑인 에펠탑과 구조주의는 같은 문화 의식을 드러냈다.

사르트르 이후 프랑스 구조주의는 R. 바르트(R. Barthes, 1915~1980), 정신 의학자인 J. 라캉(J. Lacan, 1901~1981) 등으로 이어졌다. 후기 구조주의자로 지목된 푸코도 다양한 분야를 섭렵하며 '인간에 관한 지식과 정신'을 관찰했고, '지의 힘'을 중시했다.

영국의 경험주의도 대륙의 합리주의와 표면상으로는 대립하는 듯 보여도 결국 '이성'에 귀착된 점에서는 같다. 영국의 F. 베이컨(F. Bacon, 1561~1626)도 '지의 힘'을 신봉했고, 경험주의자 G. 버클리(G. Berkeley, 1685~1753)와 D. 흄(D. Hume, 1711~1776) 등도 경험과 이성을 중시한 철학자들이었다.

인간은 이성이라는 색안경으로 대상을 보고 있다. 이성은 시간과 공간의 색안경이며, 모든 경험을 '언제, 어디서'라는 틀로 나타낸다.

이성의 철학자 I. 칸트(I. Kant, 1724~1804)도 『순수이성비판(Kritik der reinen Vernunft)』『실천이성비판(Kritik der praktischen Vernunft)』『판단력비판(Kritik der Urteilskraft)』 등의 저서를 통해 인식의 문제를 축으로 이성의 한계를 물었다. 이성주의 철학의 시조인 데카르트와 달리 칸트는 비판의 관점에서 이성과 비이성을 분리하여 철저하게 이성의 한계를 추구했다. 칸트의 주장은 천동설에서 지동설로 바꾼 코페르니쿠스적 전환에 빗대어졌고, 이성은 비이성의 한계점 직전까지 철저하게 분석되고 해체되었다.

철학자는 크게 두 부류로 나뉜다. 철학적 문제를 혼자 생각하고 그 답을 모색하는 사람이 있고, 자신의 철학적 문제보다 철학사를 중심으로 생각하는 전문적 철학자(교수) 집단이 있다. 칸트는 이 두

유형을 겸한 최초의 철학자였다. 데카르트와 스피노자, 라이프니츠 등 대륙합리주의 철학자들은 전문 교수는 아니었다.

철학은 수학뿐만 아니라 학문적 창조와 밀접한 관계가 있다. 부르바키학파의 경우 데카르트 이후의 합리주의 전통에서 형성되었지만, 그렇다고 데카르트에서 시작된 이성철학이 방법론에서 부르바키학파와 구조주의자를 형성하게 된 것은 아니었다. 하지만 독일은 칸트의 문화적 영향으로 헤겔, 괴테, 베토벤 등 철학, 문학, 예술 분야의 여러 거장들이 등장했고, 이는 프랑스도 마찬가지였다. 이 거장들은 국가를 민족과 동일시하기보다 보편적 인류의 진보를 중시했다.

조선의 지적 전통과 이성

그렇다면 조선은 어떠했을까? 안타깝게도 조선의 학풍에 이성주의는 없었다. 지적 전통 없이는 학자도 철학도 배출되기 어렵다.

주자학이 국민의 뼈와 살(骨肉)이 되었지만, 우리의 전통 철학은 중국의 철학을 수용한 뒤 원리주의로 흘러, 오히려 본고장 중국보다 더 경직되었다. 중국에서 성리학(性理學)은 크게 이정자(二程子: 정호(程顥, 1032~1085), 정이(程頤, 1033~1107))와 주자로 이어진 주자학(朱子學)과 육상산(陸象山, 1139~1192), 왕양명(王陽明, 1368~1661)으로 이어지는 육왕학(陸王學) 또는 양명학(陽明學) 이 두 파로 갈렸으나, 조선은 원리주의적으로 주자학 일변도였다. 그것도 예학(禮學)이 중심이 되어 다른 파는 사문난적으로 역적 취급을 받았다. 고질화된 일변도의 사고 아래서는 정통파만 존중을 받는다. 이런 풍조는 유연해야 할 정치와 외교에도 그대로 반영되었다.

철학을 중심으로 한 보편성에 대한 담론 대신, 안타깝게도 한반도에는 정권 중심의 불모의 당파 싸움만 있었다. 조선 시대의 훈구파와 사림파의 대립 등 사색당파에서 벌인 주장들은 국가이성을 위한 것이 아니었다. 누가 승리하든 민족의 진로와는 상관이 없었고, 핵심은 권력 추구에만 있었다. 이성이 뿌리내리고 꽃피우려면 지식 사회가 적극적으로 지적 참여의 전통을 세워야 한다. 그래야 민족(국가)의 원형에 이성적 요소가 정착된다.

우리가 바라는 국가이성은 하루아침에 뿌리내리지도, 성장하지도 않는다. 시민의 이성이 자라야 국가이성도 성장한다. 프랑스의 대학 입시인 바칼로레아(baccalaureate)를 보자. 바칼로레아에 제출된 논술 문제는 늘 프랑스 국민들에게 화제가 된다. 그 가운데 아직도 기억에 남는 논제는 '시간은 창조적인가 파괴적인가?' '정치에 윤리성이 필요한 것인가?' 등이다. 해마다 바칼로레아 논제가 발표되면 입시생들뿐 아니라 전 국민들이 관심을 갖고 서로 토론과 논쟁을 벌인다. 마치 소크라테스 시대에 광장에 모여 토론했던 그리스 시민들처럼 프랑스인들도 국민적 토론을 즐긴다. 이것이 프랑스적 담론의 전통이다. 프랑스는 보편적 이성을 존중했고, 그 전통은 학문으로 이어져 구조주의와 후기 구조주의까지 탄생시켰고 계속 새로운 이성 세계를 넓혀가고 있다.

이성의 싹은 프랑스든 한국이든 세계 어디든 일관되게 수학(이성)에서 출발했다. 프랑스는 데카르트의 해석기하의 발견으로 이성철학이 왕성하게 논의되었고, 고유한 문화의 흐름을 만들었다. 이와 달리 한반도에서는 수학과 이성철학이 무시되었다. 학문을 중시했던 풍조는 결코 프랑스에 뒤지지 않았으나, 스스로 이성을 자각하려는 의욕이 권력 앞에 숨을 죽였다. 조선 시대의 정치 담론은 대부분 예(禮)를 명목으로 '국장(國葬) 기간'이라든지 '세자의 계승 문제' 등 당파의 세력 확장에만 집중되어 있었다. 게다가 중국에 대한 사대로 인해 '창조성과 국가이성'의 수립은 기대하기 어려웠다.

우리가 믿어야 할 것은 정치나 이데올로기가 아니다. 진보나 보수의 파벌은 더더욱 아니다. 오직 민족 차원의 이성 교육일 뿐이다. 우리 원형에 내재된 원리주의 즉, 헤게모니를 쟁취하기 위한 정치 참여와 분열주의에서 벗어나, 그 궤도를 수정하려면 이성의 의미를 바로 세우는 길밖에 없다. 이성을 복구(르네상스)하려면 수학과 철학, 특히 인문학이 융합된 교양 교육이 강조돼야 한다.

왜 개인의 이성이 국가이성으로 집약되지 않을까?

어떤 형태로든 한반도에 통일의 기회는 올 것이다. 그러나 이성이 결여된 원리주의적 성향을 개선하지 못한다면 과거의 좌절은 정해진 궤도를 가는 열차처럼 계속 되풀이될 것이고, 분열과 충돌은 피하지 못할 것이다. 먼저 시민의 이성이 국가이성으로 집약되어야 한다.

개인의 수준과 민족의 수준은 다르다

전두환의 군사 반란 이후, 김대중 전 대통령이 수감되어 사형 판결을 받았을 때의 일이다. 사형 집행을 막기 위해 국내외의 수많은 저명한 지식인들이 마음을 모았고, 하버드대학의 E. 라이샤워(E. O. Reischauer, 1910~1990) 박사가 그 선두에 섰다. 라이샤워 박사는 1960년대에 주일 미국 대사를 역임한 외교관이자 언어학자로, 한국어의 로마자 표기법(매큔라이샤워 로마자 표기법)을 만드는 등 한국과 일본의 문화에 깊은 관심을 가졌던 인물이다. 당시 그가 한 말이 지금도 생생하다.

> "한 나라의 정치 수준은 국민의 수준을 반영한다는데, 한국 국민의 수준이라면 지금보다 훨씬 수준 높은 정치를 할 수 있어야 마땅하다. 그러나 현실의 한국 정치는 기대보다 수준이 훨씬 낮다."

그 말을 들으며 필자는 라이샤워 박사가 미처 알아차리지 못한 부분을 감지했다. 그는 한국인을 잘 알고 우수한 한국 사람들도 많이 만났지만, 한국인의 원형을 충분히 이해하지 못한 것이다. 일제 강점기에 많이 들었던 말 중에 "한국인 하나는 일본인 3명을 이길 수 있지만, 한국인 10명은 일본인 3명을 못 당한다"는 말이 있었다. 식민사관에서 비롯된 선동 즉, 프로파간다(propaganda)였다. 그러나 후에 필자는 이를 개인의 능력으로 보면 탁월하지만, 그 능력이 '국가이성'에 반영되지 못했음을 이른 것으로 해석했다.

개인으로 보면 한국인은 일본인보다 우수하다. 체격도 좋고 체육도 세계적인 수준이고, 외국 학계에서 활약하는 훌륭한 학자나 세계에서 인정받는 예술가도 많다. 이들 개인의 능력이 산술적으로 민족의 원형에 반영되어야 하는데, 현실은 그렇지 않다. 개인의 능력이 원형에 여과되면서 오히려 부정적으로 나타나는 경우가 많다.

특히 정치가 그렇다. 한국은 우수한 대학도 많고 학생의 능력도 뛰어날 뿐만 아니라 열의도 있고, 정치에 대한 국민의 관심도 대단히 높다. 그렇다면 정치가 발전해야 할 것인데 현실은 그 반대이다. 왜 그럴까? 필자는 그 이유를 우리의 원형 때문으로 본다. 정치는 집단 행위이기 때문에 원형이 어김없이 반영된다. 라이샤워 박사가 본 한국인은 주로 개인으로서의 한국인이었지, 현실 정치를 지배하는 다수의 집단무의식은 아니었다.

주시해야 할 것은 진보와 보수가 아니라 분열하는 원형이다

필자가 정년 퇴임을 앞둔 1980년대 말과 1990년대 초의 대학 캠퍼스는 '투쟁' '타도' 등의 구호와 대자보, 꽹과리 소리로 종일 요란했다. 전 세계의 학생 운동은 처음에는 수염이나 장발 단속에 반발한 단순한 반사회 운동에서 시작되었으나 점차 운동의 초점이 달라졌다. 1968년을 정점으로 프랑스와 독일, 미국 등 세계 곳곳에서 '68혁명'이 벌어졌다. 젊은이들은 기성세대의 위선적인 권위와 제도에 반기를 들고 베트남 전쟁과 남미의 독재 등을 비판하며 정의와 공정, 인권 향상을 부르짖었다. 한 세대의 가치관이 바뀐 것이다.

필자는 '68혁명'을 미국에서 직접 겪었다. 그래서 80년대 말에 한국의 대학 캠퍼스들이 꽹과리 소리와 쓰레기로 가득한 것을 보고 얼핏 과거의 '68혁명'을 떠올렸다. 그러나 우리의 대학들은 서구의 대학들과 많이 달랐다. 이성은 그림자조차 감지되지 않았다. 학생들은 현실의 '모순'을 토론해 보려는 노력보다 '평천하(平天下, 정치 참여)'에 더 관심을 두었다. 그들은 기득권에 대한 질투와 반감을 조장한 극단적 논리로 무장했고, 위선적인 화법 일색이었다. 꽹과리 소리는 도깨비들이 벌이는 샤머니즘의 소란 같았다. 운동권은 조선 시대의 당쟁처럼 동인, 서인, 남인, 북인 대신에 주사파, ML파, 주체파, 사노맹 등으로 갈렸다. 진보와 보수의 분열 이상으로 타협하기 어려운 대립 구도였다. '원리주의' '일색주의'의 편협성에 함몰된 점에서 조선 시대의 사색당파와 전혀 다르지 않았다.

조선 시대의 정치 논란(당쟁)이 국가이성이나 국가의 대내외적 이익을 위한 것이 아니었듯이, 수십만 명이 광장에서 집회를 벌이며 나라를 갈라놓기까지 한 것도 세(勢)몰이에 불과했을 뿐, 어떠한 지적 요소도 없었다. 철학이나 논리 또는 민주주의의 본질을 논하는 장으로 발현되기를 바라는 마음이 간절했다.

운동권의 분열을 보며 '혁명가의 성공 이후의 감투는 노동자의 임금과 동질'임을 간파한 독일의 실증주의 역사가 L. 랑케(L. Ranke, 1795~1886)가 떠올랐다. 필자는 해방 이후 일부 정치인들이 독립운동의 노력에 비해 높은 감투를 쓴 것을 많이 보았다. 과분한 보상이었다. '애국자'나 '운동가'라는 언어 마술 때문에 생긴 현상이었다. 우리의 원형은 정의감을 감투욕으로 바꾸는 마술을 곧잘 부린다.

철학이 없는 학문은 방법만 중시한다는 점에서 본질적으로 자동차 운전면허 시험이나 다를 바 없다. 법대생이 입학과 동시에 고시 준비에만 매달린다면 '돈, 감투, 명예'라는 당장의 현실만 바라보는 것이다. 젊음의 낭만도 없고, 지적 교양을 쌓을 겨를도 없으니 학문의 즐거움과는 거리가 멀다. 결국 비이성적인 정치 지망생 내지는 운동권만 대량 생산하게 되니 국가적으로 큰 손실이 아닐 수 없다.

원형에 대한 성찰이 없는 한, 미래에도 이 문제는 계속 되풀이될 수밖에 없다. 다시 말해 권력을 누가 잡든 결국은 '내로남불'이 되고, 이는 정치적으로는 절대 해결될 수 없을 것이다. 오직 '이성의 부재'를 깨우치고 교육으로 해결해야 이 문제가 근본적으로 풀릴 것이다.

조선 시대와 현대의 지적 엘리트

항목 \ 시대	조선 시대	현대
학문 대상	주자학	시험 과목
수단	과거 급제	입시, 고시
목적	양반, 평천하	출세, 정치 운동
공통성	'돈, 명예, 출세'의 삼위일체, 원리주의적, 교양 경시	

서학(西學)과 난학(蘭學)이 들어와도 왜 조선만은 변함이 없었나?

이성의 부재가 왜 한국인에게 큰 문제가 된 것일까? 구조주의 학자들은 인류는 하나의 종에서 출발했다고 밝혔고, 인종이나 민족 간에 이성에 관한 한 우열이 없음을 확인했다. 단순한 셈이나 자와 컴퍼스를 이용한 도형 등 기초적인 능력을 필요로 하는 범주에서는 민족이나 인종 간에 차이가 전혀 없었다. 수학의 기본 개념인 이상한 실체 즉 0, 一, 점, 무한 등의 발견과 활용도 문명권마다 나름대로의 방식으로 성취해 냈다.

이성적 열정에 관해서도 그리스 철학자가 '로고스의 길에서 죽을 수 있다'고 부르짖었다면, 공자는 '도(道)의 깨우침을 얻기 위해 죽을 수 있다(『논어』)'고 했다. 진리를 위해 목숨을 바칠 수 있다는 마음가짐에서도 서로 차이가 없었다. 다만 서양은 로고스의 비교와 대립을 논하는 논리의 길을 택했고, 동양은 조화와 중용의 길을 택했을 따름이다. 그런데 그 작은 차이가 결과적으로, 서양에는 '이성주의'를 등장시켰고, 동양에서는 세상의 본질은 알 수 없다는 '불가지론'의 철학을 갖게 했다.

중국과 일본, 서양 철학으로 출구를 찾다

17세기 서양은 르네상스를 겪으면서 이성의 꽃을 피웠다. 스콜라 철학의 마지막 전성기와도 부분적으로 겹쳐, 이성적인 사유로 기독교를 이해하려던 철학의 흐름이 그리스 철학, 특히 아리스토텔레스의 생물적 물질관과 결합했다. 서양 철학은 이성이 인간의 본질을 생각하는 능력이며, 인간만 가진 유일한 것임을 밝혔다. 이를 바탕으로 인간은 이성으로 환경을 해석했고 새로운 수학과 철학을 계속 등장시켰다.

그러나 논증의 방법은 공동체의 미학과 습관에 따라 달랐다. 프랑스와 독일, 네덜란드 등 대륙 합리주의자들은 사유를 통한 이성으로만 세계를 명확하게 설명할 수 있다고 믿었다. 스피노자, 라이프니츠 등 화려한 천재들이 빛나던 시대였다. 한편 산업화를 일찍 경험한 영국은 J. 로크(J. Locke, 1632~1704)와 흄 등의 경험주의자들은 경험으로 이성을 얻을 수 있다고 생각했다.

이 무렵 중국에는 서학(西學)이 들어오고 일본에는 난학(蘭學)이라는 이름의 서양 학문이 싹을 틔웠다. 근대의 도래는 서양에 비해 시기적으로 늦었지만 그들은 열심히 그 뒤를 좇았다. 그러나 유독 조선만은 끝까지 성리학 일변도였다.

일본은 서양 철학을 받아들이는 데 매우 적극적이었다. 근대화 바람이 불면서 학교도 여럿 세워졌다. 여담이지만 고등학교(대학 예과)에는 '데칸쇼부시(デカンショ節)'라는 노래(타령)가 생겨났다. 대학 예과에서는 철학 공부만 한다는 뜻이었다. '데카르트, 칸트, 쇼펜하우어로 반년을 보내면 나머지 반년은 잠자코 지낼 수 있다'는 장난스러운 가사의 합창곡이었다. 당시 학생들의 지적 경향을 보여주는 것이다. 일본은 서양 교육을 수용하면서 철학을 중시했다. 근대화의 발판이 서양 철학임을 깨닫고 고액을 주고서라도 저명한 교수를 모시려 애썼다.

중국 혁명의 아버지 쑨원(孫文, 1866~1925)도 서구의 여러 나라가 국민 국가로 발돋움한 데는 철학이 큰 역할을 했음을 깨닫고 서양 철학을 먼저 익혀야 한다는 신념을 가졌다. 그는 영국의 러셀과 미국의 J. 듀이(J. Dewey, 1859~1952) 등 일류 철학자들을 교수로 초빙했다.

당시 중국과 일본은 경제적으로 넉넉하지 않았다. 일본은 세금 때문에 딸을 기생집에 파는 일이 흔했을 정도로 경제가 어려웠고, 중국도 거리에 굶어 죽은 시체가 방치되어 있었을 만큼 가난한 때였다. 국가는 가난했어도 그들은 장관급의 몇 배나 되는 보수를 주면서 철학 교수들을 초빙했다. 왜 그랬을까?

쑨원은 평생 혁명에 몸을 바치면서도 중국인은 '쟁반에 흩어진 모래(一盤散沙)'와 같다며 한탄했다. 고대 요순 시대 이래 중국인들은 변함없이 격양가(擊壤歌) 사상에 젖어 있었다. 격양가란 '스스로 땅을 갈아 밥을 먹고 우물을 파서 물을 마시니 권력은 필요 없다'라는 내용의 노래로, 국가와 민족에는 관심이 없다는 사상이었다. 중국은 영토가 워낙 넓고 인구도 많고 언어도 지역마다 다르다. 하나의 근대 국가를 수립하는 것은 도저히 불가능해 보였다. 근대화란 결국 국민 국가가 되는 것인데, 흩어진 모래알 같은 민심으로는 하나의 국민으로 뭉치게 할 방법이 없었다. 그런 상황에서 쑨원은 서구의 철학 사상에 주목했다.

루쉰(魯迅, 1881~1936)도 중국인의 민족병을 한탄하며 경종을 울린 거장이었다. 그는 일본에서 의학 공부를 하던 중 일본군이 촬영한 기록 영화를 보게 된다. 일본 군인이 어느 중국인에게 스파이 죄목을 씌워 목을 치는 장면이었다. 그가 충격을 받은 것은 일본군의 잔인성보다 그것을 한낱 구경거리로 여기는 동족의 태도였다. 쑨원이 말한 대로 중국인은 '흩어진 모래'였다. 루쉰은 혁명에 앞서 민족성 개혁의 시급성을 통감하고 동족의식이라고는 없는 중국인의 '민족병'을 치유하는 계몽가로 변신했다. 쑨원은 현직 의사였고 루쉰은 의과 대학생이었지만, 둘 다 외국에서 조

서양 철학을 적극적으로 도입한 쑨원.

국의 현실을 깨우치고 '개인의 병보다 민족병'을 치유하기 위해 계몽가와 혁명가로 삶의 방향을 바꾸었던 것이다.

로고스적 지성에 여과되지 못한 전통 사회의 가치관

중국과 일본이 전통 사회를 성찰하고 그 탈출구를 서양 철학 즉 이성의 존중에서 찾았으나, 한국은 사상적 근대화를 시도하지 못했다. 해방 직후 한국은 국대안(國大案) 반대 운동(1946년, 국립대학안에 반대하여 일어난 동맹휴학사건), 6·25전쟁 등으로 철학에 접근할 기회는 물리적으로도 거의 불가능했다. 여러 차례 교육 개혁이 이루어졌으나 시험 제도를 중심으로 시행착오만 거듭했을 뿐, 본질적으로 민족의 정체성과 이성에 관해 고민하고 토론하는 것과는 관련이 없었다. 그 결과, 오늘날까지 이성철학이 뿌리내리지 못하고 있다. 참으로 안타까운 일이다.

하나 더 거론하자면, 일반적으로 외국의 학파는 학문적 이론이나 특징적인 방법론에서 형성된다. 수학의 부르바키학파, 경제학의 개량주의학파 등 모두 고유한 철학과 새로운 방법으로 대상을 파헤친다. 그런데 한국의 학파는 학문의 내용과는 관계없이 인적 관계로만 형성되어 왔다. 극단적으로 표현하면 기술적 도제(徒弟) 관계나 다름없었다. 원래 조선의 유학도 영남학파, 기호학파 등으로 나뉘어 '이(理)가 먼저, 기(氣)가 먼저' 등 차이를 보이기는 했으나 결국 스승과 제자 또는 지역 중심으로 정치 세력화됐다. 그러한 경향이 '학연'이라는 선진국 어디에도 없는 독특한 말을 만들어 냈다.

정치도 마찬가지여서 정권 교체는 해도 정권 고유의 철학이 없다. 겨우 내놓는다는 것이 과장된 '구악(정적)청산'의 구호나 반일 구호뿐이었다. 이로 인해 민심은 더 분열되고 민족적 일체감은 형성되지 못했다. 전통 사회의 가치관이 로고스적 지성(철학)에 여과되지 못한 채 그대로 정치 참여 또는 데모(집회) 등을 과열시키는 데 기여해 온 꼴이 되었다.

결국 G20 가운데 한국은 교양으로서 철학을 경시하는 유일한 나라가 되었다. 유럽의 근대화가 변신론(辯神論, 스콜라 철학) 극복이라는 이성철학에서 비롯되었다면, 한국은 주자학을 극복하기 위해 고민해야 했고 현대철학으로부터 도전을 받아야만 했다. 그러나 안타깝게도 그런 일은 없었다. 그 결과 철학이나 정신적인 방향성에는 관심을 두지 못했다. 정권은 '국가의 미래'보다 정치적인 '구악청산'을 내세워 보복에만 신경을 써 왔다. 적폐청산은 '미라 찾으러 갔다 미라가 되는 격'으로 오히려 적폐를 증폭시켜 스스로가 청산의 대상이 되는 되풀이를 계속하게 된다.

한국이 당면한 오늘날의 위기는 철학, 특히 이성의 차원에서 재출발해야 한다.

PART 3

국가이성은 어떻게 강한 국가를 만드나?

제7부

한국인의 원형은 어떤 모습일까?

왜 민족과 집단에는 특유의 원형이 존재하나?

학문적인 전통이 정치 현실에 그대로 반영되듯이, 한 집단의 전통과 관습도 결국 그 집단의 원형에 귀착된다. 필자의 원형론은 공동체의 문화에 내재한 집단무의식을 표층과 심층으로 양분해 고찰하는 구조주의적 관점을 견지한다. 인문학과 자연 과학을 아우르는 구조주의적 사고의 틀이다.

처음에는 주로 문화적인 차이와 민족성의 원인을 밝히는 것이 목적이었는데, 이제 민족 집단(문화 공동체)의 표층과 심층의 관계를 구조적으로 관찰하여 민족과 집단이 가진 특유의 원형을 규명하는 단계에 도달했다.

언어학과 인류학 등에서도 대상의 본질에 철학적으로 접근하거나 차이의 원인에 관한 논의를 일체 무시한 종래의 문명 발달 개념에 조종(弔鐘)을 울리고, 전 인류를 하나로 보는 '지적 인간의 본질'에 대한 관심이 높아졌다.

문화 패턴을 보면 심층의 구조가 드러난다

인류학도 철학처럼 놀라움에서 시작되었다. 중동과 인도를 정복한 알렉산더 대왕과 동행했던 한 서기관은 지역에 따라 친족의 장례 방식이 다른 것을 보고 놀라 그 사실을 기록으로 남겼다. 장례식에서 부모의 시체를 먹는 부족이 있었고 불태우는 부족도 있었으니, 한쪽만 보고 자란 사람은 그 대립적 차이에 놀랄 수밖에 없다.

19세기 메이지 유신(明治維新)을 전후해 일본에 주재했던 영국 외교관과 학자들도 일본의 문화가 모국의 것과 정반대인 것이 의아했다고 세세히 기록해 두었다. 영국의 첫 일본 공사였고, 1862년부터 25년 가까이 일본에 머물렀던 E. 사토우(E. M. Satow, 1843~1929)는 "일본인은 두 발로 걷는 것 이외에는 모두 영국인과 반대로 한다"고 했다. 도쿄 대학에 초빙 교수로 부임해 일본 인문학을 창시했던 B. 체임벌린(B. H. Chamberlain, 1850~1935)도 일본 목수는 톱질이나 대패질을 할 때 당기고 미는 방법이 영국인과 정반대라고 했다. 영국인은 톱을 밖으로 미는 데, 일본인은 자기 앞쪽으로 당긴다는 것이다. 그는 이 사실이 '일본인의 문화 수용 방법을 상징한다'며 주목했다.

눈여겨보아야 할 것은 특수한 분야에서의 차이가 아니라 문화권 전체를 지배하는 패턴이다. 패턴을 파악하면 심층의 본질적인 구조가 드러난다. 표면에 나타난 관습과 생활 양식 등은 심층 구조와 모순 없이 유기적인 관계를 가지면서 형성된 것들이다. 대지성(大知性)은 자신의 관찰 대상이 지닌 인문·사회학적 의미를 파악하는 눈이 있다.

양자물리학의 창시자 N. 보어(N. Bohr, 1885~1962)는 '문화의 전통적 가치는 지역마다 다르지만, 이질적인 부분에서도 등질적 등가(等價) 기준을 발견할 수 있는 것'으로 보았다. 가령 알래스카의 이누이트족은 짐승 가죽으로 만든 옷을 입고, 이집트인들은 섬유로 된 옷을 입는다. 옷의 재질은 지역 환경에 따라 다르다. 그러나 옷으로 신체를 보호한다는 점에서는 같다.

이 등가성(等價性)에 대한 작업을 최초로 시작한 분야가 수학이었다. 예를 들어 $2a+3a=5a$라는 수식이 있다고 하자. a는 연필도 될 수 있고, 지우개, 책 등 뭐가 되든 상관이 없다. 본질은 '2+3=5'에 있다. 이 수식처럼 서로 다른 대상을 하나의 단위로 보는 것은 대수학을 의식한 영역으로, 비교적 최근의 일이다. 양식의 차이를 무시한 문화 해석 방법이다. 앞서 예로 든 장례 의식에서 부모의 시체를 먹든 태우든 종교적인 의미나 망자에 대한 경건함의 표현이라는 점에서 서로 다르지 않다.

물리학에서 보편적 물리 현상을 찾는 것도 이와 같다. 보어는 '여러 민족의 다양한 생활 배경에는 공통된 특성과 형식'이 있음을 간파하고, 인간의 심층 구조에도 등가성이 있을 것이라고 꿰뚫어 보았다. 요컨대 표층의 차이는 심층에서 동일시하는 등가 기준에 따라 결정되는 것이다. 물리학자가 이질적인 물질에서 공통된 현상을 발견해 내는 것처럼, 인류학자도 공동체 문화의 본질을 밝혀 낼 수 있을 것이라고 보어는 생각했다.

다양한 문화 사이의 공통점을 찾아 인류의 본질을 밝히는 일은 자연 과학과 인문·사회학 등 학문의 다름을 초월해 인간의 본질을 추구하는 것이다. 대상의 본질에 다가서기 위해서는 표면상의 차이보다 심층(무의식)의 가치관을 찾아야 한다. 부모의 시체를 어떻게 처리하든 방법의 차이는 고인에 대한 경건한 마음을 나타내는 표현의 차이일 뿐, 본질이 아니다.

문명의 발달은 본질적인 실체를 찾는 일이다

『실증철학 강의(Cours de Philosophie Positive)』로 잘 알려진 A. 콩트(A. Comte, 1798~1857)는 수학의 명문인 프랑스의 에콜 폴리테크니크 출신으로 수학, 화학, 물리, 생물, 정치, 도덕 등 전 분야를 섭렵한 학자였다. 그는 인류의 지적 진보를 다음 3단계로 구분했다.

제1단계, 종교와 형이상학이다.

제2단계, 신화의 철학적 개념을 파악하고, 논리의 연쇄를 통해 일관된 과학 체계에 이른다.

제3단계, 기호화된 현실의 신화를 전달한다. 신화는 인간을 둘러싼 세계 질서, 관계, 존재 이유를 밝힌다. 고대 과학이든 현대 과학이든 어느 것도 완벽한 진리가 아니다. 발전을 전제로 한 신화라는 사실적 역할을 할 뿐이다.

그의 3단계 이론은 지금도 설득력을 지닌다. 형이상학, 과학, 기호에 의한 신화(일관된 가설) 등 각 단계에서 보다 더 본질적인 실체를 찾는 일이 곧 문명 발달이라고 콩트는 생각했다.

그럼 인간의 본질적 실체는 발전적으로 변화했을까? 처음 지구상에 등장한 인류의 지능은 현대인의 지능보다 낮았을까? 그렇지 않다. 고대인의 지능은 본질적으로 현대인과 차이가 없었다. 하라리도 『사피엔스』에서 이 사실에 동의했다.

그가 쓴 내용에 따르면, 문화인류학자들이 호주 대륙과 남미, 멜라네시아, 아프리카 지역에 살고 있는 원주민들의 삶을 조사했는데, 그들 중 많은 숫자가 『성경』의 에덴동산을 방불케 할 정도로 여유롭게 살고 있다는 것이다. 하루 2시간에서 많아야 4시간의 노동으로 온 가족이 먹을 식량을 생산하고, 나머지 여가 시간에는 종교 활동이나 예술적 활동을 하며 보낸다고 한다. 그들은 마르크스가 상상한 공산 유토피아보다 더 유토피아적으로 살고 있었다.

현대 문명과 과학 발전이 인류의 행복으로 이어진다는 것은 하나의 신화에 불과한 것 같다. 과학 발전이 오히려 예전에 없던 재앙을 계속 일으키고 있다. 인류는 마실 물과 공기를 걱정해야 하고 핵, 미사일 등 대처 불가능한 공포 아래 놓이게 되었다. 인간의 이익을 위해 신의 전유물인 불을 훔쳤던 프로메테우스의 희생적 행위는 인간의 행복으로 이어지지 않았다. 문명 발달을 의식한 결과가 오히려 퇴보로 이어질 수 있음을 시사하는 부분이다. 현실적으로 핵, IT, AI 등에 아무런 기대를 할 수 없다.

새삼 인류가 문명 발달을 이룬 이유가 무엇인지 묻게 된다. 인간의 문제로 다시 돌아가 보자.

집단에는 특유의 보편원형이 있다

인간이란 무엇인가. 아리스토텔레스는 '인간은 사회적 동물'이라고 했다. 인간은 공동체를 형성하고 어떤 공동체에도 적응할 수 있는 능력이 있음을 의미한다. 언어 능력과 친족 구성 능력도 여기에 포함된다. 촘스키는 인간은 선천적으로 보편문법을 갖고 태어나 생후 5년이면 완전한 모국어 문법 능력을 갖게 된다고 했다.

개미와 벌, 철새들도 사회적 활동은 하지만 언어 능력은 없다. 언어 능력 없이는 창조 능력이 없어, 생물학적인 진화가 이루어진다 해도 문화를 형성할 수는 없다. 일부 유인원(類人猿) 사회에서 예외적인 사례가 보고되기는 했지만, 그 수준은 무시해도 될 만큼 미미하다. 오직 인간만이 언어 능력과 창조성을 문화 전반으로 확장할 수 있다는 것이 촘스키의 탁견이다.

촘스키의 잠재적 보편문법에 필자의 원형론을 적용하면 '모든 인간은 사회와 문화에 적응할 수 있는 보편원형을 갖고 태어난다'고 할 수 있다. 본능에 가까운 이 신비한 창조 능력을 필자는 '보편원형'이라고 명명하겠다. 인간이 어떤 사회에도 적응할 수 있는 것은 '보편원형'을 갖고 태어나기 때문이다. 언어의 경우처럼 유아기의 짧은 사회생활만으로도 인간이 해당 공동체의 원형을 지니게 되는 것은 이런 배경에서다.

사회적 적응 능력은 인간만 가진 것은 아니다. 새 떼나 바다 생물들도 큰 무리를 지어 행동한다. 수많은 개체들이 무리를 이루어 빠른 속도로 나아가지만 그들은 절대 서로 부딪치지 않는다. 질서 정연하게 지나가는 모습을 보고 있노라면 마치 무리 전체를 제어하는 하나의 거대한 능력자가 있는 것처럼 보인다. 종(種) 특유의 집단 본능 즉, 집단 원형의 존재를 감지할 수 있다. 그러나 그들에게 문화 창조 능력은 없다.

인간이 생태계의 정상에 도달한 것은 사회적 동물로서 고유한 집단 문화 창조 능력이 있기 때문이다. 수렵·채집 시대에도 인간은 이미 동물과는 다른 사회적 특성을 드러냈다. 사회를 이루고 정치 제도를 마련하며 다양한 문화를 형성하는 집단적 능력인 보편원형은 인간만이 가진 것이다.

1920년에 인도에서 늑대들에 의해 양육된 2살, 8살 정도의 여자아이들에 대한 관찰 보고가 세상을 놀라게 한 적이 있다. 버려진 이 아이들은 우연히 새끼를 잃은 어미 늑대를 만난 것으로 추측되었다. 두 아이는 어미 늑대에게 양육되면서 늑대의 언어와 습성을 익혔다. 낮에는 자고 밤에는 늑대처럼 울부짖었다. 서서 걷지 못하고 네 발로 기어다녔고, 밥도 늑대처럼 핥아 먹었다. 두 소녀가 살아가는 모습은 영국의 싱 목사 부부와 교육학자들의 관찰과 분석을 거쳐 과학적으로 설명되었다.

신생아 때부터 늑대 사회에서 길러진 두 소녀는 몸에 밴 늑대의 원형으로 인해 인간 사회로 돌아온 후에도 인간의 삶을 살지 못했다. 밤을 좋아하고 햇빛과 낮을 싫어했으며, 하루 3번 일정한 시간에 늑대처럼 울부짖었다. 보호자였던 싱 목사는 이 소녀들을 고아원의 다른 아이들과 함께 살게 했으나 서로 사귀지 못했다.

2살 아말라는 1년도 채 살지 못 했고, 8살 카말라는 9년 동안 지속적으로 교육을 받았지만 겨우 45개 정도의 단어만 알아들을 수 있었다. 일상생활에서의 발전이라고는 고작 식탁에 앉는 것일 뿐, 여전히 음식은 핥아 먹었다. 카말라는 끝내 인간 사회로 복귀하지 못했다. 공동체에 적응할 수 있는 잠재 능력, 곧 보편원형을 발달시킬 기회를 놓쳤던 것이다.

늑대 소녀들의 사례는 극히 예외적인 경우이나, 인간성 연구를 위한 귀중한 자료임에 틀림없다. 그 범위에서 판단한다면 인간은 발달 단계에 맞는 적절한 사회적 자극이 있어야 잠재적 적응 능력과 언어 창조성이 발현되는데, 이 기회를 놓치면 영원히 상실하는 것이다.

보편원형은 언어 능력처럼 일정한 나이 이전에 인간과의 접촉 경험으로만 발휘될 수 있고 공동체에 적응할 수 있게 한다. 아마도 언어의 경우처럼 5세가 그 한계일 것이다. 보편원형은 해당 사회에 적극 참여하고 문화 창조에 기여할 수 있는 잠재 능력이다.

왜 우리는 과학보다 기독교를 먼저 수용했을까

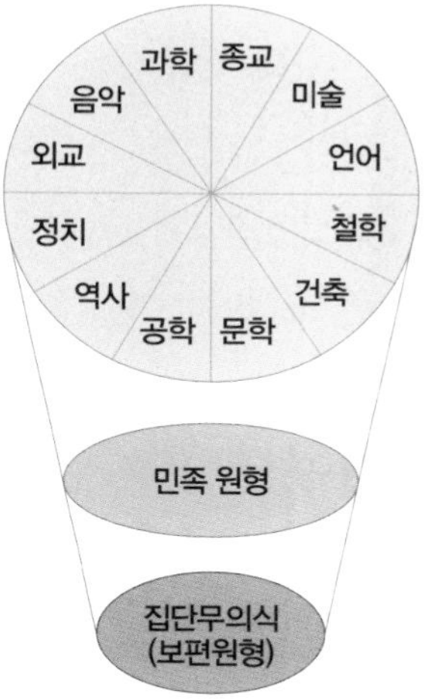

보편원형은 모든 문화권에 적용된다. 그러나 문화권의 성격은 서로 달라 이질적인 문화를 접했을 때 대립적 혹은 배타적이 되기도 하고, 때로는 친화적이 되기도 한다.

문화와 문명은 다르다. 전자는 토착성이 강하고 후자는 기계나 기술적인 요소가 많아 다른 문화권에 쉽게 이식된다. 문화나 문명이 전이될 때는 민족의 원형이 중요한 역할을 한다. 모든 민족은 문화 창조를 할 수 있는 보편원형을 가졌으나, 민족마다 고유한 집단무의식이 형성한 원형이 달라 이질적인 문화나 문명에 대한 수용과 저항의 강도 또한 서로 다르다. 특히 종교는 해당 지역의 풍토와 밀착되어 있어 다른 문화권에 저항 없이 전이되기가 어렵다.

이질적인 문화를 수용할 때는 갈등이 발생하고 그 정도에 따라 타협 혹은 배격 등의 반응이 나타난다. A. 토인비(A. J. Toynbee, 1889~1995)는 저서 『역사의 연구(A Study of History)』를 통해 다른 문화권에서 가장 수용하기 쉬운 분야가 의학과 군사학이고, 배격당하기 쉬운 분야가 종교일 것이라고 했다.

일본이 최초로 수용한 서양 문물도 토인비의 해석처럼 의학과 군사학이었다. 매우 현실적인 선택이었다. 그 결과 제2차 세계대전 직전, 일본은 세계에서 비행기와 군함 등의 무기를 가장 성공적으로 갖춘 나라가 되었다.

이와 달리 한국은 근대화 과정에서 이승훈(李承薰, 1864~1930)을 필두로 기독교를 먼저 수용했다. 세계 기독교 선교 역사에서 매우 특별한 사례였다. 일본에도 기독교가 전파되었지만 한국인처럼 하나님을 친아버지 같은 존재로 받아들이지 않았다. 일본인의 신앙심은 흡사 무사가 영주를 대하는 듯한 무사 계층의 윤리 개념에 가까웠다. 이처럼 한국인과 일본인의 하나님에 대한 개념은 매우 대조적이었다. 기독교가 전파되면서 로마 교황청이 인정한 순교자 수도 한국은 103위의 성인(聖人)과 124위의 복자(福者) 등 총 227위였고, 일본은 총 188위였다. 순교한 일본의 기독교인들의 숫자가 한국보다 10배 가까이 많았다고 하나, 로마 교황청이 승인한 순교자 수는 한국보다 적다(일본 가톨릭 중앙협의회).

원리주의와 일편단심의 심성은 종이의 앞뒤와도 같은 관계여서 한민족의 원형이 더 많은 순교자를 냈다. 기독교 전파 과정에서 발생한 비극은 이전에 한민족이 빈번하게 겪었던 비참한 역사와 무관하지 않다. 비참한 역사의 반복은 그 원형에 구원자(메시아)를 갈망하는 정신적 요소를 심는다. 조선의 전통 종교는 유교(주자학)였지만, 유교는 지식인을 중심으로 한 조상 숭배의 종교일 뿐, 구원에 대한 답은 주지 않았다. 유교는 공자의 말처럼 '신이 있는지 없는지 알 수 없으나, 혹 있는 경우도 생각하라'는 식의 경원적(敬遠的)이면서 불가지론적이었다. 게다가 유교는 정치 참여와 정파 싸움에 이용되는 등 세속화되었다. 그 때문에 한민족에게 있어서 종교는 실질적으로 가까운 산에 묻힌 조상의 영을 중심으로 한 무교(巫敎)였다.

불교는 산에 숨어 버렸고, 고루한 유교 아니면 미신적인 무당(샤머니즘) 밖에 없는 사회에서 기독교는 실존의 아픔을 달래 주고 천국을 약속해 주었다. 지식인에게 매력적인 종교였고 민중에게도 환영을 받았다. 외침과 가혹한 관헌의 수탈을 견뎌 온 민중에게 메시아 사상은 소망을 주었고, 그 결과 한국은 전 세계에서 기독교 선교가 가장 성공적으로 이루어진 나라가 되었다.

문화 양상은 고유한 집단무의식의 표현이다

레비스트로스는 '한 부족의 관습, 풍속, 습속(習俗)의 총체 즉, 통합된 양식(패턴)은 어느 부족에서도 확인할 수 있었다'고 했다. 문화인류학에서 중시하는 것은 '문화 패턴'의 존재이다. 가령 넥타이를 고를 때 우리는 양복과 와이셔츠의 색상을 고려한다. 복장과의 정합성(어울림) 때문이다. 레비스트로스는 『슬픈 열대』에서 '인간은 놀이나 꿈, 심지어 착란(錯亂) 상태에서도 공동체 문화의 정합성에 지배되어 예외적인 행동은 하지 않는다'고 했다. 미칠 때조차 원형의 지배를 받아 공동체의 양식을 따른다는 것이다.

레비스트로스가 관찰한 미개 부족이든 거대한 문화권이든 이와 같은 사실은 동일하게 확인된다(『풍수화』). 한 민족의 경우도 회화, 조각, 노래, 춤 등에서 동일한 패턴의 표현들이 드러나 보인다. 이 사실을 일반화하면 모든 문화 양상은 민족의 혼 또는 정신의 표현이며 '원형 또한 고유한 집단무의식의 표현'인 것이다.

공동체 문화는 겉으로 드러난 표층 문화와 심층의 집단무의식으로 양분된다. 구조주의 인식론적 절단에 의한 전형적인 이분법이다. 예를 들어, 한국과 일본의 장례 문화는 완전히 다르다. 한국인은 '아이고 아이고' 하며 대성통곡을 하지만, 일본인은 슬픔을 억누르고 눈물을 억제한다. 레비스트로스의 표현을 빌리면 눈물도 문화권마다 공동체마다 다른 것이다.

필자는 툭하면 벌어지는 한일 간의 외교 마찰도 그 원인이 집단무의식의 차이에 있음을 과거에 여러 차례 밝힌 바 있다. 한국인은 원리주의와 오기로 상징되는 역사관을 가지고 있어 항상 원위치로 되돌아가 원점에서 다시 시작한다. 하지만 일본은 앗사리(あっさり) 정신이 있어 역사도 강물처럼 한번 흘려보내면 다시 돌아오지 않는 것으로 여긴다. 그 차이가 계속 분쟁의 원인이 되어 왔다. 앞서 물리학자 보어가 설명한 '등가'의 발견과 같은 것이다.

필자는 각 문명권의 전통 수학에 관해 연구하는 과정에서 문명에 따라 수학의 내용이 다른 이유는 고유의 문화 의식 즉, 원형에 따라 표현 방법이 다르기 때문이라는 것을 확인했다. 어느 민족에게나 수학과 종교, 인문학은 모두 있고 그 목적도 실질적으로 같다. 그러나 그 성격은 원형의 차이만큼이나 서로 다르다. 가령 한국의 전통 철학(주자학, 한국 불교)이나 수학, 과학, 샤머니즘, 공산주의 등은 항상 강한 원리주의적 성향을 보인다. 절대화하고 다양성을 인정하지 않으려 한다. 중국, 특히 일본과는 아주 다르다. 일본은 '무종교의 종교'라고 하여 어떤 것도 절대화하지 않는다.

이처럼 문명권은 해당 사회의 문화적 요청에 따라 문화 전반을 창조하고, 민족이 가진 문화 의지의 방향과 가치관의 차이를 만들어 낸다(『풍수화』『역사의 역습』). 원형론이 문명론 또는 문화론이면서 미래론의 핵심이 되는 것도 이런 배경에서다.

내일의 역사 책임은 오늘의 민족 구성원에 있다

사람들은 역사를 거울로 삼고, 역사가도 현재의 사건을 판단하기 위해 선례를 찾아 대조하고 비교한다. 필자의 관심은 빈번히 반복되는 역사의 되풀이 현상에 있다. 토인비는 제1차 세계대전과 투키디데스(Thucydides, BC 460? ~ BC 400?)의 『펠로폰네소스 전쟁사(Peloponnesian War)』를 비교 연구하는 과정에서, 제1차 세계대전에서 '영국과 독일'의 관계가 '스파르타와 아테네'의 구조와 일치한다는 사실을 발견하고 놀랐다. 2천 5백년 전에 벌어진 전쟁의 양상이 불과 어제의 일처럼 제1차 세계대전에서 반복된 것이다. 이런 되풀이 현상을 그는 '역사의 철학적 동시성'으로 이해했다.

필자는 백강전투 이래 여러 주변국들이 한반도에서 되풀이해서 격돌하는 역사를 분석하며 원형사관을 정립했다. 역사관은 역사가의 숫자만큼 많다. 푸코와 토인비 그리고 필자의 역사관을 회화에 빗댄다면 다음과 같을 것이다.

동아시아 최초의 국제전이었던 백강전투

백강전투는 백제와 신라, 당, 왜가 663년에 서해안의 동진강 하구에서 벌인 동아시아 최초의 국제전이었다. 660년, 소정방이 이끄는 13만 당군이 5만 신라군과 함께 백제의 도성 사비성을 공격해 함락시킴으로써 백제는 멸망했고 의자왕과 태자는 당으로 끌려갔다. 그러나 백제 땅의 백성들은 귀실복신(鬼室福信)의 지휘 아래 저항군을 만들어 부여성을 공격하며, 한편으로는 왜왕에게 20년간 야마토에 머물고 있는 의자왕의 동생 여풍장(余豐璋)의 귀국과 원병을 청한다. 661년에 여풍장은 왜군 5천 명을 이끌고 고국에 돌아온다. 왜의 사이메이(齊明) 여왕의 아들 나카(中) 태자도 2만 7천 명의 군대를 이끌고 서해안으로 올라온다. 여풍장과 귀실복신이 이끄는 백제 부흥군과 합류할 계획이었다. 663년 8월 27일의 일이었다. 그러나 오합지졸에다 오랜 항해로 피로가 겹친 왜군은 잠복해 있던 당의 수군에 참패한다. 4번의 격돌에서 '4전 4패'를 했다. 백제 기병도 동진강 하구 좌우에 포진해 왜 수군의 엄호를 시도했으나, 신라 기마대의 공격에 무너졌다. 결국 9월 7일, 백제 부흥군은 항복했다. 사비성 함락 이후 3년 가까이 지속된 백제 부흥 전쟁이 끝난 것이다. 왜도 패전으로 큰 타격을 입었으나 전쟁에서 결집된 에너지를 모아 신생 일본국을 수립했다.

백강전투 진행도

푸코의 역사관은 인상주의 그림처럼 시대적 특성을 강조한다. 강력하고 인상적인 것만 역사에 나타난다.

고흐의 「별이 빛나는 밤」, 1889년.

토인비의 '역사의 철학적 동시성'은 평행선은 무한 원점에서 만난다는 원근법의 원리와도 같다. 긴 역사의 시점에서 오늘의 사건은 수천 년 전의 것과 같다.

호베마의 「미델하르니스의 가로수 길」, 1689년.

필자의 원형사관은 밀레의 그림처럼 사실주의적이다. 어제와 오늘의 인과 관계를 선명하게 밝힘으로써, 어제의 역사적 사건이 어떻게 가까운 간격을 두고 되풀이되는지를 규명하는 일이다. 어제의 사건은 오늘에 나타날 수 있다.

밀레의 「이삭 줍는 사람들」, 1857년.

원형사관

원형론은 심층의 원형과 표층에 드러난 문화 현상을 대립적으로 이분한다. 이런 측면에서 원형론은 구조주의적이다. 문화는 문화권마다 고유성이 달라 서로 엄청난 차이를 보인다. 소쉬르의 언어학과 레비스트로스의 인류학은 인종을 초월해 '인간' 본질에 관한 문제로 귀착시켰기 때문에 현실성은 무시했다. 원형론은 한일 문화 비교에서 시작되었다. 대상은 한국인과 일본인, 중국인 등 구체적인 민족이었으며 각 문화권의 문화 형성 과정과 상호 관계 즉, 역사를 중시한다. 더욱이 한국사에는 '역사 되풀이'가 빈번하게 발생했다. 따라서 역사성의 개입을 배제한 문화 설명은 현실적으로 큰 의미가 없다.

원형론과 원형사관은 문화와 원형의 관계에 중심을 두면서도 그 역사성 즉, 변화의 과정을 중시한다. 역사는 과거와 미래와의 관계가 중요하기 때문에 소쉬르와 레비스트로스 등 구조주의자들의 공시성과는 달리, 원형사관은 통시적이 될 수밖에 없다. 역사는 연속적으로 흐르는 특성이 있어, 원형의 외피를 형성하며 과거와 현재와 미래를 연결하는 연쇄(連鎖) 고리 역할을 한다.

역사는 집단무의식의 외피다

공동체 구성원이 함께 겪은 희로애락의 경험 즉, 역사는 집단무의식에 반영되어 원형의 시대적 외피를 이룬다. 민족의 역사 경험이 공동체 구성원의 집단무의식에 투영되어 외피를 형성하는 것이다. '조상'의 역사 경험에 '우리'의 역사를 가미한 것이 '인(因)'이 되어 오늘의 상황을 만들고 다시 미래에 계승된다. 되먹임의 연속이다.

원형과 역사 체험은 푸코가 분석한 D. 벨라스케스(D. Velázquez, 1599~ 1660)의 그림 「시녀들(Las Meninas)」과도 같다. 이 그림 중앙에는 공주와 그의 친구들이 배치되어 있고, 왼쪽에는 붓을 든 화가 벨라스케스 자신이, 오른쪽에는 개와 하인, 안쪽 입구 계단에는 왕비의 시

벨라스케스의 「시녀들」, 1656~1657년.

종이 발을 걸치고 있다. 모두가 일제히 앞을 보고 있는 구도다. 그런데 뒤의 거울에 스페인 왕 부부의 상이 원근법 구도로 자리하고 있다.

푸코는 그림에서 왕은 '보는 위치'에 있기도 하고 '보이는 위치'가 되기도 한다고 했다. 화실에 불쑥 나타난 왕을 환영하는 장면인데, 왕은 그림 밖에 있다. 그림의 구도(캔버스의 범위) 안에 없는 왕을 등장시킴으로써 그림의 의도가 분명해진다. 왕이 국가를 지배하고 있음을 명확히 한 것이다. 왕은 방 안의 사람들을 '보면서 또 보이는' 이중적 의미를 가진 존재다. 푸코는 그림을 통해 역사 변혁의 구조를 설명하려 했다.

이 구도는 소쉬르의 언어학에서 '지시하는 것(지시)과 지시받는 것(내용)'의 관계로도 비유되고 '원형과 역사 현상'에도 적용된다. 원형사관에서는 보는 것과 보이는 것의 구도를 업인업과(業因業果)로 해석한다. 한국 역사의 '되풀이 현상'도 '인'과 '과'로 인해 현실이 되어 왔다. 오늘의 역사적 사건은 집단 심리에 영향을 주고, 그 심리적 변화가 원형의 외피에 편입되어 다음 세대의 원형을 형성하는 것이다.

벨라스케스의 「시녀들」에서 보는 것과 보이는 것

	지시	내용
벨라스케스의 시녀들	왕 (보는 위치)	거울 속의 왕 (보이는 위치)
소쉬르	지시(표상)	내용(의미)
원형사관	오늘의 현실	어제의 사건이 남긴 심리적 충격이, 원형의 외피가 되어 오늘의 원형을 형성

오늘의 문화는 내일의 무의식에 응집된다

원형사관은 전체 역사를 하나의 문화 현상으로 인지한다. 원형이 역사의 방향을 결정하는 핵심이고, 문화의 표층 구조는 심층 구조인 원형에서 파생된다. 어제의 원형이 역사적인 결과를 낳아 오늘의 심층을 형성하고, 오늘의 역사는 새로운 외피를 만든다고 본다. 레비스트로스는 '표층 구조와 심층 구조'의 개념을 문화 전반에 적용하여 이 두 구조를 묶고 제어하는 기구가 있음을 입증했다.

원형사관의 제어 기구는 어제의 원형인 인(因)이다. 오늘의 역사 체험이 표층의 과(果)를 형성하고, 이 과가 다시 내일의 인이 되어 원형의 심층을 형성한다. 이런 연속적인 과정이 역사이고, 업인업과 구조를 갖는다. 따라서 내일의 역사에 대한 책임은 오늘의 민족 구성원에게 있다. 오늘의 인간이 내일의 인간을 만들어 가는 것이다. 이 관점은 필연적으로 범인류적 차원으로 확대되어 간다.

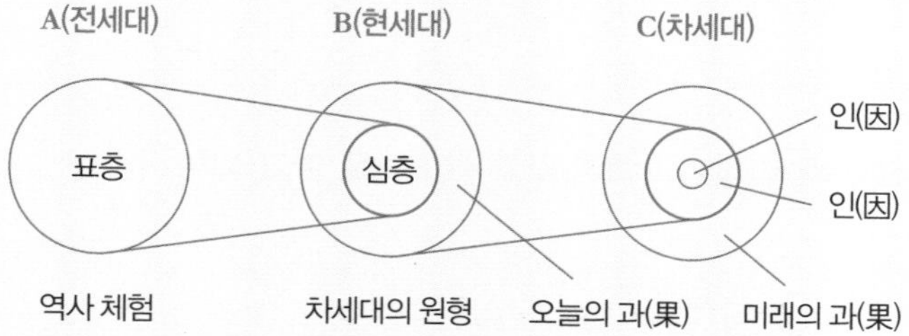

원형과 문화는 역사의 흐름을 전제로 한 통시적 요소를 제외하면 제대로 이해되지 않는다. 특히 변화가 심한 한국 역사에서는 더욱 그러하다. 통시적 관점에서는 '시대 상황'이라는 중간 항이 존재한다. 예를 들어, 프랑스에서 태어났으나 적국 프로이센 장교가 되었던 작가 A. 샤미소(A. Chamisso, 1781~1838)의 사례가 적절한 비유가 될 것이다. 그는 자전적 소설『페터 슐레밀의 기이한 이야기(Peter Schlemihls wundersame Geschichte)』에서 '그림자를 판 사나이 이야기'를 소개한다. 악마에게 그림자를 판 어느 불행한 사나이의 심적 갈등을 이야기하며 샤미소는 적대국의 장교가 되어 살아야 했던 자신의 운명을 투사했다. 마치 일제 강점기에 일본인으로 위장해 살며 양심의 가책으로 갈등했던 한국인들을 떠올리게 하는 내용이다.

양심의 가책은 자신의 원형을 부정하는 데서 생긴다. 원형과 언어는 공동체의 의지이자 가치관이지만, 시대 상황(역사적 사건)의 제어를 받으면 속박으로 작용한다. 민족이 함께 겪은 비극적인 역사 체험이 민족의 정신적 트라우마(상처)가 되는 것이다. 이런 시대 상황이 바로 중간 항이다.

인간은 원형과 가소성을 갖고 어딘가로 가고 있다

레비스트로스가 아마존 오지의 부족들이 각기 다른 고유한 문화를 가졌음을 발견했듯이, 필자도 한국과 중국, 일본 3국의 문화와 역사의 차이와 다름을 분석해 원형사관을 확립했다. 특히 한국과 일본은 같은 언어와 역사를 갖고 출발했으나 신기할 정도로 성격이 다른 원형을 갖게 되었다. 이는 앞서 말한 '중간 항'이 달랐기 때문이다.

시대 상황에서 겪은 역사 체험이 달랐던 것이다. 공동체 구성원의 무의식은 조상의 역사 체험의 영향을 받아 성격과 문화적 응집력을 발휘한다. 여기서 말하는 문화는 개인과 집단의 심층(무의식)에 잠재해 있는 사고, 언어, 창조 의욕, 심지어 데모, 정치, 싸움까지 거의 모든 정신 활동을 포괄한다.

특히 언어는 원형의 핵심이며 공동체의 고유한 사고 패턴을 형성하는 중요한 요소이다. 소쉬르가 '언어는 곧 사회 제도'라고 했듯이, 공동체의 언어는 민족의 집단무의식(원형)과 깊숙이 관련되어 민족 특유의 사고 양식을 드러낸다. 해당 사회에 태어난 아이는 모두 같은 언어를 통해 유사한 문화 의식을 갖게 되는 것이다. 이런 요소들은 서로 유기적으로 얽혀 전체가 하나의 개성이 된다. 우리의 언어 오염을 경계해야 하는 것도 이런 이유에서다.

풍토 또한 빼놓을 수 없다. 풍토는 지역마다 다르고, 같은 풍토일지라도 문명 수준에 따라 끼치는 영향력이 다르다. 원유의 가치를 몰랐던 중세 중동 지역 주민이 가졌던 풍토 관념은 지금과 전혀 달랐을 것이다. 우리 역사에서도 고려 시대와 조선 시대, 현재의 한민족에게 풍토가 주는 영향이 같다고 할 수 없다. 구조주의 인류학자들도 민족의 우열은 부정하지만 해당 지역의 풍토가 피부색과 기후에 대한 내성, 운동 신경, 청각, 시각 등을 변화시켰다는 데는 의견을 같이 한다.

원형에 영향을 미치는 또 하나의 중요한 요소는 가소성(可塑性) 즉, 변화 가능성이다. 민족은 유기적 공동체이고, 유기성(有機性)의 본질은 변화에 있다. P. 고갱(P. Gauguin, 1848~1903)이 인류를 향해 '우리는 무엇이며 어디로 향해 가는가?'라는 질문을 던졌던 것처럼, 인간은 원형과 변화 가능성을 갖고 어딘가로 향해 가고 있다.

이러한 요소들이 원형에 영향을 주어 심층의 '과'를 형성한다.

민족의 원형은 어떤 키워드로 집약되나

지구상의 모든 공동체는 저마다 고유한 성격을 갖고 있어 그에 어울리는 적절한 키워드를 택할 수 있다. 물론 문화적인 우열은 없다는 전제 아래서다. 비교 문명이나 문명사에 관심이 있는 사람이라면 문명권마다 특유의 성격이 있다는 것을 감지할 것이다. 니체는 『비극의 탄생(Die Geburt der Tragödie aus dem Geiste der Musik)』에서 그리스 문명을 '아폴론(apollon, 로고스적이고 조형적)적인 것'과 '디오니소스(dionysos, 황홀과 도취)적인 것'으로 이분했고, O. 슈펭글러(O. Spengler, 1880~1936)는 서구 문명을 '파우스트(faust)적인 것'과 '아폴론(apollon)적인 것'으로 이분했다.

열(熱) 사회와 냉(冷) 사회라는 말은 레비스트로스가 아마존 원시부족들의 혼인 제도를 연구하며 붙인 말이다. 넓은 범위까지 여성 교환이 가능한 사회는 열 사회, 제한적 범위의 교환 사회는 냉 사회로 구분했다. 그는 교환 범위가 넓을수록 공동체의 활동 범위가 넓어져 사회 활성화(열)를 이루는 것을 관찰했다. 근친혼 터부는 실질적으로 생산력을 유지하는 자동 조절 시스템 역할을 하고 있었다.

열 사회인 일본과 냉 사회인 조선

필자는 1980년대에 도쿄대학에서 한일 문화 비교 방법론에 대해 강연하며 일본과 한국도 '열·냉 사회'로 구분해 분석한 적이 있다. 당시 필자는 레비스트로스를 전혀 몰랐고, 방법론에서도 그와는 다른 입장이었다. 한국은 문(文) 사회, 일본은 무(武) 사회로 서로 '열 발산의 강도'에 차이가 있음을 지적했던 것이다.

일본은 무인(武人) 중심의 사회로 엄한 계급 의식이 존재했다. 그로 인해 직종마다 명인 제도가 만들어졌고, 시장도 적극적으로 개척해 규슈에서 북해도까지 넓은 시장망을 형성한 열 사회였다. 조선은 이와 반대로 문인(文人) 중심의 사회였다. 노동을 천시해 상점도 부족했고, 또 '나물 먹고 물 마시고 팔베개하고 누우니 대장부 살림살이 이만하면 족하지 않은가'라는 '검소와 소박의 미학'에 도취해 있던 냉 사회였다는 내용이었다. 강연 후 나는 레비스트로스의 '냉 사회와 열 사회'와 관련된 질문을 받고 반드시 혼인 방법만이 문화 비교의 키워드가 되지 않는다는 것을 확신했다.

한일 문화 비교에서 눈여겨봐야 할 키워드 가운데 '서리'와 '하라키리'가 있다. 한쪽에만 있고 다른 쪽에는 없는 말로, 두 민족이 가진 문화의 차이를 나타내는 중요한 척도 중 하나이다. 서리는 먹을 게 부족하던 시절, 아이들이 여럿 무리를 지어 주인에게 큰 피해를 주지 않는 범위에서 남의 밭의 곡식이나 과일을 몰래 훔쳐 먹던 풍습이다. 지금에야 범죄에 속하지만, 불과 얼마 전까지만 해도 공동체가 묵인해 준 일종의 재밋거리였다. 밤에 이웃집 밭에 들어가 참외나 수박, 옥수수를 훔쳐 먹어도 그리 큰 죄의식을 갖지 않았다.

일본에는 이 '서리'에 해당하는 말이 없다. 대신 한국에서는 생각조차 할 수 없는 '하라키리(腹切り)'가 있다. 봉건 시대 무사도의 경전으로 유명한『하가쿠레(葉隱)』에 이런 이야기가 실려 있다.

한 가난한 무사의 어린 아들이 떡장수로부터 떡을 훔쳐 먹었다는 의심을 받았다. 아버지는 "우리는 무사다. 굶어 죽는 한이 있더라도 내 자식이 그런 일을 할 리 없다"고 맞섰고, 떡장수와 무사 사이에 다툼이 벌어졌다. 무사는 증거를 보여 주겠다며 자식을 죽여 배를 갈라 위 속에 떡이 없다는 것을 떡장수에게 확인시켰다. 그런 다음 떡장수도 죽이고 자신도 할복(割腹)했다는 내용이다. 이야기 끝에 '무사란 명예를 존중하고 죽음으로 그것을 증명한다'며 하라키리를 무사다운 행위였다고 찬양했다.

이처럼 한국과 일본은 전혀 상반되는 가치관을 가지고 있다. 이런 차이가 오늘날 양국 간에 일어나는 외교 마찰의 원인이 되고 있다. 외교적 언어를 조심해야 하는 이유도 서로의 원형(말)이 크게 다르기 때문이다. 원형에 관한 키워드는 다양하다. 필자는 두 나라의 전통 사회를 다음과 같이 분류한다.

〈한국과 일본 전통 사회의 대조적인 사회 제도〉

	조선 – 냉 사회	일본 – 열 사회
수학	역(易) 철학에 뿌리를 둔 마방진	원에 내접하는 무한한 원의 수열
엘리트의 상징	붓	칼
혼인	족외혼(族外婚)	제한 없음
중심	가문	번(藩)
규범	가부장적 유교 덕목	오키테(掟, 규정), 단결
법	유교적 윤리	공동체의 총의(總意)
중심 건물	가문의 제각(祭閣)	신사(神社)와 영주의 성
지향성	과거에 합격하여 사대부가 되고자 하는 양반주의	평생 하나의 목적에 매진하는 일생현명(一生懸命)
시장	상설 상점이 없는 5일장과 보부상	전국 규모의 시장망
쇄국의 내용	철저한 쇄국	네덜란드와 무역
초등 교육	• 입신양명의 유일한 길인 과거 급제 목표 • 유학의 초보를 교육하는 남아 위주의 서당	• 읽기, 쓰기, 주산(珠算) 등 생활에 필요한 교육 • 여아들에게도 교육했던 데라코야(寺子屋)
권력과 경제	• 지방에 하급 관리를 파견하는 중앙 집권 체제 • 양반층은 노동을 천시하고, 근로정신을 미덕으로 여기지 않음	• 관리는 번의 무사로 임기가 없음 • 개척을 장려하고 번 단위의 부국강병 지향
직업 윤리	관리 이외의 직업은 천시, 기술은 잡기로 여김	기술을 존중, 각 분야의 최고 기술자는 신격화
역사관	보수와 원리주의를 추구하므로 구악(舊惡)을 확대 재생산	강의 흐름과 같은 사관인 '앗사리'로 과거는 잊음

표에서는 문화 양상 대조를 편의상 14개 항목으로 구분했으나, 비교 항목은 얼마든지 더 세분할 수 있고 키워드도 여러 각도에서 선택할 수 있다. 그러나 한 문화권의 문화 현상은 상호 유기적인 관계로 묶여 정합성을 지니기 때문에, 이 정도의 분류로도 특성이 설명될 것이다.

일본 문화는 베네딕트의 『국화와 칼』을 통해 널리 알려졌다. 베네딕트는 문화인류학자 보아스의 제자다. 보아스가 문화와 개인의 상호 관계 또는 문화의 동태적(動態的) 관계에 대해 연구했고, 베네딕트는 원시 부족 사회를 인류학적 연구 대상으로 했다. 특히 근대 일본 문화를 인류학적 접근 방법을 적용하여 문화의 특성과 미의식, 의리, 인정 등 인간 관계를 중심으로 관찰했다.

그녀의 연구는 제2차 세계대전 중 미국 육군성의 의뢰로 시작되었다. 미국은 피점령국인 일본인의 특성을 알기 위해 베네딕트에게 연구를 위촉했고, 그녀는 한 번도 일본을 방문한 적은 없었으나 전쟁 포로와 수용소에 수감된 일본인들을 만나 문화의 유기성과 정합성의 관점에서 일본 문화의 패턴을 찾았다.

베네딕트는 어떤 분야에서도 정성을 다하는 일본인들의 자세는 국화를 키우거나 칼을 만드는 마음과 같다고 정리했다. '겉과 속'이 다른 일본인의 이중적인 심성을 비유한 것이 아니었다. 『국화와 칼』은 앞서 발간한 베네딕트의 저서 『문화의 패턴(Patterns of Culture)』을 읽어야 제대로 이해될 수 있다. 언젠가 일본 관광을 다녀온 학생에게 일본 여행에서 가장 인상적인 것이 무엇이었는지 물은 적이 있다. 그는

"오사카 성 박물관에서 날이 선 일본도를 보고 오싹했으나, 박물관 정원에 전시된 국화꽃들의 크기가 커다란 접시만 하고 아름다운 데 놀랐다"라고 했다. 무엇이든 정성 들여 만드는 그들의 모습을 발견했다는 것이다. 정답이다.

이데올로기에 관심 없는 일본 대 정치 지향적인 한국

한때 풍토 조건 하나만으로 해당 지역의 문화 특성을 설명하는 풍토 일원론이 유행한 적이 있다. K. 비트포겔(K. A. Wittfogel, 1896~1988) 같은 학자는 중국 문명을 '치수와 관개(灌漑)'로 설명하려 했으나, 그의 주장에는 증명되지 않는 부분이 많아 마르크스주의의 아류라는 공격을 받았다. 하지만 분명한 것은 인간은 '풍토에 적응하

한 · 중 · 일의 풍토와 권력

	하천 · 강우	농사법	권력과 종교
한반도	홍수 아니면 백사장, 경사가 없는 평형천	천수답 중심	권력이 필요 없음, 인내천 사상
중국	큰 강, 지역민만으로 감당 못함	치수를 권력에 적극적으로 이용	하늘은 무심하고 권력은 멀리 있음(天高皇帝遠)
일본	급류, 많은 자연 재해	잘 정돈된 수리 시설	神=上=守(지방 영주) 신과 권력은 동급

지 않고는 살아갈 수 없다'는 사실이다.

일본은 한국이나 중국과 전혀 다르게 화산 열도로 이루어져 있어, 적어도 20년에 1번은 대지진이 난다. 태풍은 한국보다 몇 배 더 심각한 피해를 입힌다. 게다가 해발 3천 미터가 넘는 높은 산이 21좌(座)나 있다. 이런 험난한 풍토에서 생존하려면 지도자는 영내 주민을 단결시키는 일에 늘 앞장서야 한다. 무사단은 무력을 이용해 번(藩)마다 자급자족과 개척을 장려하며 경제력을 키웠고, 치수 사업에도 앞장섰다. 북해도에서 오키나와까지 상선이 왕래했고, 도시마다 상설 시장이 세워졌다. 이와 같은 환경과 풍토에서 살아온 일본인들이기에 기술은 존중하되 관념적인 사상이나 이데올로기에는 거의 관심이 없었다.

반면에 조선은 관념적인 유교 가치관에 매여 있었다. 집안의 품격을 중시했고, 정치 지향적이었다. 모든 관행들이 가문 중심의 유교적 규범에 묶여 있었다. 교토대학의 오구라 기조(小倉紀蔵, 1959~) 교수는 저서 『한국은 하나의 철학이다(韓国は一個の哲学である: 〈理〉と〈気〉の社会システム)』에서 한국의 문화에는 하나의 색깔인 유교 철학만 곳곳에 배어 있다고 분석했다. 생산성에는 큰 관심이 없고 사회적 에너지는 양반 경쟁이나 불모의 파벌 싸움에 소모되었다는 것이다.

결혼도 일본에 비해 훨씬 제한적이어서 동성동본 결혼을 엄격하게 금하는 족외혼(族外婚)이었다. 일본은 그 반대였다. 메이지 유신 이후, 3촌 이내의 결혼은 금했지만 그전까지는 그것까지도 가능했다. 레비스트로스의 견해에 따르면 일본은 결혼 상대 선택에 있어서 무제한적이었던 열 사회였다. 이런 일본인들을 보고 한국인들은 한마디로 '상놈'이라고 손가락질을 했다. 그러나 상놈 사회였기에 그만큼 근대화로의 발전 속도도 빨랐다고 볼 수 있다.

분열 후 대립으로 가는 사회 대 분열 후 연합으로 가는 사회

일본에는 약 250개의 번(藩)이 존재했다. 번은 단위 사회(소국가)였다. 최대의 번인 도쿠가와(德川家康) 번을 중심에 두고 막부를 구성해 막번(幕藩) 제도(연합 국가)를 유지했다. 형식상 번 전체는 막부가 다스리지만, 대외 관계나 기본적인 국가 정책에 국한했고 번의 내정에는 간섭하지 않았다. 유교는 학문으로서 존재했을 뿐, 정치 이데올로기는 되지 않았다. 중국과는 무역 이외에 정치적으로는 관계가 없었다.

그러나 조선은 중국 황제로부터 책봉(冊封)을 받던 조공국이었다. 중국이 중심이었으니, 조선이 주자학의 예학(禮學)을 중심으로 경직화하는 것은 필연이었다. 조선의 비극은 대국을 모범으로 삼아 '소중화(小中華)'를 자처한 데서 비롯되었다. 중국은 영토가 광활하고 인구도 어림잡아 조선의 43배 정도였다. 대륙에서는 자연스러운 제도가 조선에 억지로 수용되면 여러 부작용을 발생시킬 수 있다.

중국의 향신(鄉紳) 제도가 대표적인 사례다. 향신은 과거에 합격하고도 임관하지 않고 향촌(지역)에 사는 사람이나 퇴직 관리 또는 유력 인사, 지주 등의 계층을 의미했다. 그들은 사회적으로 존경받는 실질적인 향촌의 지배자였다. 송대(宋代)에 출현하여 문화의 중심 역할을 했으나 노동을 천시하고 체면(面子)을 차리며 비생산적 생활을 즐겼다. 청대(淸代)에는 향신 세력이 확대되고 정치적 발언도 강해져서 지역 행정에 간섭하거나 권세를 휘두르는 자가 많아졌다. 향신에 의한 청(淸) 망국론까지 나올 정도였다. 그것이 조선에 와서 양반이 되었다. 조선은 소중화 정책으로 과거제를 모방했고 향신(양반) 제도까지 닮은꼴로 도입했다. 그 폐해는 정약용(丁若鏞, 1762~1836)의 『목민심서(牧民心書)』에 기록되어 있다.

근대화를 겪는 과정에서도 조선과 일본은 대조적이었다. 한반도의 역사는 곰족과 호랑이족의 분열처럼 지역 차별과 대립이 반복되었다. 그러나 일본은 분열하면서도 실질적으로는 늘 연합으로 향했다. 한반도로부터 전해 받은 농업혁명에 성공하자 열도의 서남단에서 중앙의 나라(奈良) 지방으로 진출했고, 백강전투 이후에는 동북지역으로까지 세력을 확대해 갔다. 실질적으로 메이지 유신 3백 년 전에 이미 일본은 통일할 준비가 되어 있었다.

중앙 집권 국가가 되는 과정도 자연스러웠다. 도쿠가와(德川家康)가 전국 통일 후 각 지역에 번을 두어 다스렸지만, 일단 정권이 천황에게 넘어가자 번은 해체되었다. 해체 과정에서 번(藩)은 현(縣)으로, 번주는 지사(知事)로 이름만 바뀌었을 뿐, 권력 조직은 그대로 중앙 정부로 이양되었다. 한국인의 원리주의적 사고로는 도저히 이해할 수 없는 '일본적 가치관'이다. 우리의 대일 외교 마찰의 가장 큰 원인은 상대의 원형을 이해하지 못하거나 무시하는 데 있다. 원형의 무시는 상대의 존재부터 무시하는 것이다.

오고리와 아큐적 심리

나라마다 원형에는 병적 요소들이 내재해 있다. 특히 근대화 이후 제국주의 전쟁을 경험하면서 그 상흔들이 원형의 외피에 두텁게 쌓이게 되었다.

근대화 이전의 일본에는 '오고리(瘧)'라는 병이 있었다. 오고리는 '화낸다(怒)'와 동류어로 책임감과 심리적 압박 등 극도의 긴장을 소화하지 못해 몸 내부에서 발생하는 병이다. 할복 자살도 오고리와 연결된다. 일본 최고의 작가 시바 료타로(司馬遼太郎, 1923~1996)에 의하면 메이지 유신 이전의 일본에는 삼대만 거슬러 올라가도 할복 자살한 조상이 없는 가계가 없었다고 한다.

일본 아베 총리도 직권 남용으로 위기에 몰렸으나 비서관이 아무 말 없이 자살함으로써 무마되었다. 공문서의 기록을 보면 지시에 따른 것이 아니라 비서관이 총리의 뜻을 짐작 즉, 촌탁(忖度)하여 판단했다고 했다. 그 덕으로 아베는 혐의에서 벗어나 차기 선거에서 승리했다. 일본 국민은 그 사실을 알고도 비서관의 촌탁 앞에 눈을 감아버렸다.

과거 일본의 무사는 칼을 차고 다니는 것을 자랑으로 삼았다. 일본 무사도의 최고 경전으로 지목되는 『하가쿠레』에서는 '무사도란 죽음의 길의 발견이다'라며 할복에 의미를 부여했다. 주인의 실수에 책임을 지는 자살, 조직의 질서를 유지하기 위한 자살을 긍정적으로 받아들이는 것이 일본 특유의 정신병(病)이다. 아무리 부당한 명령이라도 죽으라고 하면 할복해야 한다. 일본 근대 문학의 창시자 중 한 사람인 모리 오가이(森欧外, 1862~1922)는 '어린이를 포함한 한 일가가 할복 자살'하는 내용이 담긴 『아베 일족(阿部一族)』을 비롯해 할복 자살을 주제로 한 여러 편의 작품을 남겼다. 한국인에게는 도저히 이해하기 힘든 죽음의 미학이다. 이런 죽음의 그림자가 곳곳에 도사리고 있고 그 긴장감이 '오고리'를 발생시켰다.

오고리에서 벗어나기 위해 일본인들이 방어 기제로 택한 것이 '앗사리(あっさり)' 심리다. 빨리 잊고 '현실을 긍정'하려는 지혜로, 그것이 역사에서 집단화되어 나타난 것이 자살 특공대, 옥쇄 작전, 진주만 기습 등이다. 우리와는 사고의 방향이 전혀 다르다. 박근혜 전 대통령의 "피해자의 한은 천년이 가도 잊지 못한다"라는 말을 일본인들은 이해하지 못한다. 그들은 강물에 흘려보내는 '앗사리' 정신으로 역사와 현실을 바라보기 때문이다.

일본인에게 오고리가 있다면 중국인에게는 아큐적 심리가 있다. 계몽사상가 루쉰이 『아큐정전(阿Q正傳)』에서 대륙의 광대한 영토와 절대 권력에 억눌려 살아온 서민들의 중국병을 과시욕, 무기력, 자아도취, 형식주의 등으로 표현한 데서 나온 말이다. 지나친 체면 의식으로 포장한 중국식 정신 승리법을 꼬집은 것이었다. 그는 '중국은 근대화에 앞서 '아큐적 심리'부터 청산해야 한다'면서 체면 의식을 통렬하게 비판했다.

아큐(阿Q)적 과대망상은 지금도 여전하다. 시진핑 주석은, 중국 역사상 최초로 통일 왕국을 세우고 황제의 자리에 오른 진시황(秦始皇)을 점점 닮아간다. 중국은 이상적인 고대 국가인 요순(堯舜) 시대에는 천자(天子)의 자리도 물려 주었지만, 그 후 혁명으로만 왕권 교체를 해 온 나라다. 공산혁명도 그렇게 성공했다. 당 서기는 실제 당 황제와 다름없었으며, 부패했고, 인권 유린 또한 역대 왕조들과 크게 다를 바 없다. 현재 중국은 역사 이래 가장 철저하게 중국 인민을 통치하고 있으나 시진핑 주석이 가장 두려워하는 것은 진시황과 마찬가지로 '반란'일 것이다. 진시황은 불과 15년 만에 망했다.

아메리칸 드림과 러시아의 영토 확장병

일본, 중국과 더불어 우리와 외교, 경제, 군사적 이해관계가 깊은 나라가 미국과 러시아다. 미국은 청교도 정신에 근거해 건국된 인공(人工) 국가였다. 건국 철학은 프랑스와 마찬가지로 개인의 자유 존중과 공동체 구성원의 책임감, 도덕적 판단, 인권 존중이었다. 이 철학을 청교도 정신에 근거해 사회 전반으로 넓혀 가겠다는 소망을 품었고, 또 이루었다. 어떤 표어와 캠페인도 필요 없이 '하나님은 미국을 축복한다(God bless America.)'라는 한마디에 성조기를 중심으로 뭉쳐

온 그들이었다.

그러나 이 청교도 정신은 나쁘게 변질되기 시작했다. 아메리칸 드림(American dream)과 미국병은 동전의 앞뒤 같은 관계다. 꿈을 좇아 오직 성공만 향해 달음질치던 젊은이가 그 길에서 낙오되면 어떻게 될까? 타락이다. 미국의 정신적 타락은 T. 드라이저(T. Dreiser, 1871~1945)의 소설 『미국의 비극(An American Tragedy)』이 보여 주는 세계다. 합리주의가 주는 억압과 메이플라워 서약으로 상징되는 종교적 원리주의가 아메리칸 드림과 일체화되면 중병이 된다. 아메리칸 드림을 이루려는 압박감이 미국병을 조장하는 것이다. 위선과 악이 신의 이름으로 덮이고 정당화되면 청교도적 기회 균등이 사라지고 빈부 격차는 더 심해진다.

미국병이 표면으로 드러나 야기한 사회 정치적 현상들이 총기 사건과 미국의 '보통 국가 선언'이다. 미국인이 무기를 대하는 태도는 서부개척사의 맥락에서 조명되어야 한다. 미국 역사학자들이 격찬하는 프런티어의 영웅 J. 스미스(J. Smith, 1798~1831)는 모피상이자 사냥꾼으로, 한손에는 총을 들었지만 다른 손에는 성경을 들고, 가는 곳마다 인디언 원주민에게 하나님의 말씀을 전했다. 총과 성경으로 스미스는 로키 산맥을 넘어 캘리포니아로 가는 길을 개척했다. '총의 힘과 인도주의 실현 가능성'을 보여준 미국 건국 신화 같은 사례였다. 강한 힘과 두터운 신앙심의 결합은 미국식 보편주의에 대한 자부심이기도 했다. 그러나 힘 제일주의 전통은 변질되어 한 해 4만 건(2018년 통계)이 넘는 총기 사고를 내는 국가라는 오명으로 바뀌었다.

총기는 산군(産軍) 복합체와 연결되어 있어 법으로도 판매 금지하기 어려운 나라다.

또한 제2차 세계대전 이후 세계 민주주의를 수호해 온 세계 경찰국가로서의 소명도 오바마 전 대통령의 해군 사관학교 졸업식 선언으로 버렸고, 트럼프 대통령은 한발 더 나아가 '오직 미국을 위한 동맹만 동맹'일 뿐, 동맹국들을 위한 미국이 아니라고 밝힘으로써 세계 경찰국가로서 위상은 확실히 벗어던졌다. 보통 국가로의 전략은 미국병을 더욱 심화시킬 것이다.

러시아는 토인비가 '거대한 수수께끼의 나라'라고 표현한 것처럼, 풍토가 미친 영향이 생각보다 훨씬 큰 나라이다. 러시아는 역사의 출발부터가 애매했다. 인종도 너무 다양해 아무리 고대로 거슬러 올라가도 민족의 시원(始原)과 만날 수 없다. 국경선의 길이는 미국의 2배가 넘지만, 단 10년도 국경선이 안정적으로 유지되지 못했고, 늘 고무줄처럼 늘었다 줄었다 했다. 그러나 러시아적이라고 표현할 수 있는 분명한 특성이 있다.

비참한 전쟁이 역사에서 되풀이될수록 사람들은 국경선을 되도록 멀리 두고 싶어 한다. 그것이 영토 확장 의욕을 증폭시키고 집착하게 만든다. 그래서 생겨난 것이 러시아 사회의 특성인 '울타리 개념'이다. 영토가 너무 넓어 오히려 자신을 감싸 줄 울타리를 만들어야 안심할 수 있었던 것일까. 13세기에 몽골족이 킵차크(金帳) 왕국을 정복하면서 러시아는 장장 250년간 압제를 받았고, 민족의 원형에 씻을 수 없는 음침한 흔적을 남겼다. 토스카(тоска)라는 러시아 말은 감정적 아픔 또는 우울감 즉, 갑갑하고 울적한 심리를 의미한다. 그 우울한 역사 체험이 겹겹으로 '울타리'를 치는 무의식을 형성했다.

영어의 freedom은 자연 발생적인 자유를 뜻하고, 프랑스어의 liberte는 압제로부터 해방되는 시민의 자유를 의미하지만, 러시아어의 svoboda(свобода, 스바보다)는 노예로부터의 자유를 말한다.

러시아가 폭력적인 지도자들을 연이어 배출한 이유도 광대한 영토 외에 가혹한 풍토와 연관이 있다. 강력한 법과 통제력이 필요했기 때문이다. 키신저는 이런 러시아인의 기질을 18세기에 상트페테르부르크에 주재했던 프랑스 대사의 글을 인용해 자신의 저서『Diplomacy』에서 이렇게 설명했다.

> 가혹한 기후, 극심한 기후 변화, 또한 잔인할 정도로 가혹한 굴종의 역사속에서 그들은 빈약한 생활필수품만으로 살아왔다.

키신저도 가혹한 자연 조건과 역사가 러시아인의 원형을 형성했다고 해석한 것이다.

중구삭금(衆口鑠金)을 긍정적으로 바꾸는 길은 이성이다

민족병은 당한 자뿐 아니라, 침략자에게도 교만과 호전성이라는 바이러스를 확산시킨다. 한반도 주변의 대국들은 모두가 제국주의적 야욕으로 핵무기를 대량 생산하거나 생산할 잠재력을 갖고 있다. 인류사적 위기다. 각기 다른 민족병을 가진 국가들 사이에서 우리가 생존할 방법은 있을까? 필자는 감히 그 가능성을 믿는다.

지금의 현실은 핵무기를 갖고도 전쟁은 벌일 수 없는 시대다. 이런 때 한반도의 평화를 위해 '한반도 영세 중립'을 목표로 주변국과 협력의 공감대를 형성해 보자. 위의 원형을 지닌 주변국들과 공존하는 시대로 전환해야 하는 것이다. 그러나 이를 위해서는 우리가 앓고 있는 한국병부터 치료해야 한다.

『삼국유사』에서 용이 절세미인이었던 수로 부인을 유괴해서 바다 속으로 끌고 갔을 때 어떤 해결책이 등장하는가? 한 노인이 '근처의 백성을 모아 노래 부르고, 막대기로 언덕을 치면 부인이 나올 것이다'라는 아이디어를 냈고, 그대로 했더니 수로 부인이 나왔다고 되어 있다. 수로 부인을 되찾기 위해 주민들이 택한 방법은 대중 규탄이었다. '여러 사람의 말은 쇠도 녹인다'는 중구삭금(衆口鑠金)의 방식이다. 대중적 정의감은 한국인의 원형에 있는 소중한 자원이나, 충동성 또한 내포하고 있다.

정의감이 화로 전환되면 어떻게 변하는가? 답답하고 열도 나고, 학질 같은 증상까지 보인다. 격렬한 행동으로 화를 다스리려는 충동성은 개인 차원에서는 분열로 나타나지만, 집단화되면 다른 나라에서는 좀처럼 찾아볼 수 없는 삭발 시위, 심지어 자해까지도 감행한다. 부당한 폭력을 자주 경험한 한민족에게 충동적 경향이 있다는 것은 부인하기 어렵다. '홧김에 서방질한다'거나 '홧김에 초가삼간 태운다'라는 자학적인 속담들이 이를 반증한다고나 할까.

한국인의 원형은 개인에 있어서는 화병으로, 대중 차원에서는 데모로 나타난다. 대일 외교에서 보인 무역 전쟁과 지소미아 폐기가 그 연장선상에 있다. 미국의 닉슨 전 대통령도 1979년에 미중 국교 정상화 회담을 할 때 주은래 수상에게 한 첫마디가 "충동적인 한반도인이 유발하는 전쟁을 피하도록 함께 노력합시다"였다. 닉슨은 한민족의 위험한 정치적 병리가 이성이 결여된 '충동성'이라고 보았다.

중구삭금의 고사는 민중의 정의감이 법을 대신한다는 긍정적 의미가 부여되어 민심을 법보다 더 상위 개념에 둘 수 있다. 이른바 민심이 천심이라는 대중적 정의감이다. 이는 우리의 원형에 있는 중요한 정신적 자원이다. 그러나 이것이 이성으로 통제하지 않으면 대중의 충동적 행동으로 연결된다. 한국적 원리주의의 위험이 여기에 있다. 4·19혁명도 대중적 정의감으로 봉기해서 민중의 힘으로 독재를 물리친 유일한 국가가 되었지만 결과는 어떠했는가? 바로 박정희 군사 정권에 탈취되었다. 원형으로 성공했지만 그 원형으로 인해 좌절했다. 오직 이성만이 중구삭금을 긍정적인 힘으로 바꿀 수 있다. 언제라도 되풀이 되는 민족병을 치유하는 길은 오직 이성뿐이다.

제8부

무엇이 국가이성(理性)이고 무엇이 국가우성(愚性)일까?

리슐리외와 비스마르크는 무엇을 추구했나?

국가이성(理性)이 나라의 운명을 열어 준다면 그 반대의 길은 국가우성(愚性)일 것이다. 지소미아 문제를 이끌어 간 방식은 이성인가 아니면 우성인가? 핵, 경제, 안보, 동맹 관계 등 여러 면에서 좀처럼 맑은 날은 오지 않고 위기의 물결은 높아져만 가고 있다. 주변국 중 어느 나라도 우리에게 선의를 품는 나라는 없는 것 같다. 모두가 우리를 노릴 뿐이다. '내우외환(內憂外患)'이 현실이 되어 국내는 여러 파로 갈리고 주변국들은 모두 한국의 노선에 불만이 많다.

국가이성은 지도자의 합리적 사고를 통해 국제 외교에서 구체화되는 것이다. 그러나 국민의 이성 수준이 이를 뒷받침해야 구체화가 가능하다. 지도자가 국가이성을 실현하려면 정치적 신념이나 종교적 믿음, 또는 이데올로기를 떠나야 하고 때로는 국민적 감정(정서)까지 무시해야 할 때도 있다. 무엇보다 원리주의적인 여론에 맞설 용기가 있어야 한다.

리슐리외, 그대는 누구 편이었나?

사회 풍조는 한 사람의 천재에 의해 만들어지지 않지만, 한 사람의 지도자는 사회의 흐름을 바꿀 수 있다. 프랑스의 정치가 리슐리외가 그런 인물이었다. 그는 데카르트와 동시대 인물로 이성주의의 영향을 많이 받았다. 당시 프랑스는 고루한 스콜라 철학이 힘을 발휘하고 있을 때였다. 노트르담 사원 일대에는 논리학과 변론을 가르치는 강습소들이 밀집해 있었다. 논증을 중시하고, 신의 의로움을 주장하는 변신론이 사회를 압도하고 있었다. 그런데 이런 분위기가 오히려 이성주의에 자극을 주었다. 유능한 인재들이 이성을 자각했고, 데카르트의 회의(懷疑)도 스콜라 철학에 대한 불만에서 나왔다. 그렇게 그들은 천재들의 시대인 17세기를 준비했다.

프랑스에서는 학문이 세속적 출세와 상관이 없었다. 우리의 경우는 향교와 서원이 많은 곳일수록 원리주의적 성향이 강했다. 주자학을 배워 과거를 봐야 했기에 학문이 권력과 밀접한 관계를 가졌다. 그러나 프랑스는 지성을 중시하는 주지주의(主知主義, intellectualism) 전통이 강했다.

이런 시대적 분위기에서 등장한 걸출한 정치인이 바로 A. 리슐리외(A. Richelieu, 1585~1642)였다. 리슐리외는 로마 교황이 임명한 추기경으로 교회의 지도자적 위치에 있었으나, 프랑스 총리에 임명되자 오직 국력 신장만을 염두에 두었다.

황태자와 왕비 사이의 불화와 궁중의 정치적 분열(內憂)을 수습하고, 외교에서는 철저하게 국가 이익을 추구했다. 외환(外患)을 수습한 것이다. 당시 유럽은 30년전쟁으로 국제 질서가 재편되던 시기였다. 열강의 지도자들은 세계 지도를 펼쳐 놓고 자국의 영토를 확대하기 위해 색을 칠해 가며 전략을 논의하던 시절이었다. 국민 국가로 가기 위한 준비였다.

리슐리외는 프랑스 총리직에 오르자마자 로마 교황을 위한 추기경이 아닌 프랑스의 지도자로 안면을 완전히 바꾸었다. 국가의 목적과 수단을 정확히 파악해, 프랑스를 국민 국가화하고 국제적인 패권을 확립했다. 그는 가톨릭 추기경이면서도 신교 국가와 동맹을 체결했다. 전쟁을 수습하는 과정에서 종파 따위는 무시하고, 자국의 이익을 도모했다. 그의 정치적 능력은 유감없이 발휘되어 프랑스를 유럽 제1의 국가 반열에 올려 놓았다. 리슐리외가 죽자 로마 교황은 이렇게 논평했다.

> 만일 신이 리슐리외를 만난다면 그에게 물어볼 것이 많을 테지만, 그 첫 질문은 '추기경 리슐리외! 그대는 나의 편이였나?'일 것이다.

당연히 리슐리외가 신(神)을 프랑스 국민보다 더 가깝게 믿을 거라 생각했는데, 실상은 반대여서 카톨릭 수장이 이렇게 논평한 것이다. 이렇듯 국가이성은 자국의 이익을 그 어떤 것보다 우선시한다. 민족의 일체감을 존중한다는 점에서 국가이성은 원형에 내재해 있는 민족주의적 요소를 크게 자극한다.

독일의 이익을 위해서는 3:2 비율을 유지하라

리슐리외에 의해 프랑스는 대국으로 성장해 유럽의 패권을 잡았다. 그러나 그 후 쿠데타로 황제가 된 나폴레옹 3세(Napoléon III, 1852~1870 재위)가 실정을 거듭하면서 프랑스의 국가이성은 내리막길을 걸었다. K. 마르크스(K. Marx, 1818~1883)가 『루이 보나파르트의 브뤼메르 18일(Der achtzehnte Brumaire des Louis Bonaparte)』에서 그 경위를 자세히 설명했듯이, 쿠데타로 황제가 된 나폴레옹 3세는 나폴레옹 1세의 조카라는 사실 외 정치적 능력은 전혀 없던 인물이었다. 성격도 변덕스러워 국가이성의 발현이 불가능했다. 그 결과 유럽의 패권은 적대국 독일(프로이센)로 넘어가 O. 비스마르크(O. Bismarck, 1815~1898)를 통해 꽃피우게 된다.

비스마르크의 목적은 프랑스의 리슐리외로 인해 약체가 된 독일을 유럽의 중심 국가로 다시 우뚝 세우는 일이었다. 그는 독일을 둘러싼 주변국들의 이해관계를 살펴 하나씩 동맹을 맺었다. 다중 외교 방식으로 복잡한 국제 관계를 극복했다. 그는 자신의 외교 전략에 대해 이렇게 한마디로 축약했다.

> "독일의 이익을 위해서는 영국, 프랑스, 오스트리아, 이탈리아, 러시아 5개국 중 강한 나라에 붙거나 3:2의 비율(다수)을 유지하라."

그는 현실 정치에서 세력 균형 정책(balance of power)을 유감없이 발

독일 통일을 완성하며 1871년 1월 18일에 베르사유 궁에서 거행된 독일 황제 빌헬름 1세의 대관식 모습을 그린 베르너의 「황제 선언」, 1871. 가운데 흰옷이 비스마르크이다.

휘하며, '겁쟁이'라는 평을 들을 정도로 신중에 신중을 기했다. 특히 두 대국인 대영제국과 러시아 로마노프 왕조 간의 외교 밸런스를 유지하기 위해 거의 예술에 가까울 정도의 외교력을 펼쳤다. 독일은 나폴레옹전쟁(1797~1815)에 대한 보복으로 보불전쟁(1870~1871)을 일으켜 승리했고, 베르사유 궁의 '거울의 방'에서 독일 황제 대관식을 올리며(1871년) 유럽 최강국으로서의 면모를 과시했다.

이때 비스마르크를 찾아간 일본인이 이토 히로부미(伊藤博文, 1841~1909)였다. 그는 독일에서 비스마르크와 만나 일본 헌법의 기본 노선에 관한 가르침을 받고 또 제국주의에 대한 훈수도 받았다. 이토 히로부미가 비스마르크를 만날 즈음, 조선은 망해가는 청의 총리 이홍장(李鴻章, 1823~1901)의 지시를 받았다. 청의 외교관 황준헌(黃遵憲, 1848~1905)이 쓴『조선책략(朝鮮策略)』대로 '친(親)중국, 결(結)일본, 연(聯)미국'을 실행했다. 당시 청이 러시아의 남하 정책을 경계해 세웠던 외교 전략을 조선이 따르며 스스로 호랑이 입에 기어들어 간 꼴이 되었다.

일본이 신흥 강국 지도자에게 국가이성의 지혜를 전수받은 것에 반해, 조선은 망국 지도자의 훈수를 받고 실행했으니 그 결과는 뻔했다. 국왕이었던 고종(高宗, 1863~1907 재위)이 겁에 질려 러시아 공사관으로 도망갔고(아관파천, 俄館播遷) 거기서 커피를 즐기는 동안 국가의 기둥은 하나씩 무너져 내렸다. 이 역사적 사실을 똑바로 평가하지도 않은 채, 우리는 그 길에 '고종의 길'이란 이름을 붙여 역사적 기념물로 만들었다.

이처럼 조선 망국의 이유가 하나둘이 아니지만, 이 모든 문제의 근원은 국가이성을 정립하지 못한 데 있다.

서희는 보았으나 김성일은 보지 못했던 것들

국가이성은 국가가 위급할 때 발현된다. 또한 국가이성은 교육을 통해 이성의 수준이 높을 때, 혹은 국가에 대한 자부심이 강할 때 발휘된다. 고려 초기가 그런 때였다. 신흥 국가로서 자긍심이 높았고, 신라 말기의 부패를 청산하려는 의지도 강했다. 북방의 거란 또한 최전성기를 맞이하고 있었다. 거란은 9세기 말에 당이 정치적 혼란을 겪는 틈을 타 여러 유목민 부족들을 모아 916년에 야율아보기(耶律阿保機, 872~926)가 세웠다. 938년에 거란은 국호를 중국식으로 '요'로 바꾸었다.

동아시아 역학 관계를 읽은 서희가 택한 국가이성

고려는 4대 광종(光宗, 949~975 재위) 재위 이후 요와 접촉을 시작했다. 10세기 후반에서 11세기 초엽의 중국 대륙은 송과 요가 세력 다툼을 벌이고 있어, 고려로서는 외교에 민감하지 않을 수 없었다. 1004년에 요는 송에 침입해 황허강의 북녘인 화북 일대를 차지했다. 그러나 송은 군사력으로 방어할 생각은 않고, 요에 매년 비단 20만 필과 은 10만 량을 바치며 달래기만 했다. 요는 그것에 만족하지 않고 기회만 있으면 상납금을 증액했다. 실상 유목 민족인 요는 송의 높은 문명을 원했고, 군사를 일으킨 목적도 대륙의 중원을 차지하려는 데 있었다.

이때 또 하나의 유목 민족인 서하가 세력을 확대했다. 송은 호전적인 서하와도 군사적 충돌을 피하려는 정책을 썼다. 서하와 요에 양다리 외교를 펼치며, 오직 상납금으로만 안보를 보장받으려 했다. 앞날을 예측하기 어려운 동아시아의 정치판이었다. 서희(徐熙, 942~998)

송은 요와 서하와의 군사적 충돌을 피하려고 조공으로 달랬다.

가 등용했을 무렵의 고려는 송에 사대하고 요는 멀리하는 입장이었다.

서희는 19살에 과거에 급제해 12년 후 내의성 시랑의 신분으로 송나라에 파견되었다. 송의 태조(太祖, 960~976 재위)는 처음에는 고려 사신을 냉대했다. 고려가 송에 사대의 예를 다하지 않고 소홀히 한 데 대한 불만의 표시였다. 서희는 태조에게 그동안 여진과 요가 육로를 가로막고 있어 외교 사절을 보내지 못했다고 설명했다. 태조는 서희의 말을 긍정적으로 받아들여 고려와의 정식 외교 관계를 회복시켰다. 고려 광종에게 식읍(食邑)을 더해 주었고, 서희에게는 검교병부상서라는 벼슬을 내렸다. 명목상이었지만 국방부 장관에 해당하는 벼슬이었다. 서희는 이 경험을 통해 송과 요가 대치해 있는 동아시아 국제 정세에 대한 안목을 키울 수 있었다.

993년에 요는 동아시아 최대 강국이었다. 그런 요의 장군 소손녕(蕭遜寧, ?~?)이 고려를 침공하며 서한을 보내왔다.

'우리나라는 천하를 통일하고 있다. 우리에게 귀순치 않는 나라는 기어코 소탕할 것이니 속히 투항하라. 잠시라도 머뭇거리지 말라.'

소손녕의 서한을 읽은 서희는 대륙의 정세를 생각하며 해결책을 모색했다. 송나라는 요가 차지한 화북의 연운(燕雲)주를 되찾기 위해 군사를 일으켰다가 대패한 상황이었다. 승리는 했지만 그런 송과 대치하고 있는 요로서는 고려와의 전면전이 부담스러울 것이 분명했다. 동아시아의 역학 관계를 파악한 서희는 요와 화의할 수 있는 조건이 분명히 있을 것으로 보았다.

광종에 이어 즉위한 성종(成宗, 981~997 재위)은 이몽전(李蒙戩, ?~?)을 요에 보내 화의를 청했다. 제1차 협상이었다. 이몽전이 고려에 침공한 이유를 묻자 소손녕은 항복만을 고집했다.

"너희 나라가 백성을 돌보지 않으므로 천벌을 주러 온 것이다. 화의를 구할 생각은 말고 빨리 항복하라."

회담은 아무런 성과 없이 끝났다. 고려 조정은 의견이 갈렸다. 그의 요구대로 항복하자는 투항론(投降論)과 서경 이북의 땅을 주고 화의를 청하자는 할지론(割地論)으로 나뉘었다.

이때 서희가 나서며 "지금 거란의 군사력만 보고 경솔하게 서경 이북의 땅을 떼어 주는 것은 좋은 계책이 아니다"라고 주장했다. 두 차례 열린 요와의 협상은 결렬되었다.

결국 서희가 국서를 품에 넣고 소손녕의 진영으로 넘어갔다. 제3차 고·요 회담이 시작되었다. 소손녕은 대뜸 "나는 대국의 귀인이니 그대가 뜰에서 나에게 절을 해야 한다"고 우겼다. 요의 군사로 꽉 찬 적진이었지만 서희는 침착하게 대응하며 "신하가 임금을 대할 때는 절하는 것이 예법에 맞으나, 지금은 양국의 대신들이 대면하는 자리인데 어찌 그럴 수 있겠는가?"라고 반문했다.

소손녕은 계속 고집을 부렸다. 서희는 노한 기색을 보이며 숙소로 돌아가서 움직이지 않았다. 그가 앞뒤 생각 없이 자존심만 내세운 것이었을까? 송을 앞에 둔 요로서는 배후의 고려와 전면전보다는 화의를 원할 것이라는 외교적 판단(국가이성)이 섰기 때문에 가능한 행동이었다. 결국 소손녕은 서로 대등하게 만나는 예식 절차를 수락했다. 기선을 잡는 데 성공한 것이다. 서희와 소손녕은 마주 서서 읍한 후 단상으로 올라갔다. 소손녕이 물었다.

"당신네 나라는 옛 신라 땅에 건국하였고, 고구려의 옛 땅은 우리나라에 속해 있다. 그런데 어째서 당신들이 우리나라를 침범하였는가?"

성종이 여진의 땅을 빼앗아 성을 쌓은 일을 두고 하는 트집이었다. 서희는 반박했다.

장위공 서희 영정.

"우리나라는 고구려의 후예이다. 그러므로 나라 이름을 고려라고 부르고, 개경을 수도로 정한 것이 아닌가. 귀국의 동경도 우리 영토 안에 들어와야 하는데, 어찌 거꾸로 침범했다고 하는가?"

서희의 논리에 소손녕은 말문이 막혔다. 소손녕은 고려가 요와 국경을 접하고 있으면서 바다 건너 송을 섬기고 있는 까닭을 물었다. 송 대신 요를 섬기라는 의미였다. 송과 전면전이 벌어질 경우 배후를 안정시키기 위함이었다. 이것이 요가 고려를 침공한 목적이었다. 그로부터 11년 후, 요는 송을 침략했다. 서희는 협상을 통해 고려가 택할 수 있는 최선의 국가이성을 발휘했다.

> 압록강 안팎도 우리 땅인데, 지금 여진이 그 중간을 점거하여 육로로 왕래하는 것이 바다를 건너는 것보다 더 곤란하다. (요와의) 국교가 통하지 못하는 것은 여진 탓이다. 만일 여진을 내쫓고 우리의 옛 땅을 회복하여 거기에 성과 보를 쌓아 길을 통하게 한다면 어찌 국교가 통하지 않겠는가?

소손녕은 회담 내용을 자신의 나라인 요의 왕에게 보냈다. 왕은 고려의 왕이 화의를 요청했으니 그만 철군하라고 명했다. 송과 대치 중이었던 요로서는 고려와의 화의가 절실했기 때문이다. 요는 '고려가 압록강 동쪽 280여 리의 영토를 개척하는 데 동의한다'는 내용의 답서도 보내왔다.

정세를 읽고 상대의 의도를 꿰뚫어 본 후 요구를 일단 받아들여 화의를 맺고, 이후 사대의 예를 갖추는 것이 서희의 외교였다. 싸우지 않고 대군을 돌려보내고 영토까지 얻었으니 세계 외교사에서 가장 성공적인 외교 가운데 하나로 칭송받을 만하다.

송과 첨예하게 대립한 요의 속사정을 정확하게 파악한 서희는 이듬해부터 직접 군사를 이끌고 여진족을 몰아낸 뒤 흥화(의주), 용주(용천), 통주(선천), 철주(철산), 구주(귀성), 곽주(곽산) 6주에 성을 쌓고 고려 영토로 편입시켰다.

이로써 고구려 멸망 이후 처음으로 국경이 압록강에 다다랐다. 사대는 했지만 그것을 역이용해 '국가이성'을 바람직하게 발현한 훌륭한 본보기다.

상놈의 나라 군사력은 왜 보지 못했을까

우리 역사에서 서희와 대조되는 인물을 꼽으라면 단연코 조선의 김성일(金誠一, 1538~1593)일 것이다. 그는 임진왜란 직전에 일본 정세를 탐지하기 위해 사신으로 파견되어 도요토미 히데요시(豊臣秀吉, 1537~1598)까지 만났던 인물이다. 그러나 일본의 침략 야욕은 간파하지 못했다. 만약 서희와 같은 외교적 판단력이 김성일에게도 있었다면 도요토미의 조선 침략 계획을 금방 감지했을 것이다. 전쟁의 냄새가 나라 곳곳에서 피어오르고 있었기 때문이다. 그러나 김성일은 주자학자로, 원리주의자였다.

"왜는 상놈의 나라입니다. 어찌 상놈의 나라가 예(禮)의 나라인 조선을 침략할 수 있겠습니까?"

오히려 '상놈'의 나라이기 때문에 침략 야욕이 있을 것이라는 생각은 왜 하지 못했을까? 그는 대학자 이황(李滉, 1501~1570)의 수제자로 이름을 떨쳤으나 주자학의 예에 함몰되어 '상놈 나라' 일본의 정치적 방향이나 군사력에는 관심이 없었다. 원리주의가 현실을 정확히 볼 수 없게 만든 것이다. 그는 국가이성에 대해서 생각도 하지 못했다.

이에 반해, 함께 동행했던 황윤길(黃允吉, 1536~?)은 현실적이었다.

병과 출신인 그는 도요토미가 100년간 지속된 전국 시대를 평정하고 통일천하를 이룬 현실을 있는 그대로 파악했다. 전국 시대에는 전공(戰功)에 대한 보상으로 탈취한 토지를 재분배해 주었고, 이런 선심을 이용해 전의를 높였다. 도요토미는 최대한의 무사단을 이끌고 적대 세력을 소멸시키며 영토를 넓혀 왔다. 그런데 이제 평정은 끝났다. 더 이상 탈취할 영토도 없었다. 전쟁이 없으면 군대는 반란의 가장 큰 요인이 된다. 그의 조선 침략의 최대 목적은 과도한 군사력의 소모에 있었다. 병조참판을 지내며 국방 안보에 훤했던 황윤길의 눈에는 전쟁도 없는 나라에 넘쳐나는 군대가 보였다. 그런 군대를 그냥 놀리고 있을 리가 없었다. 그렇다면 새로운 전쟁 대상은 지리적으로 가까운 조선이 될 것이 뻔했다. 상놈의 나라이기에 상놈의 습성대로 살육과 약탈을 감행할 수 있는 것이다.

황윤길은 '상놈의 나라가 양반의 나라를 침략할 수 없다'는 김성일의 주장에 반대하며 '왜군은 반드시 침략한다'고 맞섰다. 두 사람은 싸움을 일삼던 서인과 동인이었으니 의견이 같을 리 없었다. 따라서 조정의 중신들도 의견이 갈리어 격론을 벌였으나 전쟁이 없을 것으로 마무리되었다. 국가이성은 현실 인식과 동의어이기도 하다.

원리주의가 판치면 사회는 유연성을 잃는다

서희가 활약했던 고려 시대 초기는 중국에 대한 사대를 외교적으로 이용해 국가이성을 발휘하는 유연성을 갖춘 사회였다. 그러나 조선 시대에는 주자학의 경직된 원리주의, 그 가운데 특히 동방예의지국(東方禮儀之國)이란 원리주의가 조정을 휩쓸면서 이성이 숨 쉴 공간이 없었다.

병자호란의 경우도 한번 되짚어 보자. 원래 후금(후에 국호를 '청'으로 바꾸었다.)의 태조 누르하치(奴爾哈赤, 1559~1623)는 조선을 침략할 의도가 없었다. 그의 주된 관심은 조선이 아닌 명이 분할 통치했던 여진족을 통합해 독립하는 데 있었다. 중국 대륙 공략이 그의 목표였기 때문이다. 그런데 조선의 조정(서인)이 공공연하게 명을 숭상하고 청을 멸시하는 숭명배청(崇明排淸)을 내세우며 반기를 들자, 이에 발끈했던 것이다. 인조(仁祖, 1623~1649 재위)의 측근이었던 나만갑(羅萬甲, 1592~1642)이 남긴 글을 보면 당시의 조정 분위기가 어떠했는지 알 수 있다.

> 시대적 상황은 척화(斥和)를 정의파로 하고 화의(和議)를 사논(邪論)으로 여기고 있었음으로, 이의를 주장하는 사람이 나올 수 없었다.(『병자록(丙子錄)』)

이런 분위기는 오늘날 한국이 일본을 대하는 태도와 아주 흡사하다. 일본을 냉정하게 관찰하면서 이성적인 견해를 내면 '신 친일파'로 매도하는 판국이다. 원리주의는 개인의 이성은 물론 국가이성까지 해친다.

국가이성을 생각했던 4명의 선각자들

우리 역사에서 국가이성을 중시한 선진들을 들라면 필자는 세종대왕과 신숙주, 정약용 그리고 김대중 전 대통령을 꼽는다. 세종대왕(世宗大王, 1418~1450)은 르네상스적 거인이자 이상적인 철인왕(哲人王)[2]이었다. 언어학에서부터 수학, 천문학, 약학, 음악 등 다루지 않은 분야가 없었을 정도로 학문의 꽃을 피우게 했다. 또한 중국에 사대하는 좁은 운신의 폭 안에서 최대한 국가이성을 발휘한 왕이었다. 무엇보다 소중화(小中華) 원리주의에 빠진 완고한 신하들의 반대를 무릅쓰고 한글을 창제했고, 한민족의 시조인 단군을 높여 단군 사당도 평양에 건립했다. 특히 당시 최고 수준의 방정식 이론이었던 천원술(天元術)을 『산학계몽(算學啓蒙)』으로 공부한 것은 놀라울 따름이다. 이후 세종은 수학적 사고의 중요성을 깨달아 중국에 수학 유학생을 보내기도 했다. 양반 자손들에게도 과거 공부만 할 것이 아니라 수학 공부를 하라고 권장했다. 왕의 의지 하나로 민족적 학풍을 세울 수 있다는 가능성을 보여 준 왕이었다.

신숙주(申叔舟, 1417~1475)는 일본을 방문해 일본의 정치 상황을 잘 알았던 인물이다. 그는 임종 직전에 조선의 외교 방향을 물어온 성

2) 세계 최초의 학교 '아카데미아'를 설립한 철학자 플라톤은 『국가론』에서 이상적인 정치 지도자가 되려면 20~30세에는 기하, 산술, 음악, 천문을 기초 과목으로 공부하고, 30~35세에는 논리학, 수사학, 문법을 배우는 완전 학습의 단계를 거치고, 35~50세에 '이데아'의 원리를 적용하고 실습해야 한다고 주장했다. 그래야 50세가 되었을 때 마침내 철인왕이 되어 국가에 봉사 헌신할 수 있는 지도자가 될 수 있다는 것이다.

종의 요청에 이렇게 답변했다.

"일본과의 교류를 중요하게 생각하십시오."

이 말은 그의 유언이 되었다. 조선에도 일본에 관한 정보가 많았으나, 그것을 적극적으로 이용하여 국가이성에 반영한 인물은 부족했다. 당파 싸움과 주자학에 빠져 선각자의 말을 귀담아 듣지 않았고, 이를 국가이성으로 발현할 지성적 태도도 없었다. 원리주의를 내세워 일방적으로 몰아붙이면 이성은 자취를 잃게 된다. 1627년의 정묘호란과 1636년의 병자호란은 숭명배청의 원리주의를 표방했던 조선이 자초한 화였다.

그나마 한국인의 이성에 안도감을 느낄 수 있게 한 것은 실학(實學) 운동이었다. 정약용(丁若鏞, 1762~1836)은 '중국 중심의 화이관(華夷觀, 중화사상)에서 벗어나야 한다(『여유당전서』「탁발위론(拓跋魏論)」)'며, 통신사로부터 입수한 정보를 기초로 일본 문물이 결코 조선에 뒤떨어지지 않는 것으로 판단했다. 그는 일본의 잠재력을 정확히 평가했고 일본과의 교류를 중시했다. 특히 이익(李瀷, 1681~1763)은 일본의 정치 제도가 종교적인 천황제와 군사적인 막부 제도로 이원제인 것을 이해 못하면, 후일 중대한 문제가 야기될 것이라고 예언했다. 일부 실학자들은 통신사를 파견해 일본에 관한 정보를 수집할 것을 권하기도 했다. 소수이기는 했으나 주자학에서 벗어나 이성적 사고를 했던 그들의 존재는 오늘날 우리에게 용기를 준다.

김대중(金大中, 1924~2009) 전 대통령(1998~2003 재임)을 처음 만난 것은 독재정권이 저지른 가택 연금에서 풀려난 직후였다. 그는 미디어와의 대담에서 연금 생활 중 읽은 필자의 졸저 『일본의 몰락』을 평가하였다. 이런 인연으로 김대중 전 대통령과 자주 만나 담소를 나누었다. 각 분야의 책이 주된 관심사여서, 정치적인 문제는 화제 삼지 않았다. 그는 수학과는 무관했으나 필자 평생 그처럼 수학적인 사고를 일상적으로 하며 행동에 옮긴 사람을 만나본 적이 없다. 가장 강렬하게 기억에 남는 것이 '사고법'이다. 중요한 문제에 봉착하면 그는 이런 사고법으로 상황을 가다듬고 정리했다.

1) 하나의 문제에 대해 발생할 수 있는 모든 가능성을 노트에 나열해 적는다.

2) 사소한 것일지라도 빠진 사항이 없는지 다시 검토한다.

3) 쉬운 것부터 차례로 생각해 보고, 가장 현실성이 없는 것부터 차례로 지운다.

4) 남은 항목 가운데 가능성이 적은 것부터 하나씩 삭제한다.

5) 마지막으로 남은 항목 중 가장 쉬운 것을 선택한다.

필자는 그의 수첩에 빽빽이 적힌 메모들을 곁눈으로 보면서 데카르트의 『방법서설』을 연상했다. 데카르트도 이와 비슷한 방법으로 해석기하를 만들었다. 김대중 전 대통령은 그러한 방법을 몸소 터득해 이를 바탕으로 정치 활동을 했다.

그는 한국과 일본이 과거를 잊고 미래지향적인 노선으로 가야 한다고 생각했고, 이를 실천했다. 박정희 전 대통령과 치열하게 대립한 것은 불법적인 군사 정권이 민족을 대표할 수 없다는 신념에서였다. 처음에는 한일 국교 정상화도 반대했으나 현실적인 성과가 나타나자 박정희 전 대통령의 정책을 긍정적으로 평가했다.

그는 단 한 번도 정치적인 보복을 한 적이 없다. 박정희 전 대통령에 의해 현해탄에 수장될 위기에 처하기도 했고, 전두환의 정치 재판에서는 사형 선고를 받는 등 무려 5번이나 목숨이 위태로운 지경에 몰렸지만, 자신의 정적들을 보복하기 위해 '구악청산'을 내건 적은 없었다. IMF 파동으로 국가 경제가 거덜났을 때도 이를 소생시키기 위해 최선을 다했으며 결국 성공했다. 필자는 그 과정에서도 수학적 사고법이 어김없이 발휘되었을 것이라고 확신한다.

그는 '북한이 핵을 가지기 전에 통일이 성취되어야 한다'며 북한이 핵을 갖게 되면 남북 평화 통일은 불가능할 것이라고 했다. 그러나 미국의 클린턴(W. J. Clinton, 1946~) 전 대통령까지 인정한 한반도 통일안은 안타깝게도 부시(G. W. Bush, 1946~) 전 대통령의 오만으로 좌절되어 버렸다. 한국은 물론 미국도 최적의 기회를 놓친 것이었다. 현 진보파 정권이 그의 햇볕정책을 계승하고 있다고는 하지만, 북한이 핵을 가진 이상 햇볕정책은 의미가 없어졌다.

북한의 핵 보유에 관해 김대중 대통령과 전혀 다른 생각을 했던 인물은 김영삼(金泳三, 1927~2015) 전 대통령(1993~1998 재임)이다. 그는 "북한이 핵을 갖는 것을 환영한다. 통일 후 대한민국이 핵 보유국이 될 것이기 때문이다"라고 어처구니없는 말을 했다. 그는 통일이 곧 대한민국의 북한 접수라고 생각하고 있었다. 독도 문제에 관해서도 이전 대통령들은 신중하게 대처했으나, 그는 독도에 부두를 설치하고 국내 정치에서 위기가 발생할 때마다 반일 노선의 강도를 높였다. "일본놈 버르장머리를 고쳐야 한다"라며 외교상 결례되는 발언을 서슴치 않았으며, 일본에게는 무슨 말을 해도 좋다는 분위기를 조성했다.

필자는 오늘날 한일 외교의 갈등이 그 발언으로부터 비롯되지 않았나 생각한다. 그나마 다행이라고 여기는 것은, IMF의 멍에를 뒤집어 쓰고 등장한 김대중 전 대통령이 국가이성을 발휘한 유일한 대통령으로서 한국인의 가능성을 느끼게 해 줬다는 점이다.

왜 국가이성이 뿌리내리지 못할까?

구 소련 공산주의가 북한 조선공산주의(주체사상)로 변질된 과정을 보면, 중국 주자학이 조선의 주자학으로 뿌리내린 과정과 어쩜 그리도 똑같은 궤도를 밟은 것인지 원형의 무서움을 느끼게 한다. 조선의 주자학이 원리주의에 함몰되었듯이, 북한도 조선공산주의 체제를 확립하면서 김일성 주석의 추종자 이외의 인사들은 모조리 반동으로 몰아 숙청했다. 철저하게 원리주의에 바탕을 둔 숙청이었다.

조선의 학파들도 한번 살펴보자. 영남학파, 기호학파 등 심하게 평가하면 '도토리 키 재기' 같은 작은 이론상의 차이가 있었을 뿐인데도, 이 작은 차이가 지역과 학연의 차별을 조장했고 피 튀기는 싸움의 원인이 되었다.

논쟁은 이성적인 방법을 통해 이성적인 결론으로 향하기 전에 시기와 질투부터 키웠다. 원리주의로 움직이는 사회가 초래한 불행한 결과였다.

평천하와 수신제가

조선의 학문이 파벌 중심으로 발달해 온 저변에는 학문과 정치의 유착이 있었다.

주한 미국 대사관에서 근무했던 G. 헨더슨(Gregory Henderson, 1922~1988)은 한국학, 특히 실학 연구가로 잘 알려진 학자다. 스스로를 정약용의 아호인 정다산에 빗대어 이름도 '한대선'으로 고쳐 부르고 고려 시대의 문인 이규보(李奎報, 1168~1241)를 높게 평가했다. 그는 저서 『소용돌이의 한국정치(Korea: The Politics of the Vortex)』에서 조선 시대에 당파 싸움이 많았던 이유를 벼슬자리는 적은데 너무 많은 지원자가 몰린 현상 즉, 좁은 협곡으로 몰려든 바람이 일으키는 소용돌이에 비유했다. 그는 이를 '소용돌이의 정치(the politics of the vortex)'라고 표현했다. 그의 주장은 사실 조선의 정치 제일주의를 지적한 것이었다. 정당 싸움의 근본적인 원인도 감투에 있었고 훈구파와 사림파, 보수와 진보의 알력도 감투 때문이었다.

국토는 좁고 인구에 비해 벼슬자리는 적고, 농업 이외에 달리 이상적인 직업군이 없으니, '남의 자식 잘못된 것이 내 자식 잘된 것보다 고소하다'는 속담처럼 남이 잘못되어야 내게 기회가 올 수 있다는 심리가 작동하는 것이었다. 차별과 분파에 근거해 우월감이 생겨났고 과거 시험 합격자 수가 양반 가문의 순위를 좌우했다. 이런 지향성이 우리의 원형에 깊숙이 새겨져 있다.

6·25전쟁이 끝날 무렵, 처음으로 4년제 정기 육사 졸업생들이 배출

되자 전 국민은 이들에게 큰 기대를 걸었다.

국민방위군 사건[3] 같은 부패와 무능으로 얼룩진 얼치기 장군들에게 절망했기에, 정식 교육을 받은 청년 장교들은 희망의 아이콘이었다. 도덕적 기품도 갖추었을 테니, 신생 대한민국 국군을 바로 세울 혁신적 인재가 될 것으로 믿었다.

그러나 그들 또한 원형에 내재된 '평천하의 정치 지향성'만은 변함이 없었다. 쿠데타를 일으켰고 국민에게 총질까지 하며 권력 장악에 혈안이 되었다. '5·18민주화운동' 직후, 전국 고교생의 장래 희망이 '육사 → 정치 → 권력 장악'순이었으니, 참으로 비극적인 현실이었다. 필자는 이러한 현상을 전두환, 노태우 등 개인의 성향이라기보다는 우리 원형에 내재된 속물적 출세관을 청산하지 못한 데 원인이 있다고 본다.

본래 동양적 출세관은 부정적인 것이 아니었다. 『대학(大學)』의 '수신제가치국평천하(修身齊家治國平天下)'는 '평천하' 즉, 정치 참여를 최종 목적으로는 하지만 전 단계에서 먼저 '수신제가'를 이룰 것을 강조했다. 『효경(孝經)』에도 '입신양명(立身揚名)'의 전제 조건으로 '행도(行道)' 즉, 도덕적 행위를 요청했다. 그러나 우리는 마지막 목표인 '평천하' 또는 '입신양명'만 달성하면 그 이전 단계에 필수적으로 통과해야 할 '행도'와 '수신제가'가 저절로 완수된 것으로 여겼다. 결국 출세만 하면 도덕과 윤리는 무시해도 좋다는 생각을 갖게 되었고, 이런 무책

3) 1·4후퇴 당시 국민방위군 간부들이 방위군 예산인 약 25억 원의 국고금과 물자를 부정 착복하여 수만 명의 아사자와 병자를 발생시켰고, 주요 간부 5명이 사형 선고를 받은 사건.

임이 바로 '내로남불'이 된 것이다.

필자에게 9월은 늘 우울한 달이다. 노벨상 수상자가 발표되는 시기여서다. 50년 전부터 필자는 기회가 있을 때마다 주요 언론 매체를 통해 '노벨상은 꿈도 꾸지 말라'고 외쳐 왔다. 너무도 간절한데 이루지 못할 환경이니 반어법으로 외친 것이다. '한국연구재단'도 '앞으로 노벨상 수상자 목표를 포기하고 직접 인류에 도움되는 연구를 지원한다'는 아리송한 발표(2018년)를 한 걸 보면 노벨상 지원은 포기한 듯하다.

정치가와 관리는 예산 마련과 분배에만 신경 쓰고, 연구자는 연구에만 신경 써야 하는데, 독경(讀經)보다는 제물(祭物)에만 눈독을 들이고 있으니 제대로 될 리가 없다. 정치가 학문을 오염시키는 것을 막기 위해서는 학문적 풍토와 교육 실태, 그리고 우리의 원형에 대해 다시 검토해 봐야 한다.

노안(奴雁)의 전통

프랑스는 사회적으로 큰 사건이 발생하면 당대 최고의 지식인들이 나서서 적극적으로 자신의 견해를 밝힌다. '자유, 평등, 박애'의 관점에서 사건의 의미를 재해석하고 발표한다. 국민은 그들의 말에 귀를 기울이고, 특히 반정부적 의견일수록 관심이 더 높다. 이성의 보편성에 대한 관심이 크기 때문이다.

앙가주망은 프랑스 지식 사회의 존재 이유이자 전통이다. 대표적인 계몽사상가였던 볼테르(Voltaire, 1694~1778)도 프랑스의 왕정에 반대한다는 자신의 정치적인 견해를 과감히 밝혔고, E. 졸라(É. Zola, 1840~1902)도 유대인 장교였던 드레퓌스 대위가 간첩 누명을 쓰고 재판에 회부되자, '나는 고발한다(J'Accuse)'는 글로 그의 무고를 주장했다. 졸라의 글은 여론을 환기시켜 결국 그는 무죄 석방되었다. 20세기의 가장 프랑스적인 인물로 간주되는 J. 사르트르(J. Sartre, 1905~0980) 역시 정치 참여에는 관심이 없었지만, 제2차 세계대전이 발발하자 나치 점령하의 프랑스를 위해 레지스탕스 운동을 벌였고, 전후에는 알제리와 베트남 문제를 두고 정부 정책을 맹렬히 비난했다.

동아시아 문화권에서도 앙가주망에 대응하는 노안(奴雁) 사상이 있었다. 장거리를 날아 이동하는 기러기 떼가 도중에 일제히 먹이를 찾아야 할 때, 그중 일부는 먹이를 먹지 않고 적의 습격을 경고하는 감시자 역할을 한다. 다른 기러기들처럼 자신도 배고프고 목마르겠으나, 무리 전체의 안전을 위해 참고 희생하는 것이다. 이를 노안이라 이른다.

조선 중기의 학자였던 조식(曺植, 1501~1572)이 노안과 같은 분이었다. 그는 벼슬과 거리를 두고 철저히 후생 교육에만 몰두했다. 이황이 지방 수령으로 부임하자 객관적으로 볼 때 최소한의 정치 참여에 불과했던 그 행위마저 비난할 정도로 금욕적이었다. 그러나 임진왜란이 발발하자 조식의 문하생들은 전장으로 달려갔다. 그의 제자들이 가장 많이 의병장으로 나가 왜군과 싸웠다. 스승의 교육 신념인 노안 사상에 영향을 받은 것이었다. 평천하와 노안 사상은 전혀 다르다. 노안 정신에는 세속적인 출세욕이 없다.

무릇 지식인의 존재 이유는 국가의 정책 방향에 관심을 갖고 미래를 예측, 경고하는 데 있다. 그래서 문명 사회에서는 언론인을 사회의 목탁(木鐸)이라고 하고, 학자를 노안이라고 하는 것이다. 국가이성은 앙가주망 즉, 노안의 전통에서 형성되어야 한다.

지적 정직성을 키우는 교육

국가이성을 높이려면 사회가 지적 정직성을 회복해야 하고 그 기반은 학교 교육에서 이뤄져야 한다. 지적 정직성을 회복시킬 교육, 철학적 성찰을 하게 하는 교육 과정이 요청되고 있는 것이다. 그런데 인구 감소에 따른 신입생 감소로 대학의 폐과 1순위가 철학과라니 참으로 안타까운 일이다.

철학과 윤리가 실종된 교육은 곧 자기 성찰의 실종이며, 남는 것은 다시 조선 시대 출세주의로의 회귀일 것이다. 이성은 무시되고, 충동적인 데모에 동조하기 쉬운 인간을 대량 배출하게 될 것이다. 고등학교 교육이 문과와 이과로 나뉘어 대학 입시를 향한 극심한 경쟁 체제로 일관하고 있는데, 대학마저 인문학을 외면하고 융합 교육이 이루어지지 않는다면 결국 이성을 기를 기회는 실종되는 것이다.

필자는 광장정치를 개인의 문제라기보다 한국의 좌절(Korean

tragedy)이라고 부르고 싶다. 그 책임은 교육에 있다. 교육이 출세지향적이 되면 철학적 성찰이 전혀 없는 '입신양명관'을 갖게 된다. 감투만 쓰면 '수신(修身)'과 '행도(行道)'를 완성한 것으로 자처하면서, 남의 티끌은 과장하고 자신의 커다란 허물은 전혀 보지 않는 것이다.

질투는 공정하지 못한 사회에서 양산된다. 수단과 과정이 공정해야 시기와 질투를 피할 수 있다. 공정한 출세는 존경의 대상이 되지만, 다소라도 불법적인 요소가 개입되면 그런 성공은 질투의 대상이 된다. 조선 시대의 양반이 존경보다 질투를 받은 이유도 누구나 수긍하는 공정성이 없었기 때문이다. 지식인들의 교양 수준은 직간접적으로 국격과 직결된다. 국가의 미래를 위한 노안 즉, 앙가주망을 가진 인재 양성에는 관심이 없고 포퓰리즘에만 연연한다면 질투는 계속 확산될 것이다.

핵심은 지적 정직성이다. 지적 정직성이 낮은 사회는 부패 지수가 높고 사기 범죄율도 높다. 국가별 부패 인식 지수에서 한국은 45위(국제투명성기구, 2018)였고, 세계보건기구(WHO) 통계를 보면 사기 범죄율도 얼굴이 화끈거릴 정도로 높았다. 언어 사용 수준 또한 한심하다. 욕설은 일상화되어 있다. 앞에서 강조했듯이 언어는 인간의 본질이고 인지 능력과 직결되는 이성이며, 해당 민족의 정신을 비추는 거울이다. 언어의 오염은 민족 정신과 이성의 오염이다. 언어 순화와 정화가 필요한 이유가 이런 배경 때문이다.

'지적 정직성'은 정확한 지식을 전제로 할 때 길러진다. 애국 교육도 사실을 근거로 한 것이어야 한다. 과장하거나 충동적인 행위를 애국이라 이름 붙인다면 비이성적인 인간을 양성하는 꼴이 된다.

한일 외교가 파국으로 치닫고 있을 때, 어느 고등학교 교사가 앞장서서 학생들에게 반일 구호를 외치게 했다는 언론 보도를 보고 참담했다. 애국 교육이 정치 선동에 이용되는 우를 범하면 훌륭한 차세대 외교관을 배출하기 어렵기 때문이다. 반일 구호 대신 '하노이 협상의 성공을 믿고 북·미 양국이 합의하면 대한민국은 이 합의안을 외교의 기본 노선으로 삼을 수 있는가?' 등을 주제로 토론을 해 보는 것은 어떨까 하는 생각이 들었다.

또 하나 강조하고 싶은 것은 '역사는 오늘의 잣대로 재지 말아야 한다(E. 카, 『역사란 무엇인가』)'는 사실이다. 역사적 현실이었던 당시의 관점과 그 시대의 정치, 외교, 사상, 문화적 배경에서 바라보고 해석되어야 비교적 오류가 적어진다. 만일 오늘의 우리가 동학 농민 운동이 전개되었던 당시처럼 '죽창가'를 부르며 일본을 대한다면 이는 시대착오적인 발상이자 행동에 불과하다. 적폐청산을 내세워 과거의 문제들을 재단하기 전에, 저명한 역사학자이자 정치학자였던 E. 카(E. H. Carr, 1892~1982)의 관점을 조용히 음미해 봐야 할 것이다.

국가이성을 확립하지 않고 원리주의에 함몰되면 그 사회는 분열로 향하게 된다. 우리가 구악일소, 적폐청산을 구실로 계속 분열한다면 한반도의 불행의 범위는 계속 확대되어 갈 것이다. 대한민국 대통령들은 이승만 전 대통령의 망명을 시작으로 피살, 군부의 강요에 의한 중도 하차, 자살, 형무소행, 경제 파탄(IMF) 등 비극의 연속이었다.

인류사는 전쟁사이기도 하여 지금 이 순간에도 지구 어느 한구석에서는 총소리가 울리고 있다. 전쟁은 승리가 목적이지만, 더 중요한 것은 패자가 되었을 때 동족을 일체화하는 일이다. 일체화를 이루지 못한 민족은 다시 동일한 비극을 겪게 된다. 전 세계에 흩어져 수천 년간 유랑하던 유대인들도 이스라엘로 돌아와 뭉쳐서 생존하는데, 하나의 민족이 갈라져 서로 정통파, 애국자라고 우기며 상대에게 끊임없이 손가락질만 해 댄다면 우리는 주변국 모두에게 얕보이고 만다. 이제라도 우리가 먼저 뭉쳐야 한다.

제9부

국가이성은 강한 국가로 나아가게 한다

외교의 지혜는 균형 감각이다

흔히 자성(自省)과 자학(自虐)을 구별하고 자만(自慢)은 경계하라고 한다. 예전에 서당에서는 『명심보감(明心寶鑑)』을 가르치며 이 3가지는 꼭 명심할 것을 강조했다. 현실 외교에서도 '자성, 자학, 자만'은 꼭 기억해야 할 사항이다. 자만은 과거를 미화하여 실수를 되풀이하는 것이고, 자학은 이광수의 「민족개조론」에서처럼 자기 약점만 드러낼 뿐, 미래에 대한 대책은 없는 것이다. 그래서 필요한 것이 과거의 실수를 돌아보고 앞으로의 대책을 생각하는 자성이다.

대국은 원형에 충실했던 시절로 되돌아가고 있다

지난 1세기 동안 역사는 빠르게 변했지만, 앞으로는 더 빨리 돌아갈 것이다. 1990년에 미국의 정치학자 F. 후쿠야마(F. Fukuyama,

1952~)가 『역사의 종언(The End of History and the Last Man)』에서 소련의 붕괴를 예언한 이후 30년 간 우리는 지난 백 년의 세월보다 더 많이, 더 급속히 변했다.

변덕스러운 역사의 흐름은 현대사를 요동치게 만들고 있다. 트럼프 대통령은 '미국 제일주의(America first)'로 세계 질서의 틀을 바꾸고 있고, 영국은 W. 처칠(W. Churchill, 1874~1965)이 그토록 바랐던 EU 회원국에서 이탈(Brexit)했다. 중국은 '일대일로(一帶一路) 정책'으로 공산당 체제를 그대로 둔 채 역사상 최대 영토 국가를 이뤄 냈다. 러시아는 공산주의 패망의 폐허에서 되살아나 군사 대국화, 우파적 민족주의 대국화를 시도하고 있다.

미국, 영국, 중국, 러시아 등의 대국들이 자유 무역을 통해 원형에 충실했던 시절의 영광으로 되돌아가려 하면서 자국제일주의와 보수화, 군사 대국화로 재빠르게 환원하고 있는 것이다. 모두 자국 중심의 노선을 취하고 있어 통상 무역 정책에 무척 민감해졌다. 무기의 발달 또한 약소국과 대국 간 군사력의 차이를 좁혔다. 예전에는 대국이 전쟁을 일으켰으나, 핵무기가 확산된 지금은 소국도 대국에 과감하게 맞선다.

이런 상황에서 한국과 같은 소국은 어떤 외교적 지혜를 발휘해야 할까? 약소국일수록 국가이성의 방향이 중요한데, 지금 우리는 조선시대 말기처럼 외교의 방향을 찾지 못하고 단세포적인 반응만 거듭하고 있다. 식민지가 되기 직전에는 황준헌이 제시한 '친(親)중국, 결(結)일본, 연(聯)미국'을 택했고, 6·25전쟁 때는 친(親)미국, 연(聯)일본,

반(反)북한, 경(警)중국이었다. 오늘날에는 '중국 중시, 북한 우대, 일본 무시, 미국 경시'로 변했다. 바람개비 같이 돌아가는 시행착오 외교로 보인다. 이러다가 비극이 되풀이될까 걱정이다.

위기에 당면한 나라는 스스로 목표를 선택하고 목표에 의지해야 살아남을 수 있다. 우리나라는 민주, 자본주의를 선택했다. 이제 그것을 유지하는 최상의 방법을 선택해야 한다.

왜 우리는 오래된 외교적 자산을 버리고 있나

6·25전쟁이 터졌을 때 대한민국에 가장 먼저 군대를 파견한 나라는 미국이었고, 한국의 경제 성장은 실질적으로 일본과의 협력에서 이루어졌다. 한·미·일은 오랜 기간 협력 관계를 뚜렷이 유지해 왔다.

프로이센의 참모장을 지냈던 C. 클라우제비츠(C. Clausewitz, 1780~1831)는 『전쟁론(Von Kriege)』에서 '전쟁도 외교의 연장'이라고 정의했다. 전쟁조차도 국익을 위한 외교 수단이 되어야 함을 강조한 말이다. 외교는 그만큼 중요한 것이다. 그런데 우리는 일본과 마찰이 생길 때마다 분열하여 상대를 향해 큰소리치기 바쁘다. 한쪽에서는 '국익을 팔지 말라'고 외치고 다른 쪽에서는 '그런 소리 하는 사람은 친일파'라며 공격한다. 또한 '일본과의 외교 마찰을 감당할 역량이 우리에게도 있다'는 식으로 크지도 않은 사건을 두고 우리 외교는 소란하다.

한국 지도자들에게는 '우선 큰소리치고 보자'는 이상한 심리가 있다. 6·25전쟁 직전에 신성모 당시 국방부 장관이 "명령만 내려 주시오. 그럼, 점심은 평양에서 먹고 저녁은 신의주에서 먹겠소"라고 큰소리치고는, 북한군이 남침해 오자 맨 먼저 대통령과 함께 한강을 건너 도망갔다는 사실은 잘 알려진 이야기다. 큰소리치는 것에는 진보, 보수가 없다. 전쟁도 불사하겠다는 식의 호기를 한 번쯤은 부려야 정권 유지를 할 수 있는 것으로 믿는 것 같다.

임진왜란 당시에도 삼도순변사 신립(申砬, 1546~1592) 장군이 영의정이었던 유성룡(柳成龍, 1542~1607)에게 큰소리치는 모습이 『징비록(懲毖錄)』에 기록되어 있다.

> 유: "가까운 시일에 큰 전쟁이 일어날 것 같은데, 적을 막아 낼 자신이 있소?"
>
> 신: "그까짓 거 걱정할 것 없소이다."
>
> 유: "그렇지가 않소. 과거에 왜군은 칼과 창 같은 무기만 가지고 있었지만, 지금은 조총을 갖고 있소."
>
> 신: "아, 그 조총이란 것이 쏠 때마다 맞는답디까?

침입한 왜군에 대한 대비가 큰소리치는 것이었으니, 그 결과는 비참할 수밖에 없었다.

한국 외교는 어떠한가? 오랜 시간 구축해 온 미국, 일본과의 외교적 자산을 버리고 반미, 반일을 외치며 큰소리만 치고 있지는 않은지 돌아볼 일이다. 특히 역사 속의 감정을 현실 외교에 개입시키는 것은 매우 어리석은 일이다. 중국의 경우 제2차 세계대전 당시 일본에게 희생된 자국민이 2천만 명이 넘었지만, 일본에게 아무 보상도 요구하지 않고 실속만 챙겨 왔다. 이런 중국의 태도를 살펴볼 만하다.

일본의 국가이성은 조용히 이익을 극대화하는 것이다

제2차 세계대전에서 일본이 패전한 직후의 일이다. 일본에 대한 연합국의 악감정은 극에 달해 있었다. 대부분의 연합국들은 천황에게 전쟁 책임을 엄하게 물을 작정이었다. 당시 일본 총리였던 요시다 시게루(吉田茂, 1878~1967)는 매일 아침 출근하면서 '일본은 무조건 항복했다'라는 말을 거듭거듭 마음에 새겼다고 한다. 그는 점령군인 미군의 정책에 협조하기 위해 최선을 다했다. 인류 역사상 승전국과 패전국 사이가 미·일처럼 좋았던 사례가 없었을 정도였다고 한다. 그는 온갖 굴욕을 참으면서도 미국을 거스르지 않고, 대신 실리를 취했다. 일본 정부는 교묘한 외교로 천황은 전쟁에 책임이 없다는 결론을 유도하고 국민을 단결시켜 경제 대국으로 부상했다.

일본은 용어 선택에서도 교묘하고 신중했다. 일본이 항복하면서 영어로는 '패전'이란 말을 썼지만, 일본어로는 '종전(終戰)'으로 표기했다. 미군도 '점령군'이 아니라 '진주군(進駐軍)'으로 부르게 했다. 한자와 영어의 차이를 적당히 이용해 일본인들이 패배한 좌절감을 느끼지 않도록 한 것이다. 그 후 1952년, 샌프란시스코 조약 체결로 일본은 다시 '보통 국가'로 복귀했다. 일본의 기습으로 시작된 전쟁이지만 당시 오바마 미국 대통령은 직접 히로시마 원폭 기념식에 참석하여 미군의 원폭 사용에 대해 사과까지 했다. 지금까지도 일본은 전쟁을 일으킨 국가로서 죄의식이 없고 전쟁에 졌다는 생각만 갖고 있다.

한국의 경우, 해방 당시 이승만 전 대통령이 한국인으로는 거의 유일한 국제통이었다. 그는 '반공 포로 석방' '한미 군사 동맹 체결' 등 군사적 협상에서나 경제 원조를 받아 내는 외교 수완에서나 미국 국무성을 놀라게 했다. 국내에서도 '외교의 귀재'로 불리며 국민적인 추앙을 받았다. 그러나 이승만 전 대통령은 전후 한일 관계에서 외교적인 대실수를 했다. 일본에 고래고래 소리만 지르며 과도한 보상금을 요구했던 것이다. 처음 미국은 한국인의 대일 투쟁을 높이 평가했으나, 일본에 대한 한국의 현실성 없는 지나친 보상금 요구와 외교 특권 요구에 거부감을 드러냈다. J. 덜레스(J. F. Dulles, 1888~1959) 당시 미국 국무장관은 미국과 소련의 냉전을 의식하여 미·일 안전 보장 조약을 서두르고 있던 상황이었기 때문에 한국의 고집으로 이 조약이 무산될까 조바심쳤다.

결국 이승만 전 대통령의 고집 외교에 당혹한 미국은 한국을 참전국으로 받아들이지 않았다. 물론 이런 상황에 이른 것은 일본의 교묘한 외교력의 영향이었다. 그러나 만일 지도자가 국가이성을 염두에 두고 참전국의 위치를 획득했더라면 일본에 대한 한국의 입지는 크게 유리해졌을 것이다.

이와 유사한 역사적 상황은 임진왜란 이후다. 조선은 일본에 보상금 문제를 거론하지 않고 평화롭게 통신사 왕래를 재개했다. 조정이 왜군의 재침입과 북방의 국경을 염려하여 현실적으로 대처한 것이었다. 합리적인 외교적 태도였다. 이런 외교 역량을 가졌으나, 원리주의가 대세로 흐르면 어려움에 봉착할 수밖에 없다.

일본은 한국의 지소미아 파기를 유도했다

일본의 외교 전문가인 사토 마사루(佐藤優, 1960~)는 일본이 한국을 화이트 국가에서 제외시킨 것을 '미국의 C. 헐(C. Hull, 1871~1955) 국무 장관이 1941년, 일본에 했던 최후통첩'에 비유하며 일본 외교의 대승리가 될 것이라고 평가했다(문예춘추 2019년 10월호). 이 최후통첩으로 태평양전쟁이 발발했듯이, 화이트 국가에서의 한국 제외는 결과적으로 한국의 지소미아 파기를 유발해 한국 스스로 국제적 고립을 초래할 것이라는 관점에서였다. 지소미아 파기는 강제 징용 배상금 문제를 떠나 스스로 외교 자산을 포기하는 결과가 되지 않을까 우려된다.

지소미아를 중심으로 그동안 한·미·일은 동등한 관계를 유지해왔다. 그러나 한국이 빠지면서 미·일이 더욱 밀착해 일체화되었다. 지소미아 파기를 며칠 앞두고 한국이 미국의 압력으로 복귀하는 형식을 취했으나, 이미 한국은 동맹국으로부터 신뢰를 잃었다.

외교에 있어서 가장 중요한 것은 상대의 정책에 대해 큰소리치거나 충동적 반응을 보이지 않고 상대의 의도와 결과를 계산해 내는 능력이다. 한국은 반일 정책으로 이익보다는 잃은게 많다.

미국과도 오랜 긴밀한 외교 관계로 미루어 볼 때 미국의 견해를 존중해야 하는 것이 당연하다. 그럼에도 때때로 외교적 마찰을 일으키는 정부의 태도를 보면 국가이성이 제대로 작동하고 있지 않다는 생각이 든다.

그동안 우리의 대일본 외교는 결코 이성적이지 못했다. 1965년 한일 국교 정상화 이후 소소한 마찰은 있었지만, 정부의 적절한 대응으로 대부분 원만하게 수습되었다. 「독도는 우리 땅」 노래와 독도 사진의 우표는 금지했고, 경제 협력을 통해 서로 윈윈(win-win)하려 했다. 그러던 중 김영삼 전 대통령이 "일본놈 버르장머리를 고쳐주겠다"고 공언하며 상황은 급변했다.

노무현 전 대통령은 일본과 외교 전쟁을 선언했고, 이명박 전 대통령은 독도 상륙을 감행했다. 박근혜 전 대통령은 '무한 원수론'을 선언했고, 문재인 대통령은 이순신 장군의 목선 12척을 운운하며 지소미아 파기 선언에까지 이르렀다. 역대 대통령들은 마치 서로 경쟁하듯 전임자보다 한 걸음 나아가 더 자극적인 반일 노선을 걸었다. 그럼으로써 정치적 인기는 얻을 수 있을지 모르나, 이런 비이성적인 경쟁은 결코 국가의 이익에 도움이 되지 않는다. 이 반열에서 유일하게 김대중 전 대통령만 일본을 협력 국가로 대우하면서 '미래지향적 외교'를 펼쳤다.

양자택일식 외교는 필패한다

앞서 독일의 국가이성을 발휘한 비스마르크를 소개했다. 그는 대국이었던 영국과 러시아 사이에서 줄타기 외교 즉, '균형 감각'이란 안보의 틀을 정하고 임기응변 외교로 독일을 유럽의 대국 반열에 올려놓았다. 심지어 그의 외교는 '예술 외교'라는 칭송까지 받았다. 탁월한 균형 외교를 통해 위기 극복은 물론이고, 강대국화도 이룰 수 있었다. 이것이 국가이성이다.

양자택일식 외교는 필패한다. 한국의 국가 원수를 향해 원색적인 욕을 퍼붓는 북한에는 인내하며 일본에는 발길질하는 방식이 되어서는 안 된다. 중국에 대해서도 사대주의적 접근 방식을 취하면, 북한은 그 틈을 타 핵으로 위협하며 남한을 흡수하려 할 것이다.

북한의 핵 위협에 대항하기 위해 우리는 여전히 미국에 의존할 수밖에 없다. 중국의 강대국화는 인정해야겠지만, 해방 후 지금까지 70여 년간 계속된 우리의 최대 외교 자산은 여전히 미국과의 군사 동맹(주한 미군)이다. 또한 우리가 세계 12위(IMF 발표 GDP 순위, 2020)의 경제력을 지니게 된 배경에는 일본과의 막대한 협력이 있었던 것도 무시할 수 없는 사실이다. 무엇보다 미국이 일본을 알래스카 다음 51번째 주(州)로 생각할 만큼 중요하게 여기고 있다는 점도 고려해야 한다.

미국은 한국이 점점 더 부담스럽지 않을까 싶다. 전 주한 미국 대사였던 M. 리퍼트(M. W. Lippert, 1973~)는 한국 청년에게 목이 찔려

죽을 뻔했고, 대사관저는 대학생들로부터 습격을 당하기도 했다. 미국은 절대로 한반도를 포기하지 않는다고 공언하지만, 자국의 이익을 위해서는 다른 선택도 할 여지가 없지 않다. 미군이 시리아에서 철수하자, 시리아 내의 쿠르드족은 터키의 공격을 받아 무참하게 희생을 당했다. 전 세계는 '미국의 배신'을 규탄했지만, 자국의 이익을 위한 것이라면 미국은 아랑곳하지 않는다.

미국에 의존하지 않고, 미국을 이용하는 것이 국가이성이다. 외교는 신파극 「이수일과 심순애」식으로 매달리거나 차 버리는 방식이 되어서는 안 된다. 변심한 국가일지라도 이용할 점을 생각해야 한다. 중국의 국력이 날로 강해지니까 정부도 중국과 미국 사이에서 계속 흔들리고 있는데, 꿩 사냥을 할 때 어떻게 하는가? 잡아 놓은 놈은 도망가지 못하게 가두어 둔 후, 다른 꿩에 눈을 돌려야 한다. 잡은 것을 어설프게 한 손에 쥐고, 갑자기 나타난 놈을 뒤쫓다가는 모두 다 놓칠 수 있다.

지금 해야 할 역전의 발상은 중립화 선언이다

호모 사피엔스는 하나의 종(種)이며 문명 형성 능력에는 우열이 없음을 원형론을 통해 이야기했다. '수와 자와 컴퍼스'의 발명도 전 세계에서 거의 동시에 이루어졌다. 그러나 과학혁명과 민주주의는 서양에서 먼저 시작했다. 그리스 이래, 로고스(이성)를 존중해 온 서양의 지적 전통 덕분이었다. 우리가 왜 '이성'을 끈질기게 추구해야 하는가에 대한 답이 여기에 있다.

공산주의는 과학이며 필연이라는 미신은 이미 사라졌다. 혹시라도 그 망령에 홀리지 않기 위해 우리는 이성을 발휘해야 한다. 또한 '평화'와 '핵전쟁' 사이에서 한반도 영세 중립화를 현실화하기 위해, 줄기차게 전 세계와 중립화 이슈를 공유해야 한다.

김대중 전 대통령에게 들은 이야기이다. 2000년에 남북 정상 회담이 평양에서 열렸을 때, 파티 도중 김정일 전 위원장이 불쑥 그에게 이런 질문을 던졌다고 한다.

김정일 위원장: "남북통일을 하기까지 몇 년이 걸릴까요?"

김대중 대통령: "한 30년이면 되지 않을까요?"

김정일 위원장: "그렇게 빨리요? 적어도 50년은 보아야 하지 않을까 생각합니다."

두 정상 간에는 '통일'의 개념부터 달랐다. 김대중 전 대통령은 자유로운 경제 교류를 생각했고, 김정일 전 위원장은 백두혈통 왕조의 영속성을 전제로 한 통일을 생각했다.

요즘 필자는 김대중 전 대통령의 "북한이 핵무기를 갖는 순간 영원히 평화 통일의 희망은 사라진다"는 말이 증폭되어 계속 귓전에 맴도는 것을 느낀다.

북한은 절대로 평화로운 남북통일을 할 의사가 없다. '항복해라. 아니면 미사일과 핵으로 공격하겠다'고 해도 우리는 마땅한 대응 수단이 없다. 현재의 외교 노선이 계속된다면 어떤 주변국도 우리를 도와주려 하지 않을 것이다.

김정은 위원장은 아버지 김정일 전 위원장보다 한술 더 떠 남한을 '받아 놓은 밥상' 정도로 보고 있다. 그는 남한과 경제 협력을 하면 북한의 왕조 체제는 존재감을 잃을 것으로 우려하고 있다. 실상 남북이 경제 공동체를 이루면 북한 주민들은 당연히 남한과의 자유로운 교류를 더 바라게 될 것이다. 그 때문에 북한은 백두혈통의 유지에 꼭 필요한 핵을 절대 포기하지 않고 오직 미군 철수를 외치며 그 시기만 기다릴 것이다.

백두왕조 삼대(三代)는 일본 군국주의 삼대(三代)와 닮은꼴이다

북한의 백두혈통 삼대를 보면 근대 이후 제2차 세계대전 말기까지 일본 군국주의 정책을 강화하고 다진 3명의 천황과 오버랩된다. 김일성, 김정일, 김정은 삼대는 일본의 메이지(明治, 1912~1926 재위), 다이쇼(大正, 1867~1912 재위), 쇼와(昭和, 1926~1989 재위)와 완전히 일치해 있다. 북한과 일본의 삼대는 세계사에 유례가 없는 완벽한 닮은꼴 독재 정권이다.

일본 메이지 천황의 유신은 신생 군사 대국 수립과 절대주의 제국의 완성이라는 목적이 있었다. 이는 메이지에서 다이쇼, 쇼와까지 삼대에 걸쳐 달성되었다. 애국 강병과 천황 신앙은 극에 달했고, 히로히토 천황으로 더 많이 불린 쇼와 천황은 세계 최고의 전함과 항공기로 진주만 공격을 감행했다.

북한도 김일성의 숙청 정책이 김정일의 선군정치, 김정은의 숙청과 선군, 핵 위협으로 이어져 있다. 김정은은 고모부를 고사총으로 총살하고, 이복형을 암살하는 등 수많은 숙청을 감행했으며, 핵과 미사일도 선군정치의 이름으로 성공적으로 달성했다.

쇼와 천황이 사람이 아닌 신(現人神)으로 군림하며 백마를 탔던 것처럼 김정은도 백마를 타고 백두산에 올라 김씨 왕조가 영원히 지속될 것을 세계에 천명했다. 일본은 그 노선의 극점에서 진주만 기습으로 몰락했다. 쇼와 천황은 1946년에 '천황 인간선언'을 한 후, 신의 자리에서 내려왔고 동시에 제2차 세계대전에 대한 책임에서도 벗어났다.

역사적인 닮은꼴이 반드시 결과가 같은 것은 아니지만, 삼대에 걸친 정치 노선의 일치는 같은 결과를 낳을 확률이 높다.

역전의 발상과 선언이 필요하다

우리의 소망은 핵에 위협받는 통일이 아닌 '이성'을 통한 통일이다. 남북한 월드컵 예선전이 평양에서 관중도 없는 상태에서 치러진 적이 있다. 우리는 한국 선수단이 다치지 않고 돌아온 것만으로도 다행이라 여겼다.

그런 상황에서 대통령은 UN 연설을 통해 북한에서의 올림픽 개최를 제안했다. 그런데 국제 사회가 관중도 없이 월드컵 예선을 치룬 나라를 어떻게 평가할까? 올림픽 대신 김정은과 트럼프에게 '한반도 영세 중립안'을 제시했다면 어땠을까? 그렇다면 남북문제가 좀 더 구체적으로 진행될 수 있지 않았을까 자문해 본다.

우리 스스로에게 이런 질문을 한번 던져 보자.

1) 북한이 백두혈통 왕조를 포기할 수 있을까?

2) 무자비한 숙청을 하는 그들과 우리가 공존할 수 있을까?

3) 북한이 비핵화를 현실화할 수 있다고 생각하는가?

4) 외교적 위험을 감수한 지소미아 파기가 국익에 맞는가?

5) 북한은 핵무기와 미사일 개발을 계속 하고 있는데, 북한에서 올림픽을 개최할 수 있다고 믿는가?

6) 북한의 구체적 남북 평화 통일 방안이 무엇인지 밝힐 것을 요구할 수 있는가?

외교에 출구가 없을 때 필요한 것이 역전의 발상이다. 우리가 선택할 수 있는 제3의 방법이 중립화 선언이다. 강대국들의 이해가 첨예하게 맞서는 동북아는 완충 지역이 절실히 필요하다. 한반도 중립화 선언은 이런 동북아 지역에서 '한반도의 중립화야말로 평화와 공존하는 첫걸음'임을 주변국에 천명하는 행위다. 이는 한국의 확고한 의지 선포이다.

필자도 그것이 당장 이루어질 것으로는 믿지 않는다. 그렇지만 매우 현실적인 대안이고, 우리가 원하는 이상에 대한 상징적 선언이 될 수 있다. 북한의 핵 위협이 계속된다면 한국과 일본도 핵 보유국이 되어야 하는데, 우리는 이미 원자력 발전소도 포기한 처지다. 앞으로 핵 위험은 더 심각해질 것이다.

국가를 구한 오스트리아의 품격

이제 한반도 핵 문제는 동북아와 미국까지 포함한 범인류 차원의 문제로 확장됐다. 한국의 운명이 인류의 운명과 축을 같이 하게 된 것이다. 사방이 꽉 막힌 듯한 상황이지만, 이는 오히려 전 세계인들에게 지혜를 묻고 모을 계기가 될 수 있다.

먼저 미국에게는 분단과 6·25전쟁 참전으로 인해 한국 방어에 원천적인 책임이 있음을 재인식시켜야 한다. '아이를 돌봐 줬다면 엄마가 올 때까지 봐 주어야 한다'는 속담처럼 일단 한반도 방어 책임을 진 이상, 한반도 영세 중립화를 이룰 때까지 미국과 한국은 이인삼각(二人三脚)의 관계를 가져야 할 것이다. 무엇보다 북한이 핵 실험을 계속하는 한 미국의 협조와 지원은 절대적이다. 미국이 한반도에 대한 책임과 애착을 갖도록 하려면 우리는 국격 향상을 이루어야 하고, 국가이성을 바로 세워야 한다.

스위스와 오스트리아의 사례를 보자. 스위스는 중립화 전까지만 해도 전쟁이 일어난 주변국에 용병을 파견해 그 돈으로 먹고 산 나라였다. 그러다 보니 부자(父子)와 형제가 서로 적군이 되어 총칼을 겨누어야 하는 일이 빈번히 일어났다. 비참한 상황에서 스위스는 살기 위해 영세 중립을 선택했고, 중립 국가가 된 후 국가의 격과 문화 수준을 세계 최고의 반열에 올려놓았다.

오스트리아도 나치 독일에 편입됐다가 독일의 패망으로 미국, 소련, 영국, 프랑스에 의해 분할 점령됐다. 그러나 1945년에 오스트리아 연립 정부 초대 대통령에 선출된 K. 레너(K. Renner, 1870~1950)는 내부의 결속을 다진 다음, 4강대국 설득에 나섰다.

열강이 오스트리아의 중립화에 동의한 데는 충분한 이유가 있었다. 음악, 미술 등 오스트리아가 가진 탁월한 문화유산을 모든 유럽인들이 사랑하고 존중했기 때문이다. 특히 슈트라우스(Strauss) 가문의 음악적 업적은 세계가 감탄하고 즐거워했기에, 열강은 오스트리아의 국격을 존중하며 중립화를 후원했던 것이다.

한반도도 영세 중립화로 극동의 핵전쟁 후보지에서 문화 국가로 비약한다면, 주변국은 물론이고 전 세계가 축복할 것이다. 주변국들은 한반도 안정이 자국의 안보뿐 아니라 세계 평화로 가는 길임을 잘 알고 있다. 그러나 과연 국제 사회가 한반도의 위기를 함께 걱정하며 적극적으로 협조하고 이해할 정도로 우리가 매력적인 문화 이성 국가일까? 그것은 우리의 몫으로 남아 있다.

미네르바의 부엉이가 울기 시작했다

미네르바는 고대 그리스 신화에 나오는 지혜의 여신 아테나로, 황혼녘이면 부엉이를 데리고 산책을 즐긴다. 헤겔이 『법철학(Grundlinien der Philosophiie des Rechts)』에서 '미네르바의 부엉이는 황혼이 깃들 무렵 날아오른다'라는 표현을 쓴 후, '미네르바의 부엉이(Eule der Minerva)'는 새로운 사상과 철학의 등장을 상징하는 은유가 되었다. 저녁이 되어야 조용히 하루를 돌아보고 내일을 예측하듯이, 문명 또한 석양이 되어야 평가가 가능해져서 새 시대를 열게 된다.

한국인의 원형이 바뀌고 있다

우리의 눈은 매일 조금씩 변하는 세상의 차이에 둔감하다. 그러나 지난 수십 년간 우리가 겪은 변화를 찬찬히 돌이켜 보자.

불과 30여 년 전(1980년대 후반)만 해도 시내버스에는 앞뒤로 차장(안내양)이 1명씩 있어 승차할 때 차비를 받았다. 차비를 내지 않고 타는 얌체족들이 차장과 실랑이를 벌이는 장면도 간간이 목격되었다. 오늘날 젊은이들은 상상도 못 할 일이 매일같이 벌어졌다. 버스가 오면 양어장의 물고기 떼가 먹이를 향해 덤비는 것처럼, 일시에 버스 문으로 승객들이 우르르 몰렸다.

그런데 이제는 어떤가? 일렬로 질서정연하게 서서 기다리는 모습이 너무도 당연해 보인다. 우리가 바뀌었다. 은행 예금 통장 실명제도 불과 25년 전에 시행되었다. 20년 전만 해도 처방전 없이 약을 마음대로 살 수 있었고, 탈세와 경범죄 정도는 적당히 뇌물로 해결하는 것이 상식처럼 되어 있었다. 그러나 이제는 과거의 부정적인 상식들이 모두 사라졌다.

서울 강남 사거리 뒷골목에는 음식점이 많은데 친구와 함께 어느 한 식당에서 점심을 먹었다. 식당 내부는 장식이 조금 특이했고 음식도 깔끔했다. 주인은 외교부의 직업 관료였는데, 주일본 한국 대사관에서 근무하던 시절 일본인의 직업의식에 감명을 받아 직업 관료의 길을 포기하고 음식점 경영인으로 변신했다고 했다. 통념적인 고급 관료의 코스인 '명문대 → 공무원 시험 → 출세'에서 벗어나 실속 있는 인생 진로를 택한 것이다. 물론 가족, 친구의 만류도 있었겠지만, 그는 평범한 식당 주인의 차림새에 만족하는 표정이었다.

필자는 현역 시절에 교수들 비위를 맞추며 고생하는 시간 강사들을 많이 보았다. '대학교수' 자리 하나만 바라보며, 부당한 처우와 인격적인 무시까지 감내하는 모습이 안타까웠다. 일제 강점기 당시의 교수 사회를 다룬 유진오(兪鎭午, 1906~1987)의 단편 소설 『김 강사와 T교수』의 확대판이란 생각마저 들었다.

어느 제자는 그런 불합리한 처사에 시달리다 시간 강사를 포기하고 고등학교 교사로 전환했다며, 이제야 비로소 인생의 보람을 즐기고 있다고 했다. 그는 고생해서 얻은 석사, 박사 학위 때문에 꼭 교수가 되어야 한다는 강박 관념에 매여 있었다고 털어놓았다. 이제는 초·중·고등학교 교사와 대학교수 간의 권위 차이도 사라졌고, 실속을 찾아 자신의 취향에 맞춰 진로를 택하는 경향이 두드러졌다. 예전의 가치관을 버릴 때 오히려 보람찬 인생이 됨을 자각하기 시작한 것이다.

그동안 젊은이들이 병적으로 집착했던 지위, 돈, 명예라는 삼위일체병(病)에서 탈피하기 시작하면서 명문 대학의 명성도 과거 같지 않다. 지금은 스마트폰으로도 세계 일류급 명강의를 직접 들을 수 있다. 세계의 바다에 몸을 던져 보편적 가치를 지향하는 젊은이가 늘어날수록 교육 내용과 학교 제도도 바뀔 것이고, 정년을 기다리는 노교수보다 진취적인 시간 강사를 더 선호할 것이다.

미국의 미래학자 T. 프레이(T. Frey, 1954~)는 에듀테크(edutech: education(교육)+technology(기술))가 더 확대될 앞으로의 10년을 다음과 같이 예언했다.

1) 현재 대학의 절반이 없어질 것이다.

2) 오늘 태어난 아기는 평생 8~10개의 직업을 갖게 될 것이다.

3) 연구직과 교수직은 사라지고, 현대의 거대한 대학은 소규모 대학(micro college)으로 대체될 것이다.

4) 수업은 인간 교수와 AI 교수의 협력으로 하게 될 것이다.

5) 수업으로 얻은 지식의 양은 현재의 10배를 넘을 것이다.

경이로운 예측이다. 그는 '미래는 현재가 결정하지 않고, 미래가 현재를 결정할 것'이라는 인상적인 경구를 던지기도 했던 앞으로의 10년이 '인류의 삶을 바꿀 신기술의 혁명기'라고 프레이는 규정했다. 이러한 변화는 정보화혁명이 주도하고 있다.

줄탁동기(啐啄同機)는 알이 병아리가 되는 변화의 순간에 나타난다. 어미 새는 알속의 병아리가 충분히 성장한 것을 감지하면 바깥에서 껍질을 쪼고, 안의 병아리도 이에 맞춰 안에서 껍질을 쪼아 서로 협력할 때 순조롭게 부화한다.

국가이성도 이와 같다. 미네르바의 부엉이가 울기 시작하면 국민이 이성을 자각해 줄탁동기를 이루며 원형에 잠재된 가능성이 발휘되는 것이다.

미네르바의 부엉이는 1990년 독일 통일 당시 울음소리를 냈고, 소련이 붕괴된 1991년에도 그 소리를 높였다. 역사는 끊임없이 흐르며 그 속에서 인류 문명이 하나가 되어 새로운 방향을 찾을 것을 요구하고 있다. 필자는 한반도 위기 또한 필자는 부엉이의 경고 소리로 인지하고 있다.

한국인은 변화에 익숙하다

앞서 한반도 지정학의 약점을 언급했으나, 세상은 늘 양면적이다. 관점에 따라서는 약점이 강점으로 변하기도 한다. 나뭇가지를 당겼다 놓으면 어떻게 되는가? 복원될 때 더욱 탄력성 있고 아름답다. 어려운 지정학적 조건 아래, 수많은 시행착오를 겪으면서도 우리가 단일 민족으로 존재하며 고유의 문자와 언어로 생존해 온 것은 이런 '탄력성' 덕분이다. 기적과도 같은 일이다.

풍토의 영향은 독도 되고 약이 되는 양면성을 가지고 있다. 한국 기후의 특이점은 삼한사온(三寒四溫)이다. 3일 동안 추위가 오면 4일은 따뜻한 날로 이어진다. 해양성 기후와 대륙성 고기압이 충돌하는 지대이기 때문이다. 여름이면 집중 호우와 가뭄이 번갈아 온다. 그러나 홍수가 나도 강물은 며칠 사이에 싹 빠져 백사장을 드러낸다. 이 기후를 이용한 것이 천수답(天水畓) 농법으로 수리 시설이 아닌, 하늘에 의존하는 농사였다. 가뭄이 오래 가면 다 죽는구나 싶어도 그 때마다 자비로운 비가 내려 주어 다시 살아나곤 했다.

잠수교는 우리 풍토가 가져다 준 가장 창의적인 작품 가운데 하나다. 세계 어디를 가 봐도 다리는 모두 강물 위에 세워져 있다. 그런데 잠수교는 처음부터 물속에 들어갈 것을 전제로 만든 다리다. 예전에는 강에 놓인 징검다리들이 홍수가 나면 물에 잠겼고 하루 이틀만 참으면 다시 건널 만한 상태로 돌아왔다. 이 징검다리 발상이 잠수교였다. 게다가 한국의 강들은 경사도가 매우 낮고 바닥이 평평한 평형천

(平衡川)으로, 강폭도 넓어 잠수교 건설에 적절했다. 수도를 관통하는 세계의 강들 가운데 한강처럼 넓은 강폭을 가진 강은 드물다.

잠수교는 3번의 공사로 완성되었다. 첫 번째 공사는 국가 예산이 적었던 시절인 1975년에 얕은 물을 건널 정도의 다리로 건설되었다. 홍수는 1년에 한두 번 정도 나니, 그 기간만 참으면 된다는 한국적 낙관주의의 결과였다. 산업 규모도 작고 교통량도 적은 시기였으니 괜찮았다. 그 후, 경제 개발 5개년 계획의 성공으로 잠수교 위에 정상적인 기둥이 있는 다리를 건설했다. 1980년 반포대교 공사를 시작한 것이다. 경제력은 더욱 확장되어 올림픽을 개최할 즈음에는 잠수교 일부를 뜯어 아치형 다리로 만들고 그 아래로 유람선을 왕래시켰다. 처음부터 계획한 것은 아니었지만, 결과적으로 상하 2개의 다리와 수로 등 모두 3번의 공사로 완공된 셈이다.

경제 개발 5개년을 계획하던 시기는 전 세계 경제가 전자 산업으로 바뀌는 시기였고, 기술 변화도 그만큼 빨랐다. 빠른 변화는 한국인의 원형과 딱 맞았다. 한국인들은 '빨리빨리' 정신으로 일했고, 이는 한강의 기적을 성취해 냈다. 시시각각 변화하는 상황에는 임기응변과 땜질식 대응을 하며 성장했다.

우리의 일상도 급속히 달라졌다. 가난한 농업 국가에서 이제는 세계 경제 순위 10위 안에 근접할 정도로 성장했고 시민 의식도 함께 향상됐다. 처음에는 일본 기업을 뒤쫓으며 성장했으나, 어느새 삼성은 세계 1위를 자랑하던 일본 소니(SONY)를 앞질렀다. 반도체, 조선, 원자력 발전, 자동차, 철강, 석유화학 등 산업에서 글로벌 경쟁력을 확보하고 있다. 가뭄에 시달리던 천수답 농민이 집중 호우를 만난 것처럼 신바람을 일으키며 내달려 온 것이다.

이처럼 한국인은 변화에 익숙하다. 다가올 새로운 세상에서도 한국인은 얼마든지 발전적으로 변화할 잠재력을 충분히 갖고 있다.

비한국적인 한국인들이 오고 있다

한국인의 이성적 잠재력은 '한글 창제' 하나만 보아도 실감할 수 있다. 한글 창제를 반대했던 집현전 부제학 최만리(崔萬理, ?~1445)와 세종대왕 사이에 벌어진 토론은 너무도 이성적이어서 지금 읽어도 지적 자극을 받는다. 우리 원형에는 한글 창제로 상징되는 이성이 존재하고 있다. 그 이성이 이제 교육을 통해 발휘되어야 할 것이다.

앞서 '비유대적 유대인'을 논하면서 비유대적 유대인은 정통 유대인의 원형에서 벗어나 창조적으로 원형을 확장시킴으로써 많은 지적 거인들을 배출했다고 설명했다. 한국도 마찬가지라고 생각한다. 비한국적인 한국인을 많이 배출할 때 인류 문화에 공헌할 거물이 나올 것으로 믿는다. 한국의 원형이 양반 의식과 정치 권력 지향성이란 병을 심하게 앓아온 것은 사실이지만, 이제 우리는 그 만성 고질병을 직시하고 승화시켜야 할 때다.

'원형'은 소수의 영웅이 아닌 민중의 집합적 무의식의 변화로 바뀌고 발전한다. '국가이성'은 민중의 이성에 흡수되어야 빛을 드러낸다. 영국의 철학자 T. 칼라일(T. Carlyle, 1795~1881)이 『영웅 숭배론(On Heroes, Hero-Worship, and The Heroic in History)』에서 말했듯이 과거에는 통찰력 있고 용기 있는 작은 영웅들이 많은 사회에서 진정한 영웅이 나왔다. 그러나 지금은 IT와 AI의 시대로, 개개인이 모두 영웅이 되는 시대다. 이는 곧 한국인들의 원형에 내재해 있는 인내천의 시대이기도 하다. 국민의 양식이 국가이성을 자각하게 만드는 시대이기에, 지금 한반도에는 부엉이가 소리 높여 울기 시작하고 있는 것이다.

평소 필자는 '영어의 'cool'에 해당하는 한국어와 문화가 있을까'라고 자문해 보곤 했다. 그런데 얼마 전 책장을 정리하다 이효석의 『메밀꽃 필 무렵』을 발견했다. 젊은 날의 감상에 젖어 몇 장 읽어 내려가다 나도 모르게 무릎을 탁 쳤다. 한국적인 'cool'을 재발견한 것이다.

바로 '멋스러움'이었다. '멋스러움'은 한국적인 미학이다. 동시에 세계적인 미학이기도 하다. '멋스러움'은 절로 나온 흥에 스스로 신바람을 싣는 것이다. 신라 에밀레종(성덕대왕 신종)에 새겨진 바람에 나부끼는 선녀상의 치맛자락이 한국인의 미학이고, 곧 '한류의 뿌리'다. 우리는 멋이 없으면 '멋쩍다'라고 한다. 자연스럽지 않고 어색하

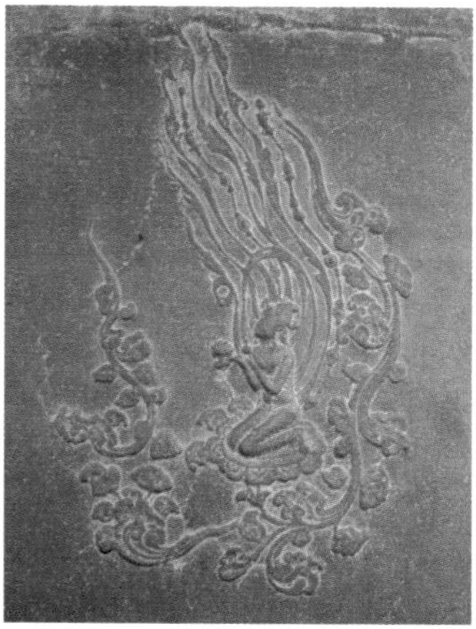

성덕대왕 신종에 새겨진 비천상(飛天像).

다는 뜻이다.

자연스럽지 않은 것은 한국인이 싫어하는 것이다. 조선 중기의 문신이자 서예가였던 김인후(金麟厚, 1510~1560)는 『하서집(河西集)』에 실린 시조 「자연가(自然歌)」에서 '자연스러움'의 미학을 이렇게 노래했다.

청산도 절로 절로
녹수도 절로 절로
산 절로 수 절로
산수 간에 나도 절로
이중에 절로 자란 몸이
늙기도 절로 하리라.

세속적 출세를 버리고 아름다운 고향 산천에서 살겠다는 뜻이다. 가장 한국적인 자연법을 말하라면 필자는 '서리'를 꼽는다. 서리는 멋의 법이다. 앞에서 우리의 '서리'와 일본의 '하라키리'를 비교하며 문화적 차이를 논했듯이, 서리 행위는 엄격하게 따지면 분명히 도둑질이다. 그러나 벌주는 것을 오히려 비인간적(부자연스러움)으로 여기는 곳이 한국이다.

서양의 '자연법'과 한국의 '서리법'은 비슷하면서도 전혀 다르다. '악법도 법이다. 법에 따라야 한다'고 한 소크라테스에게는 '서리법'의 개념이 없었다. 서리와 소크라테스의 신념 사이에는 성선설(性善說)과 성악설(性惡說)의 철학적 차이가 무겁게 놓여 있다. 그러나 한국적

'멋'의 세계와 소크라테스의 정신은 융합되어 갈 것으로 보인다. 한국의 부엉이가 지금 새로운 문명의 방향을 알리고 있기 때문이다.

강우에 의존해 빨리빨리 대처했던 우리의 천수답식 자연주의 원형이 곧 빛을 발하며, '멋, 신바람, 잠수교식 발상'이 미래 사회를 긍정적으로 열어가게 해 줄 것이다. 한반도의 정세는 우리 기후만큼이나 급변하고 있지만, 지금이야말로 우리의 인내천(인권 존중)과 홍익인간의 세계관(중립화)이 때를 만난 것이라고 생각한다. 여기에 국가이성이 가미되면 최고의 상황이 전개될 것이다. 미래를 걱정하면서도 필자는 이것을 믿는다.

'유리알 유희'의 융합 교육으로 가야 한다

국가이성이라는 분수에 넘치는 거대 담론을 구상하고 또 제안하는 길 위에서 필자의 마지막 생각은 헤세를 향해 달려가고 있다. 헤세는 지금부터 380년 후가 될 AD 2400년에, 인류는 평온한 명상을 중심으로 학문과 예술의 융합을 이룸으로써 멸망의 위기를 슬기롭게 극복하게 될 것이라고 내다보았다. 이는 인간 긍정의 철학으로만 가능한 일이다.

헤세의 『유리알 유희』는 음악과 수학을 명상하는 피타고라스적 사상을 구현한 미래 세계다. 헤세의 이상향인 카스탈리엔에 인간의 존엄성과 정신적 권위를 되찾기 위해 지식인들이 모인다. 카스탈리엔은 피타고라스 학원이었던 마테마티코이(mathematikoi)를 연상케 하는 학교다.

여기에 모인 학자들은 인류에 봉사하겠다는 사명감으로 음악과 수학을 토대로 학문과 명상을 가르친다. 고전 학문의 핵심들을 종합한 영재 교육인 '유리알 유희'를 시행하는 것이다. 이 유희는 범인류적 문화와 가치에 도달하기 위한 예술이다. '유리알 유희'를 운영하는 종단의 수도승들은 종교적 다름을 떠나 음악, 철학, 명상 등 고전 학문과 예술을 종합적으로 가르치고 학생들에게 사색하도록 한다. 학생의 발굴과 교육은 12명의 '유희의 명인'을 두어 담당하게 한다.

앞서 필자는 언어학과 인류학 등에서 '구조주의가 수학과 인문학의 융합을 현실화했다'고 했는데, 헤세는 소설을 통해 예술과 인문학, 수학 등의 융합을 시도했다. 특히 명상을 중심으로 한 인간의 정신 승화를 이상으로 삼았다. 이 작품에는 아무리 큰 위기를 만나도 철학의 창조를 통해 미래로 나아갈 수 있다는 믿음이 깔려 있다.

소설이 쓰였던 시기는 인류가 제1, 2차 세계대전을 겪으며 그 참상에 고통스러워하던 때였다. 특히 『유리알 유희』가 출판된 1943년은 야만적인 아우슈비츠의 '독가스'가 자행되었고 '핵폭탄'도 코앞의 공포였다. 이런 시대 상황이 지식인들에게 인류의 새로운 운명을 구상하게 했다. 헤세는 '유리알 유희'를 통해 인류의 생명과 미래가 명상과 교육에 있음을 보여 주었다. 이 소설로 그는 노벨문학상과 괴테상을 수상했다.

명상이란, 눈을 감고 정신을 한 점(현실의 존재)에 집중하는 것으로 죽음과는 상관없이 생명을 긍정하는 과정이다. '내일 지구가 멸망한다 해도 한 그루의 사과나무를 심겠다'는 사상이다. 비록 지금 핵전쟁과 바이러스를 걱정하고 있지만, 추구하고 명상해야 할 대상은 핵전쟁과 전염병이 가져올 죽음이 아니라 생명이다. '생명을 향한 명상'은 자손 대대로 살아갈 수 있는 미래를 꿈꾸고 만든다. 이는 곧, 한반도의 영속적인 평화를 위해 영세 중립을 염원하고 실현되게 하는 것이다. 이처럼 명상을 중심으로 하는 무의식의 세계가 그 희망의 싹을 틔울 수 있다. 헤세의 통찰력은 오늘의 우리에게 더 생생한 감명을 준다.

민족의 원형은 '먹느냐, 먹히느냐'라는 각박한 환경을 만들기도 하고 인류가 전멸하는 환경에 처하게도 하지만, 이성은 인간이 도저히 건널 수 없는 바다를 날아가게 하고 해저와 우주를 개발하는 지혜를 발휘하게 한다.

이성의 의미를 다시 생각할 단계다

인류는 지금 역사상 최대의 지적혁명을 이루고 있다. 어제까지의 미래 이론은 대부분 유토피아적이거나 공상 소설 정도로 현실감이 적었으나 IT, AI 혁명이 많은 부분을 현실화했다. 알파고와 이세돌의 바둑 대결은 이미 과거 이야기다. AI의 능력이 인간을 지배해 가고 있다.

18세기 말에서 19세기에 일어난 산업혁명으로 노동자들은 기계에 직업을 빼앗겼다. 분노한 노동자들은 기계와 공장 파괴 운동(Luddite movement)을 벌였다. 소, 말로 화물을 운반하던 노동자는 운전사가 되었고, 쟁기로 밭갈이를 하던 농부는 공장에 고용되었다. 우여곡절은 있었으나, 대부분은 고용되어 충분한 임금을 받았고 자본가는 부자가 되었다.

산업혁명이 그나마 위안을 주었던 것은 사라진 직장과 새로 창출된 직장의 노동자 수요가 기본적으로 밸런스를 이루었기 때문이다. 그러나 지금 예상되는 IT+AI와 인간의 역할은 1대 만 명, 아니, 그 이상이 될 수도 있다. 사실상 인간의 역할을 모두 앗아갈 가능성마저 없지 않다. 완전히 사라지는 직종도 부지기수일 것이다. 특히 중산층이 선호하는 사무직, 변호사, 회계사 등의 직종은 거의 전멸에 가까워지지 않을까 싶다. 최근 정부에서 발주한 용역 자료를 보면 10년 이내 약 7백만 개의 일자리가 국내에서 사라진다고 한다.

그 결과, 교육의 목적이 직장을 얻기 위한 것이라는 상식도 사라질 것이다. 지금까지는 학교에서 수학과 영어, 국어 등 주요 과목의 점수로 진로 지도를 해 왔으나 미래에는 이 기준이 적용되지 않을 것이다. 그래서 필요한 것이 언어, 수학, 정보 과학, 철학, 역사, 예술(음악, 미술)의 융합 교육이다. 헤세가 예언한 '유리알 유희'로 인간의 정신적 발전을 꾀해야 하는 것이다. 지금은 이성의 의미를 다시 생각해야 할 단계이고, 구체적으로는 물질의 욕망에서 정신적인 것으로의 전환이 되어야 하는 시기이다.

아쉽게도 우리에게는 정치라는 고질병이 있다. 환자가 환자를 치료할 수 없는 것처럼, 정치병은 정치가 아닌 철학의 차원에서 치유되어야 한다. 충동적 감정 이입을 최소화 하는 처방은 오직 '철학'과 '이성 교육'에 있다. 지도자가 국가이성을 실현하려면 이성을 존중하는 전통을 세워야 한다.

한국인이 절대로 양보할 수 없는 민족적 정체성(national identity)이 있다. 그것은 4가지로 함축되는데 한국어(한글), 아리랑(고향 사랑), 멋(자연스러움), 인내천(인권)이다. 이 넷 가운데 특히 사람이 곧 하늘이라는 '인내천 사상'을 우리는 이성 교육으로 증폭시켜야 한다. 인내천은 AI시대가 요구하는 정신이기 때문이다. 인내천 사상에 국민 개인의 성숙한 이성이 더해지면 우리 민족은 줄탁동기를 이룰 것이고, AI시대의 영웅들이 줄지어 탄생할 것이다. 미네르바의 부엉이가 한반도에서 큰 소리로 울며 날아오르는 것이다. 그때가 오면 한반도 영세 중립화의 꿈뿐 아니라 동북아 일대의 평화도 앞당겨질 것으로 믿는다.

: 참고 문헌 :

역사학

『ソフイーの世界』 Jostein Gaarder 저/ 池田 番代子 訳, NHK
『羽仁進の世界歷史物語』 羽仁 進, 小學館
『풍수화』 김용운, 맥스미디어
『역사의 역습』 김용운, 맥스미디어
『新世界史』 孫正意, 文藝春秋
『現代世界と人類學』 Lévi−Strauss 저, サイマル出版會
『朝鮮半島』 池上彰, 小学館
『歷史の 逆襲』 Jennifer Welsh 저 / 秋山 勝 訳, 朝日新聞出版
『韓國史新論』 이기백, 一朝閣
『韓國史年表』 진단학회, 乙酉文化社
『朝鮮史年表』 정진화, 雄山閣
『한국 문화 분석』 김병모, 통천문화사
『중북진출백제인의 해상활동 천오백년 (1),(2)』 김성호, 맑은소리
『沸流百濟와 日本의 國家起源』 김성호, 知文社
『三國史記』 金富式 / 金鐘權 譯, 관조출판사
『三國遺事』 一然 저 / 崔虎 역, 홍신출판
『천황은 백제어로 말한다』 김용운, 한얼사
『騎馬民族說』 江上波夫 外, 德間書店
『騎馬民族征服國家』 江上波夫, 中央公論社
『東洋史辭典』 京大東洋史編纂會, 東京創元社
『日本書紀, 全現代語 (上.下)』 宇治谷孟, 講談社
『日本書紀 全5巻』 坂本大郎 他四名, 岩波書店
『續日本記』 新日本古典文學大系 全五巻 青木知夫 校註, 岩波書店
『新訂 古事記』 武田祐吉 譯注, 角川書店
『古事記』 倉野憲司 校註, 岩波書店
『古事記 全譯註』 次田眞幸, 講談社
『歷史とは何か』 清水幾太郎訳, 岩波書店

『西洋の沒落』村松正俊訳, 五月書房
『東アジア民族史 1. 正史東夷傳』井上秀雄 他 譯註, 平凡社
『古代再發見』上田正昭, 角川書店
『日本神話』上田正昭, 岩波新書
『大和朝廷』上田正昭, 講談社
『東亞細亞海上の道』上田正昭, 明石書店
『倭, 倭人, 倭國』井上秀雄, 人文書院
『日鮮神話傳說の 研究』三品彰夫, 平凡社
『中國から見た日本古代』沈日安 / 藤田友治外譯, ミネルバ書房
『古代史の 迷』佐伯有淸, 讀賣新聞社
『古代王朝 99の 迷(日本語)』水野裕, 三五館
『古代朝日關係史』金錫亨 朝鮮史研究會譯, 經草書房

언어학

『吏讀研究』洪起文, 과학출판사
『韓國語의 發音研究』李廣祐, 일조각
『한국민족문화대백과사전 전 27권』한국정신문화연구원, 한국학중앙연구원
『한국어 어원 연구 전 4권』이남덕, 이화여자대학교 출판부
『アイヌト古代日本』江上波夫 外, 小學館
『鄕歌及び吏讀の研究』小倉新平, 亞細亞文化社
『はじめての言語学』黑田龍之助, 講談社
『言語学』ジャン·ベロ 저 / 高塚松太郎 訳, 白水社
『言語の脳科学』酒井邦嘉, 中央公論社
『言語学の誕生』風間喜代三, 岩波書店
『方言と共通語』藤本義一 外, 河出書房
『言葉と無意識』丸山圭三郎, 講談社
『新訂 万葉集 上下』左々木信綱偏, 岩波書店
『万葉集全訳注原文付 全4巻』中西進, 講談社
『万葉集 本文篇』佐竹昭 외, 塙書房
『古今和歌集』左伯梅友 校注, 岩波書店
『新訂魏志倭人伝·後漢書倭伝·宋書倭国伝·隋書倭国伝中国史日本伝 (1)』石原道傳編訳, 岩波書店
『古代地名語辞典』楠原佑介 외 편저, 東京堂出版
『吏讀と万葉假名の研究』姜斗興, 和泉書院
『大漢和辞典』諸橋轍次 외 편, 大修館書店

『古語辞典』大野晋 외 편, 岩波書店
『広辞苑』新村出, 岩波書店
『全國方言辞典』東條操 외 편, 東京堂出版
『日本語の起源と語源』村山七郎, 三一書房
『韓國語と日本語の間』宋敏 저 / 菅野裕臣 외 訳, 草風館
『韓國語の系統』金芳漢 저 / 大森直樹, 三一書房
『日本語の歴史 全6巻』亀井孝 외 편, 平凡社
『향가의 새풀이』김선기, 보성문화사
『日本語はいかに成立したか』大野晋, 中央公論社
『日本語の起源』大野晋, 岩波書店
『日本語の年輪』大野晋, 新潮書店
『日本古代と朝鮮語』大野晋, 毎日新聞社
『古代朝鮮語と日本古』金思燁, 明石書店
『記紀万葉の朝鮮語』金思燁, 六興書店
『日鮮同祖論』金澤庄三郎, 成甲書房
『日鮮古地名の研究』金澤庄三郎, 草風館
『漢字と日本人』高島俊男, 文藝春秋
『漢字百話』白川静, 中央公論社
『日本の漢字』笹原宏之, 岩波書店
『日本の古代朝を探る』西鄕信綱, 集英社
『日本語とアイヌ語』片山龍峯, すずさわ書店
『韓國語 変遷史』金東昭, 明石書店

인류학

『野生の思考』Lévi-Strauss, 大橋保夫 訳, みすず書房
『銃· 病原菌· 鐵』Jared Diamond 저 / 倉骨 彰 訳, 草思社
『昨日までの世界』Jared Diamond 저 / 倉骨 彰 訳, 日本經濟新聞出版社
『21 Lessons』Yuval N. Harari 저 / 柴田裕之 訳, 河出書房新社
『危機と人類(上, 下)』Jared Diamond 저 / 小川敏子, 川上純子 訳, 日本經濟新聞出版社

심리학

『無意識の形成 上·下』J. Lacan 저 / 佐々木孝次 訳, 岩波書店
『無意識の人間學』林道義, 紀伊国屋書店
『Jungとキリスト教』湯浅泰雄, 人文書院
『Jung 著作物 (1) (4)』C. G. Jung 저 / 高橋義孝 訳, 教文社

『佛教と精神分析』岸田秀, 第三文明社

사회과학

『ZERO DAY』山田敏弘, 文藝春秋
『アメリカと北朝鮮』竹下興喜 監訳, 朝日新聞社
『コリア半島の中立化試論』黄仁寛 저 / 國本義郎 訳, コリア評論社
『社會科學をひらく』山田説夫, 藤原書店
『二十世紀の知的冒險』山口昌男 編著, 岩波書

철학

『韓國は一箇の哲學である』小倉紀三, 講談社
『朝鮮儒教二千年史』姜在彦, 朝日新聞
『ギリシヤ 哲學 列傳 上·中·下』L. Diogenes 저 / 加味彰信 訳, 岩波書店
『歷史の終わり 上·下』渡部昇一, 三笠書房
『プロテスタンチズムの倫理と資本主義の精神』M. Weber 저 / 大塚久雄 訳, 岩波書店
『西洋哲學史』B. Russel 저 / 市井三郎 訳, みすず書房

수학

『Chaos』J. Gleick, Penguin Books
『Complexity』M. Mitchel, Sterling Lord Literistic, Inc.
『數學史大全』김용운, 京文社
『한국수학사』김용운, 살림MATH
『The Clash of Civilizations and the Remaking of World Order』S. Huntington, Georges Borchardt, Inc.

과학

『科學の發見』Steven Weinberg 저 / 赤根洋子 訳, 文藝春秋
『科學史の哲學』下村寅太郎 저 / 小松茂夫 해설, 評論社

: 삽화 및 사진 출처 :

김효민

34쪽 72~73쪽 214쪽 삽화

shutterstock

표지 부엉이 이미지

국립중앙박물관

28쪽 복희여와도 235쪽 사시장춘

Wellcome Collection

58쪽 유클리드(Euclid, Line engraving.)

고령군청 홈페이지

213쪽 고천원고지 비석

alamy

201쪽 아마존 원주민 가족 222쪽 미셸 푸코 305쪽 황제 선언

pxhere

203쪽 장승, 토템 폴 240쪽 에펠탑

이천시청 문화예술과

311쪽 서희 영정

위키미디어

18쪽 탈무드 표지 31쪽 아테네 학당 75쪽 뉴턴 81쪽 최후의 만찬, 원근법 연습 83쪽 멜랑콜리아 90쪽 가우스 103쪽 여왕을 가르치는 데카르트 107쪽 파스칼 115쪽 에티카 117쪽 스피노자 121쪽 노랑 빨강 파랑 122쪽 라이프니츠 127쪽 후설 136쪽 러셀 158쪽 소쉬르 171쪽 노암 촘스키 197쪽 레비스트로스 205쪽 오이디푸스와 안티고네 210쪽 계룡산 남매탑 253쪽 쑨원 274쪽 별이 빛나는 밤에, 미델하르니스의 가로수 길 275쪽 이삭 줍는 사람들 277쪽 시녀들 355쪽 성덕대왕 신종 비천상

개인의 이성이 어떻게 국가를 바꾸는가

글 | 김용운

초판 1쇄 발행 | 2020년 5월 25일
초판 2쇄 발행 | 2020년 6월 10일

펴낸이 | 신난향
편집위원 | 박영배
펴낸곳 | (주)맥스교육(맥스미디어)
출판등록 | 2011년 08월 17일(제321-2011-000157호)
주소 | 서울특별시 서초구 마방로 2길 9, 보광빌딩 5층
전화 | 02-589-5133(대표전화)　팩스 | 02-589-5088
홈페이지 | www.maxedu.co.kr

기획·편집 | 김사랑
디자인 | 유지현
영업·마케팅 | 백민열
경영지원팀 | 장주열

ISBN 979-11-5571-690-8 03300
정가 20,000원

* 이 도서의 국립중앙도서관 출판예정도서목록(CIP)은 서지정보유통지원시스템 홈페이지(http://seoji.nl.go.kr)와 국가자료종합목록 구축시스템(http://kolis-net.nl.go.kr)에서 이용하실 수 있습니다. (CIP제어번호 : CIP2020018633)

* 잘못된 책은 바꾸어 드립니다.